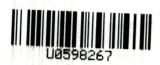

國家出版基金項目
NATIONAL PUBLICATION FOUNDATION

中國地方珍稀文獻
浙江地方文書叢刊

浙江畲族文書集成
文成卷
（第五册）

總主編　馮筱才

本册主編　王　磊

浙江大學出版社
ZHEJIANG UNIVERSITY PRESS

目録

西坑畲族鎮江山民族村降户寮藍玉延户

西坑畲族鎮江山民族村降户寮雷品元户

二源鎮陳鍾民族村東山雷本寬户

目録

西坑畲族鎮江山民族村降户寮藍玉延户

立便契藍胡朝前有承田二房三古合年分土名坐落八都五原光户橑厝基田園坪一應在内其立四至、分明今因缺錢應用自愿賞為孫述藍馬其耕種管、業三面断作加錢英洋壹元文正其銀即日收訖分文無滞去後無找無贖無借之理伯叔兄弟子侄不得板悔之理、任聽孫述永遠耕種管業為照

中華民國弍年十二月日立便契藍胡朝（押）

見中　藍朝文〇

藍壬旺（押）

代筆　鍾昜記（押）

（前頁）>>>>

立便契藍胡朝，前有衆田，二房三古［股］合一年分，土名坐落八都五愿［源］光户橑［寮］，屋基、田、園坪一應在内，具立四至分明，今因缺錢應用，自愿賞爲孫邊藍馬其耕種管業，三面断作加［價］錢英洋壹元文正，其銀即日收訖，分文無滯，去後無找無贖無借之理，伯叔兄弟子侄不得板［反］悔之理，任聽孫邊永遠耕種管業爲照。

中華民國弍年十二月日立便契藍胡朝（押）

見衆　藍朝文（押）

藍壬旺（押）

代筆　鍾易記（押）

民國四年周氏族衆立兑字

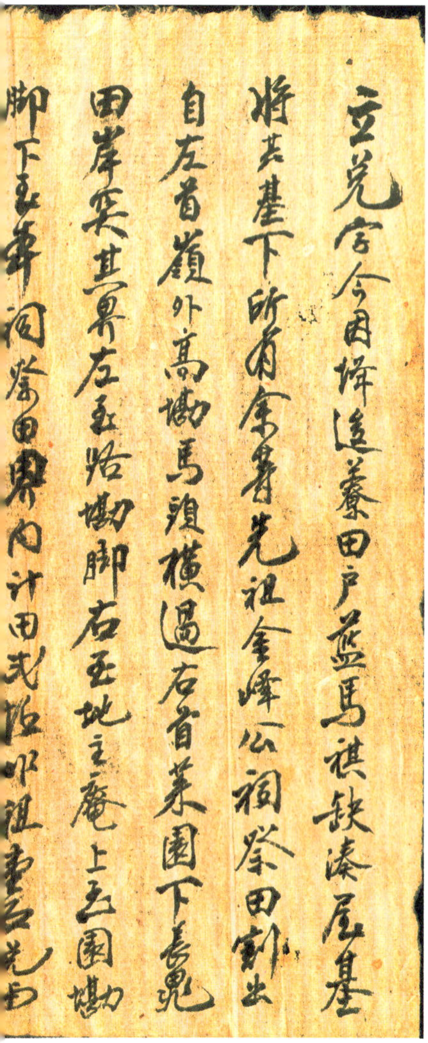

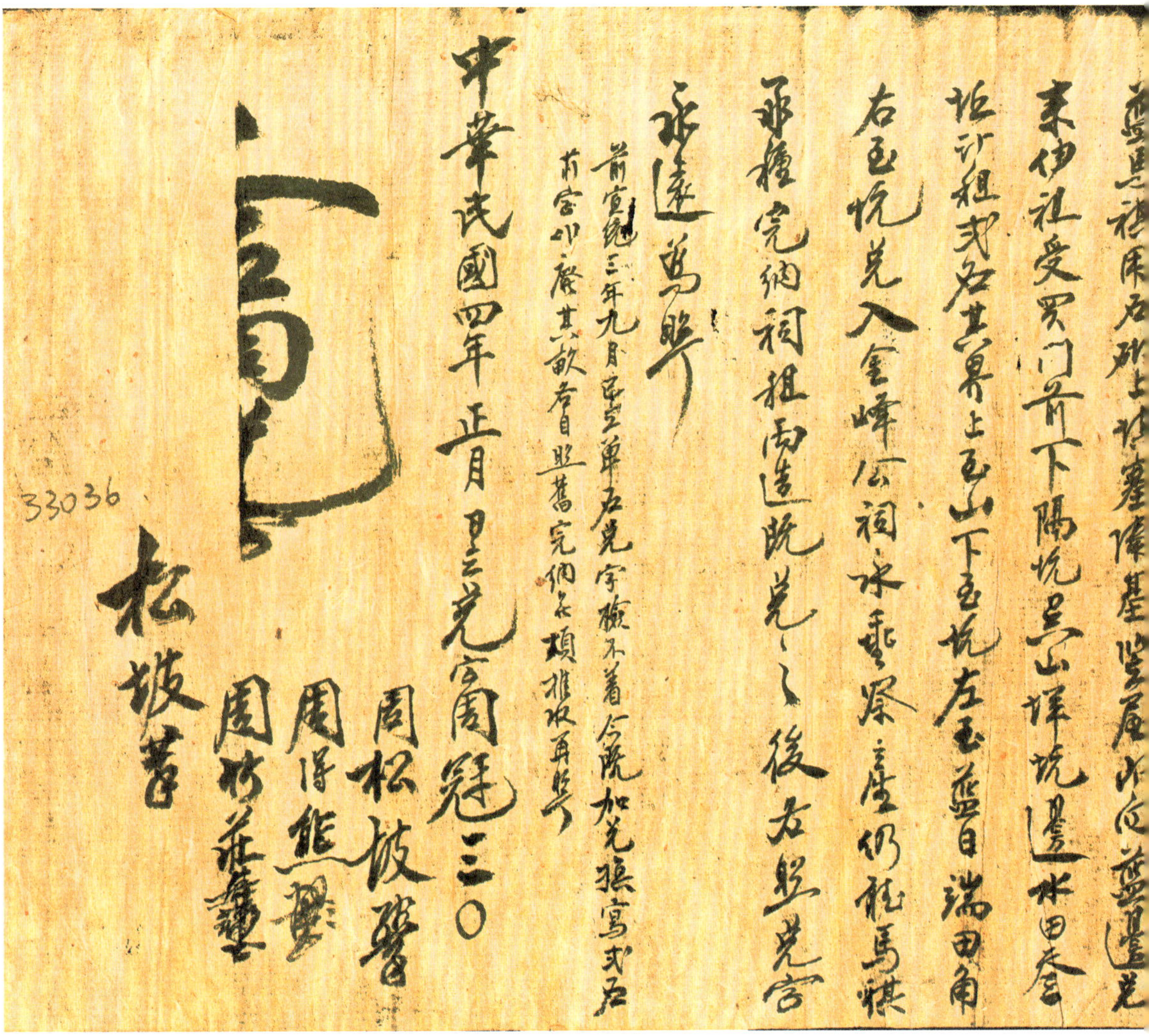

盖具杉木石砌上下墙壁俱基坐屋内所蓋退光
來伊祖受買門前下陽坑旱山洋坑還水田叁
坵計租式石其界上至山下至坑左至藍白瑞田角
右至坑光入金峰公祠永垂家產仍祇為祺
再種完納祠租而退既光之後右照光字
永遠為照
前宣統三年九月退單右光字檢不着今既加光據寫式石
有字小啟其畝各自照舊完納各頃排收再照
中華民國四年正月日立光字周冠三〇
周松坡
周得能
周竹莊
松坡筆

33036

（前頁）>>>>

立兑字，今因垟後簝［寮］田户藍馬祺缺湊屋基，將其基下所有余等先祖金峰公祠祭田割出，自左首嶺外高塴馬頭横過右首菜園下長晁田岸突，其界左至路塴脚，右至地主庵，上至園塴脚，下至本祠祭田，界内计田弍坵，水租壹石，兑與藍馬祺，用石砌上填塞，湊基竪屋，即向藍邊兑來伊祖受買门前下隔坑呈山垟坑邊水田叁坵，计租弍石，其界上至山，下至坑，左至藍日端田角，右至坑，兑入金峰公祠永垂祭産，仍聽馬祺承種，完納祠租，兩造既兑之後，各照兑字永遠爲照。

前宣統三年九月已立单石兑字，檢不着，今既加兑，换寫弍石，前字作廢，其畝各自照舊完納，無煩推收，再照。

中華民國四年　正月　日立兑字周冠三（押）

周松坡（押）

周得熊（押）

周竹莊（押）

松坡筆

民國八年藍族衆等立對字

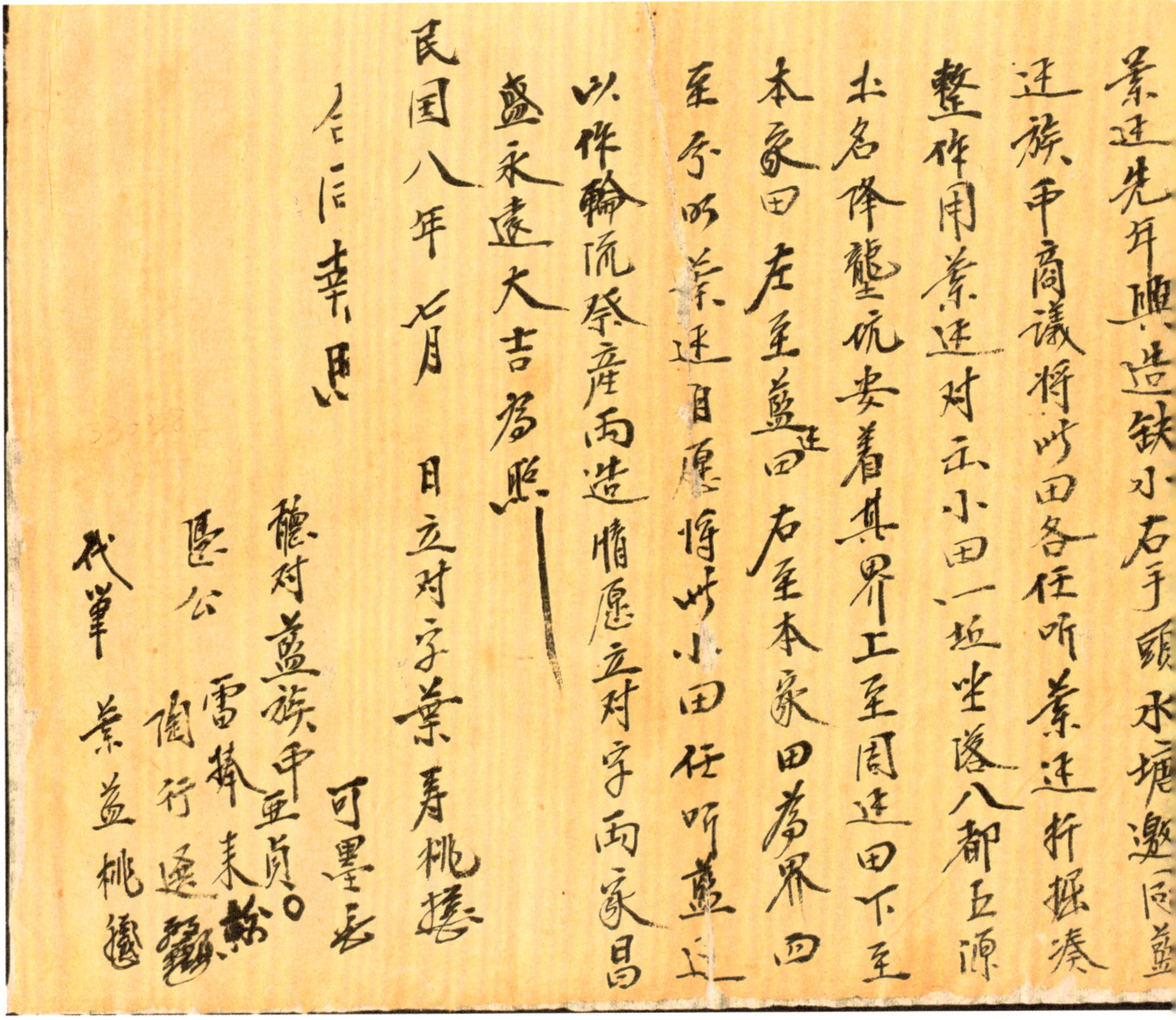

立对字藍族衆等，本家祖手有輪流田一坵，坐落八都五源降下寮［寮］新屋安着，今因葉邊先年興造，缺小右手頭水塘，邀同藍邊族衆商議，將此田各任听葉邊扦掘凑整作用，葉邊对出小田一坵，坐落八都五源，土名降壟坑安着，其界上至周邊田，下至本家田，左至藍邊田，右至本家田爲界，四至分明，葉邊自愿將此小田任听藍邊以作輪流祭産，兩造情愿，立对字兩家昌盛，永遠大吉爲照。

民国八年　七月　日立对字葉寿桃（押）

可墨（押）

聽对藍族衆亞貞（押）

憑公　雷捧來（押）

陶行選（押）

代筆　葉益桃（押）

民國九年金寅弟仝子亞泰立復契

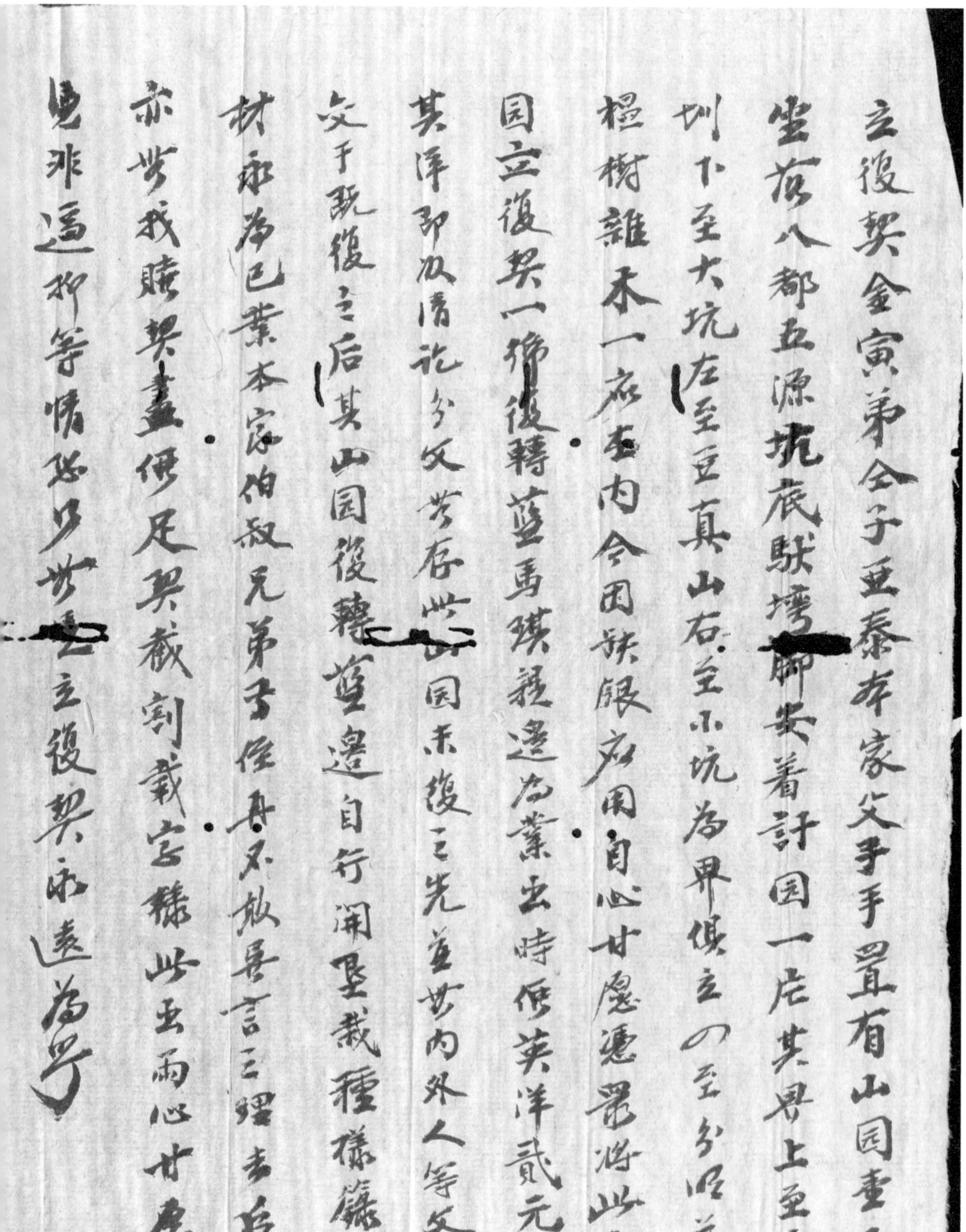

立復契金寅弟仝子亞泰本家父手手置有山园壹片
坐落八都五源坑底駄塆脚安着訂园一片其界上至水
圳下至大坑左至豆真山右至小坑為界俱立四至分明并
樬樹雜木一应在内今因缺服应用自心甘愿憑衆將此山
园立復契一紙復轉藍馬璜親邊為業當時便英洋貳元正
其洋即收清訖分文無存此山园未復之先並無内外人等文墨
交干既復之后其山园復轉藍邊自行开墾栽種樬籙賦
材永為己業本家伯叔兄弟子侄再不敢异言之理去后
亦無找贖契盡價足契截割截字様此出兩心甘愿
並非逼抑等情恐口無憑立復契永遠為照

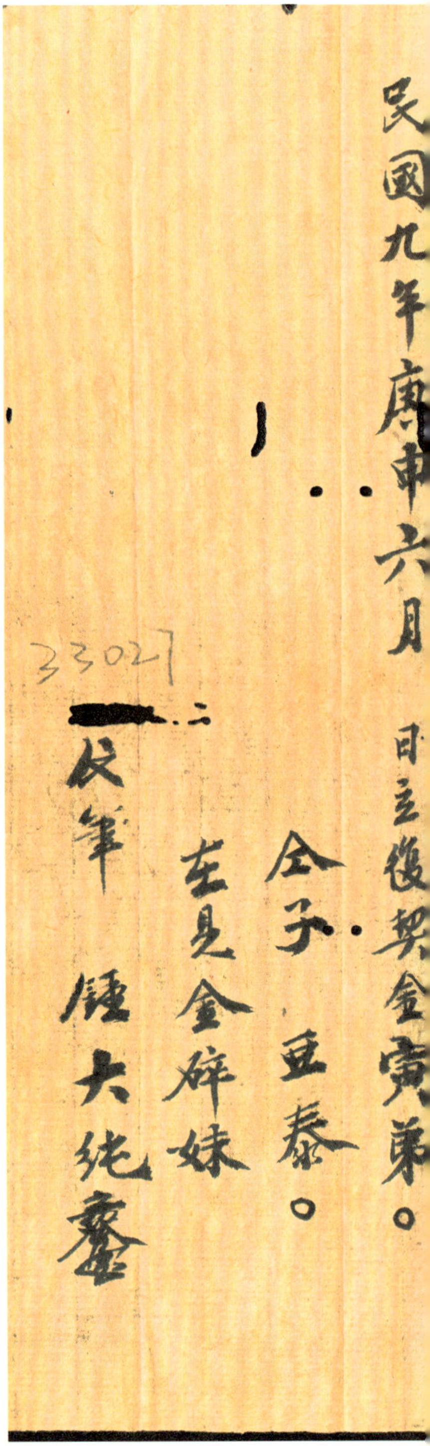

（前頁）>>>>

立復契金寅弟仝子亞泰，本家父手手置有山园壹片，坐落八都五源坑底馱塆脚安着，計园一片，其界上至水圳，下至大坑，左至豆真山，右至小坑爲界，俱立四至分明，並榅樹、雜木一应在内，今因缺銀应用，自心甘愿，憑衆將此山园立復契一紙，復轉藍馬琪親邊爲業，出時價英洋貳元正，其洋即收清訖，分文無存，此山园未復之先，並無内外人等文墨交干，既復之后，其山园復轉藍邊自行開墾栽種，樣簶成材，永爲己業，本家伯叔兄弟子侄再不敢異言之理，去后亦無找贖，契盡價足，契截割載字樣，此出兩心甘愿，憑［並］非逼抑等情，恐口無憑，立復契永遠爲照。

民國九年庚申六月　　日立復契金寅弟（押）

仝子　亞泰（押）

在見　金碎妹

代筆　鍾大純（押）

民國十年藍壬旺等立便契

立便契藍壬旺、木生壬生父手置有水田一塅坐落八内都
五源垟下寮土名坧坵壠部安着計田一塅計租弍石
計畝六分上至藍边田下至葉边田左至葉边田右至
葉边田為界具立四至分明今因缺銀應用自心情
愿向遁房侄藍馬祺、寅立便契壹帋三面斷定出
得價銀英洋弍拾陸元正其銀即收清訖分文無
滞其田壹聽侄边耕種管業自能照價完粮
不在叔边之事計田侄边永遠耕種管業永無找無
贖無借之理以後本房伯叔兄弟仔侄不得異言如有此
色自能支當不涉侄边之事自心甘愿並無逼抑
等情今欲有據立便契永遠為照

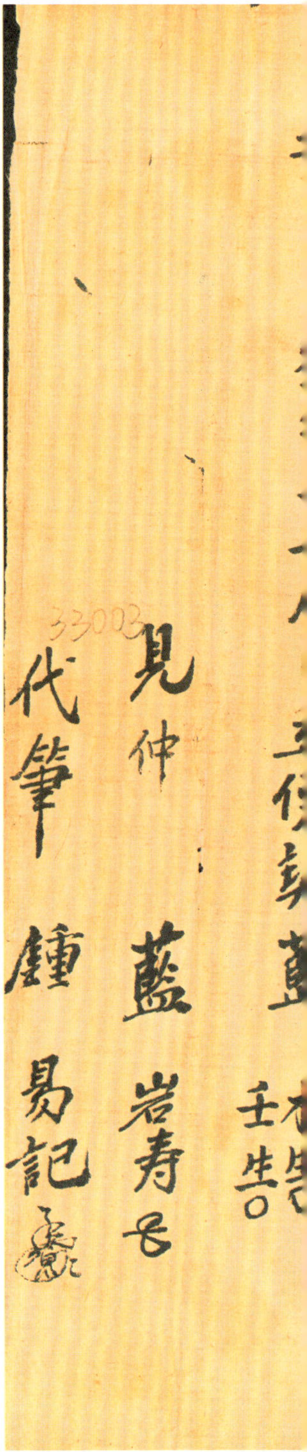

（前頁）>>>>

立便契藍壬旺、木生、壬生，父手值［置］有水田一坵，坐落八内都五源垟下寮，土名圩坵壠却安着，計田一坵，計租式石，計亩六分，上至藍邊田，下至葉邊田，左至葉邊田，右至葉邊田爲界，具立四至分明，今因缺銀應用，自心情愿，向過房侄藍馬祺、馬寅立便契壹紙，三面断定，出得價銀英洋式拾陸元正，其銀即收清訖，分文無滯，其田壹聽侄邊耕種管業，自能照價完粮，不在叔邊之事，計田侄邊永遠耕種管業，永無找無贖無借之理，以後本房伯叔兄弟仔［子］侄不得異言，如有此色，自能支当，不涉侄邊之事，自心甘愿，並無逼抑等情，今欲有據，立便契永遠爲照。

中華民國拾年十二月日立便契　藍　壬旺（押）
木生（押）
壬生（押）
見仲　藍岩寿（押）
代筆　鍾易記（押）

民國十年周耀西立賣契

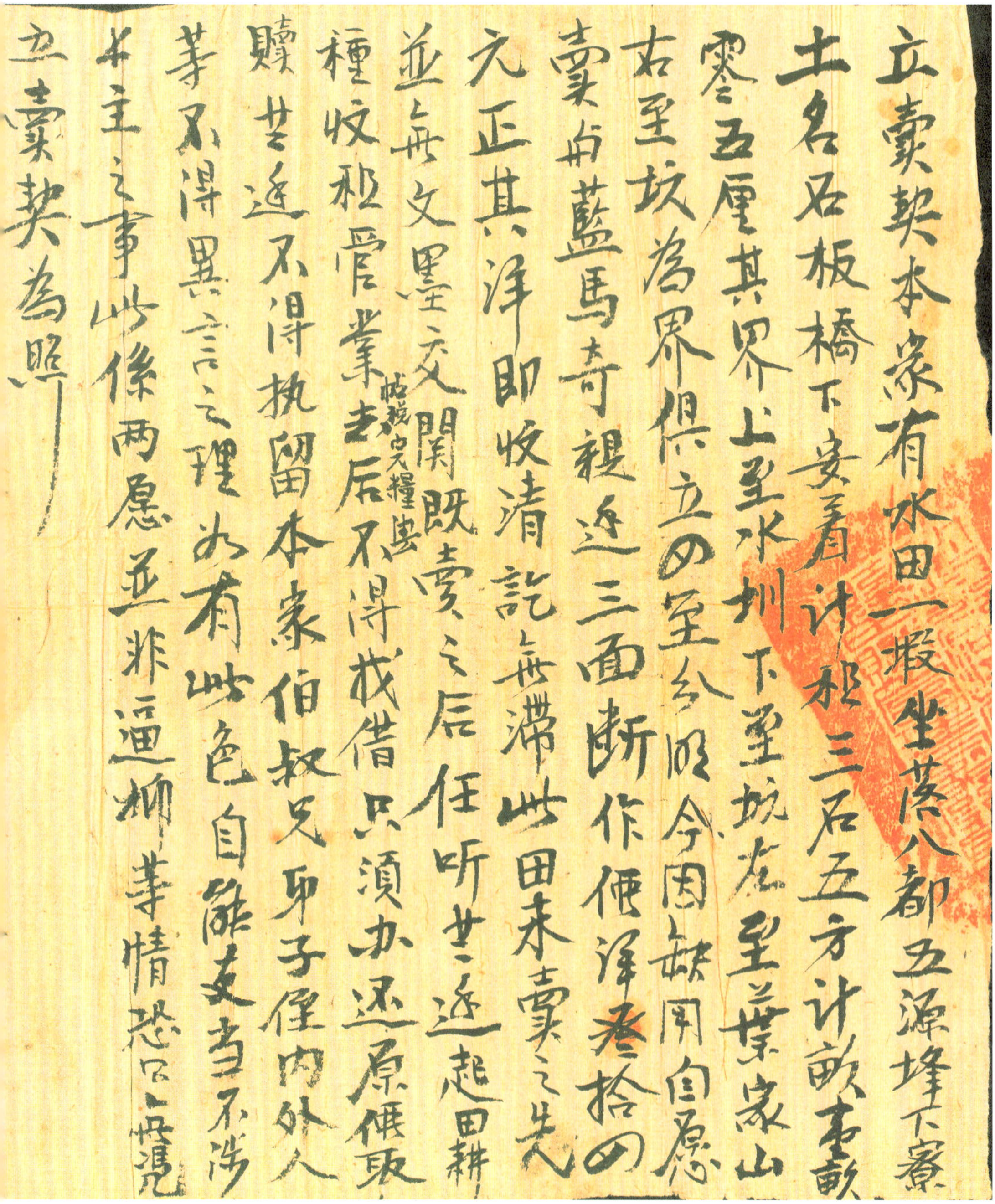
立賣契本家有水田一段坐落八都五源埄下嶚
土名石板橋下安着计租三石五方计畝壹畝
零五厘其界上至水圳下至坑左至葉家山
右至坑為界俱立四至分明今因缺用自愿
賣與藍馬奇親边三面断作價洋叁拾四
元正其洋即收清訖無滯此田未賣之先
并無文墨交關既賣之后任听世边起田耕
種收租管業（帖税內天糧出）去后不得找借只須办还原價取
贖其边不得执留本家伯叔兄弟子侄内外人
等不得異言之理如有此色自能支当不涉
買主之事此係兩愿並非逼抑等情恐口無憑
立賣契為照

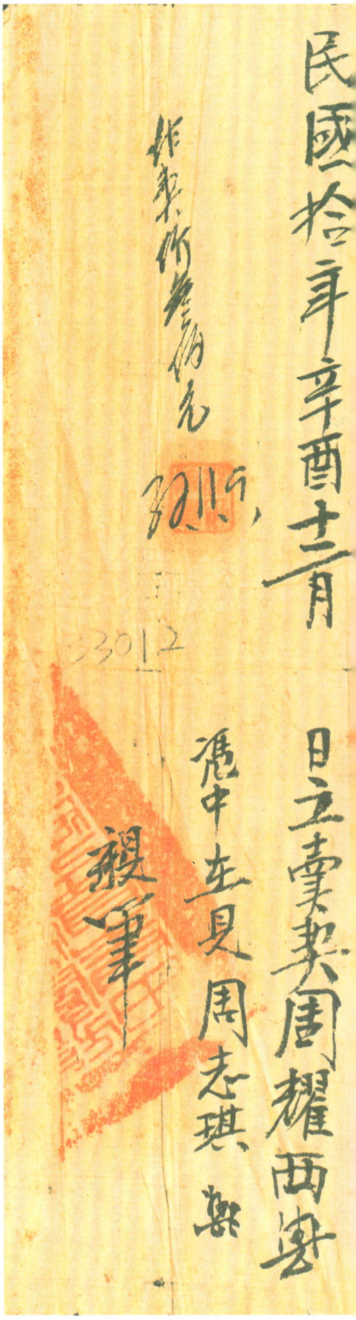

（前頁）>>>>

立賣契，本家有水田一塅（印），坐落八都五源垟下寮，土名石板橋下安着，计租三石五方，计畝壹畝零五厘，其界上至水圳，下至坑，左至葉家山，右至坑爲界，俱立四至分明，今因缺用，自愿賣與藍馬奇親邊，三面断作價洋叁拾四元正，其洋即收清訖無滯，此田未賣之先，並無文墨交關，既賣之后，任听藍邊起田耕種，收租管業，帖税完糧（押），去后不得找借，只須办还原價取贖，藍邊不得执留，本家伯叔兄弟子侄内外人等不得異言之理，如有此色，自能支当，不涉錢主之事，此係兩愿，並非逼抑等情，恐口無憑，立賣契爲照。

民國拾年辛酉十二月　日立賣契周耀西（押）

作契价叁佰元（印）　憑中在見周志琪（押）

親筆（印）

民國十年藍永前立賣契

立賣契藍永前有菌壹爿坐落八都五源土名牛唐又坵
坵壹爿又一号山塲坐落坑底長坵中心菌山魁上至藍馬前
山下至業主左至右至業述山為界具出四至分明今因
缺銀應用自心情愿向過房兄藍馬奇三面斷作價
銀小洋五角正其銀即日收訖分文無滯未賣之先即
賣之後聽從兄邊楹杉雜柴一應在內永遠管業無
找無贖無借之理不得異言反悔之理外人生端支節
兄边自改坐理不涉業主之事今欲有據立賣契一紙
永遠為照
中華民國拾年十月日 立賣 藍永前〇

（前頁）>>>>

立賣契藍永前，有園壹不，坐落八都五原［源］，土名牛唐又圩坧壹不，又一号山塲坐落坑底長圩中心園一魁，上至藍馬前山，下至業主，左至、右至葉邊山爲界，具立四至分明，今因缺銀應用，自心情愿，向過房兄藍馬奇三面断作價銀小洋五角正，其銀即日收訖，分文無滯，未賣之先，即［既］賣之後，聽從兄邊楹、杉、雜柴一應在内，永遠管業，無找無贖無借之理，不得異言反梅［悔］之理，外人生端支［枝］節，兄邊自改坐理，不涉業主之事，今欲有據，立賣契一紙永遠爲照。

中華民國拾年十二月日　立賣　藍永前（押）

見仲　藍木秋（押）

代筆　鍾易記（押）

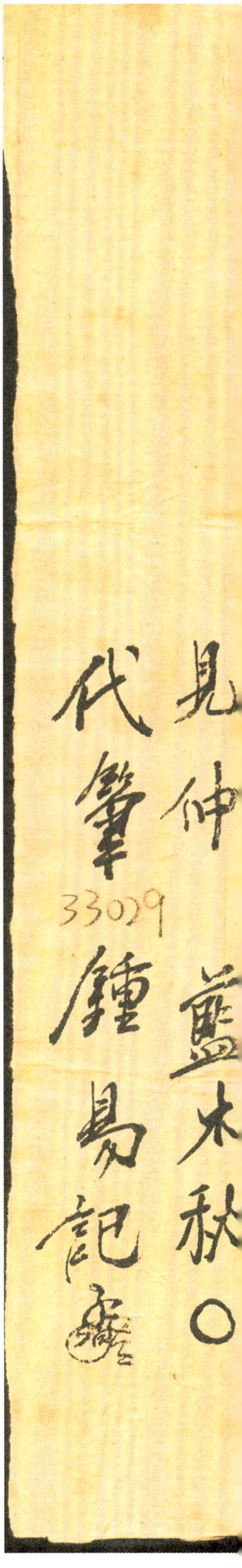

民國十年藍永前等立便契

立便契藍永前、青藍、木秋父手置有水田一㘭，坐落八都五源垟下寮
坧坵安着，計田一坵，上至一不計，租陸方柒升，計畝弍分，
上至藍边田，下至藍边田，左右業主田為界，具立四至分明。
今因缺銀應用，自心情愿向過房兄藍馬寅、馬奇、馬前立便契壹
紙，三面斷定出得價銀英洋玖元正，其銀即收清訖，分
文無滯。其田並聽兄边耕種管業，自能照價完粮，
不在兄边之事。計田兄边永遠耕種管業，永無找
無贖無借之理。以後本房伯叔兄弟侄便不得異言。
如有此色，自能支當，不涉侄边之事，自心甘愿，並無
逼抑等情。今欲有據，立便契永遠為照。

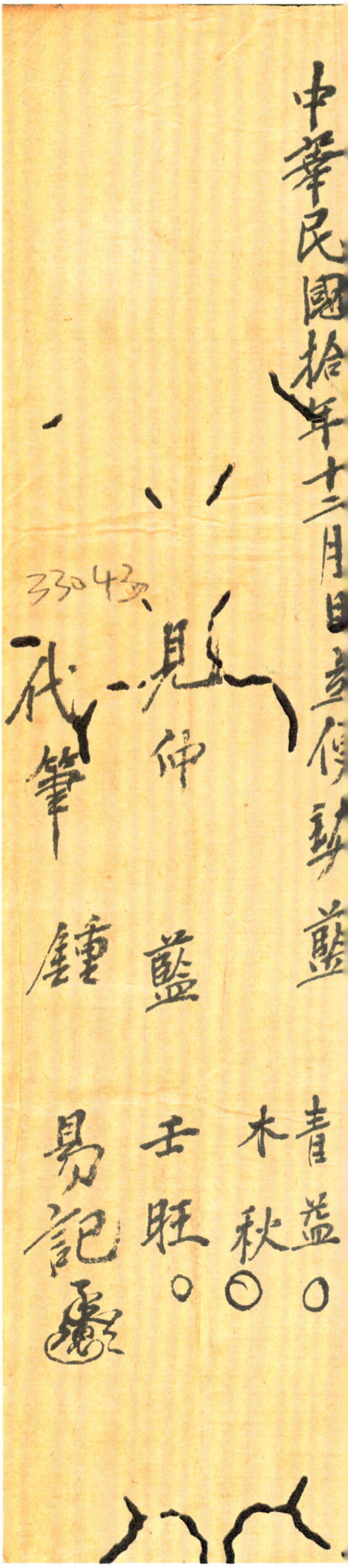

（前頁）>>>>

立便契藍永前、青益、木秋，父手值[置]有水田一塅，坐落八都五源垟下寮圩坵安着，計田一坵，上豆一不，計租陸方柒升，計亩弍分，上至藍邊田，下至藍邊田，左右業主田爲界，具立四至分明，今因缺銀應用，自心情愿，向過房兄藍馬奇、馬寅、馬前立便契壹紙，三面断定，出得價銀英洋玖元正，其銀即收清訖，分文無滯，其田壹聽兄邊耕種管業，自能照價完粮，不在兄邊之事，計田兄邊永遠耕種管業，永無找無贖無借之理，以後本房伯叔兄弟仔[子]侄不得異言，如有此色，自能支当，不涉侄邊之事，自心甘愿，並無逼抑等情，今欲有據，立便契永遠爲照。

永前（押）

中華民國拾年十二月日立便契　藍　青益（押）

木秋（押）

見仲　藍　壬旺（押）

代筆　鍾　易記（押）

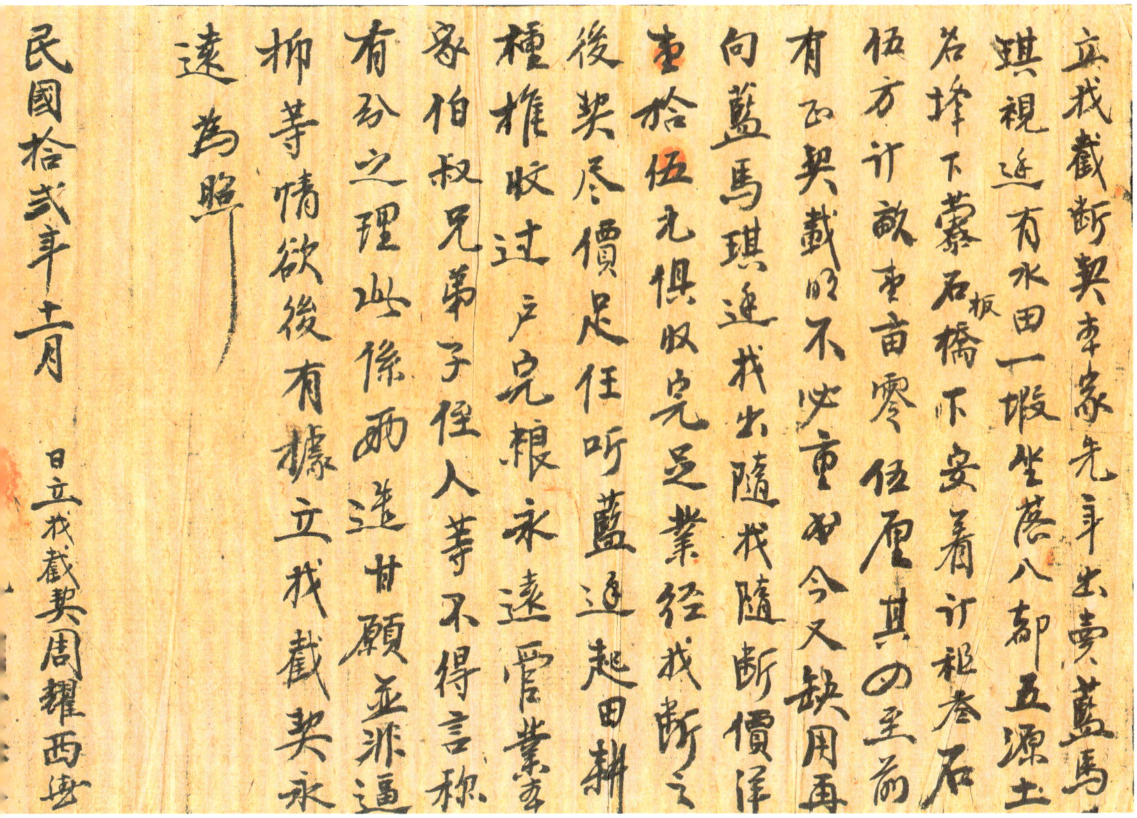

民國十二年周耀西立找截斷契

立找截斷契，本家先年出賣藍馬琪親邊有水田一塅，坐落八都五源，土名垟下寮[寮]石板橋下安着，计租叁石伍方，计畝壹亩零伍厘，其四至前有正契載明，不必重书，今又缺用，再向藍馬琪邊找出隨找隨断價洋壹拾伍元，俱收完足，業经找断之後，契尽價足，任听藍邊起田耕種，推收过户完粮，永遠管業，本家伯叔兄弟子侄人等不得言称有分之理，此係兩造甘願，並非逼抑等情，欲後有據，立找截契永遠爲照。

民國拾弍年十一月　日立找截契周耀西（押）

在見姪周志琪（押）

（印）爲中葉積良（押）

親筆

民國十三年葉清行妻立賣契

立賣契葉清行妻本家有山塲一段土名坐落八都水章垓
郭山塲樹木并雜柴并园平在内其立四至分明東至葉光
仁山南至光仁屋基西至葉言選山北至葉昌米山為界俱
立四至分明山塲园平并反在内今因出錢應用三面断作出
價洋五元正自心情源賣為无走柯墨其洋即日付訖無滯
分文此山未賣之先即賣之後去後無找無贖不德異言返悔
之理本家伯叔兄弟子侄不許言三女四之理葉进自能記當
恐口無平立賣契永遠管業為照

民国十叁年九月日立賣契葉嚴氏

在見邾大全

憑中嚴欽岳

代筆金松岳

33031

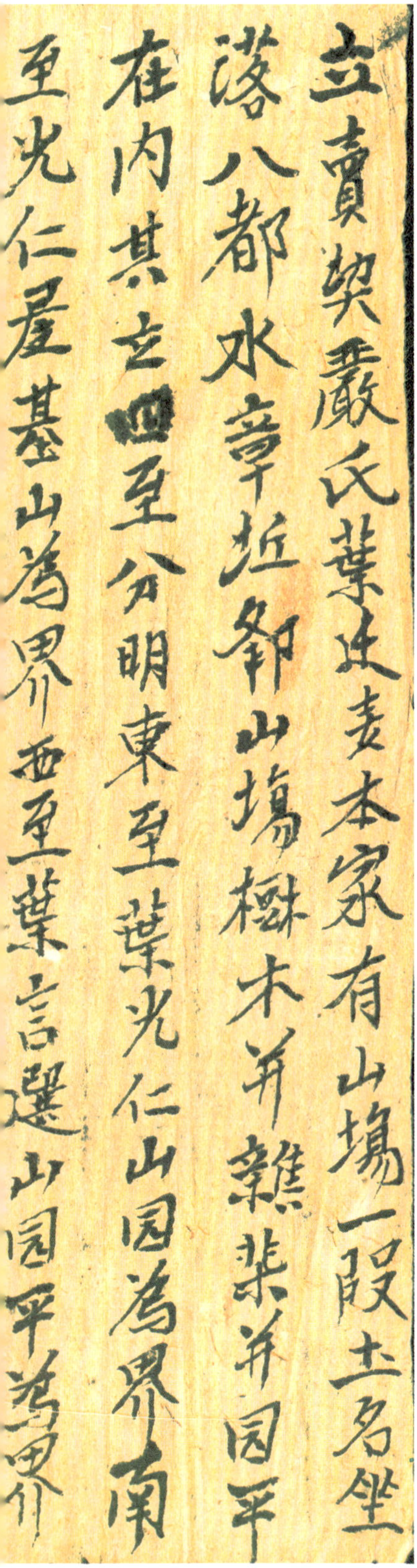

民國十三年葉邊妻嚴氏立賣契

(前頁)>>>>

立賣契葉清行妻，本家有山塲一段，土名坐落八都水章坵鄣，山塲、樹木並雜柴並园平［坪］在内，其立四至分明，東至葉光仁山，南至光仁屋基，西至葉言選山，北至葉昌米山爲界，俱立四至分明，山塲、园平［坪］並及在内，今因出錢應用，三面断出價洋五元正，自心情源［願］，賣爲兰邊柯墨，其洋即日付訖，無滯分文，此山未賣之先，即［既］賣之後，去後無找無贖，不德［得］異言返悔之理，本家伯叔兄弟子侄不許言三女［語］四之理，葉邊自能記［支］當，恐口無平［憑］，立賣契永遠管業爲照。

民國十叁年九月日立賣契　葉嚴氏（押）

在見邢大全

憑中嚴欽岳（押）

伐［代］筆金松岳（押）

北至葉邑米山脚界其上四至分明山場匠平
并及在内今因出錢應用三面斷作加洋英五元
正自心情願賣爲蘭延永遠官業蘭柯里坐
棧出英洋伍元正即日收訖無滯分文此山米賣
之前即賣之後去後無找無贖不德異言反
悔之理本家伯叔兄弟子侄不説言三女四之理葉
延自能記當恐口無平立賣契永遠爲照
民國拾叁年九月日立賣契邢大全
見中　嚴碎奶　押
代筆　葉永年　押

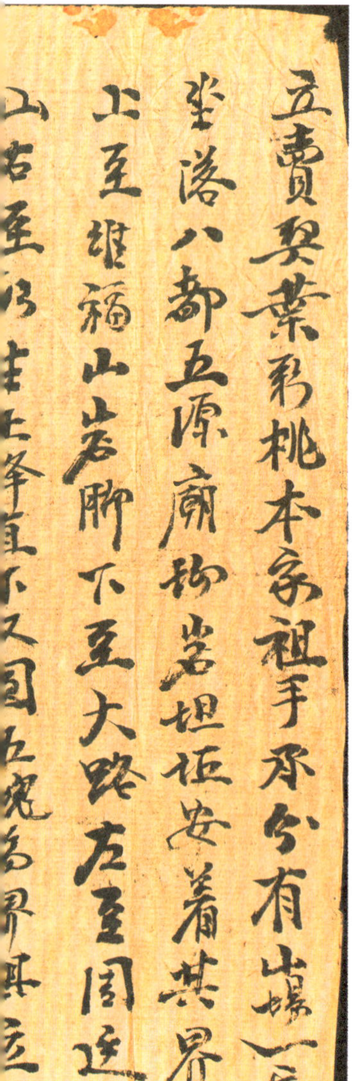

民國十四年葉彩桃立賣契

（前頁）>>>>

立賣契嚴氏，葉邊妻，本家有山塲一段，土名坐落八都水章坵郚，山塲、樹木並雜柴並园平［坪］在内，其立四至分明，東至葉光仁山园爲界，南至光仁屋基山爲界，西至葉言選山园平［坪］爲界，北至葉昌米山爲界，其立四至分明，山塲园平［坪］並及在内，今因出［缺］錢應用，三面断作加［價］洋英五元正，自心情源［願］，賣爲蘭邊永遠官［管］業，蘭柯墨枝［支］出英洋伍元正，即寔收訖，無滞分文，此山米［未］賣之前，即［既］賣之後，去後無找無贖，不德［得］異言反悔之理，本家伯叔兄弟之［子］侄不説言三女［語］四之理，葉邊自能記［支］當，恐口爲［無］平［凴］，立賣契永遠爲照。

民國拾叁年　九月日立賣契邢大全

見中嚴碎奶（押）

代筆嚴永净（押）

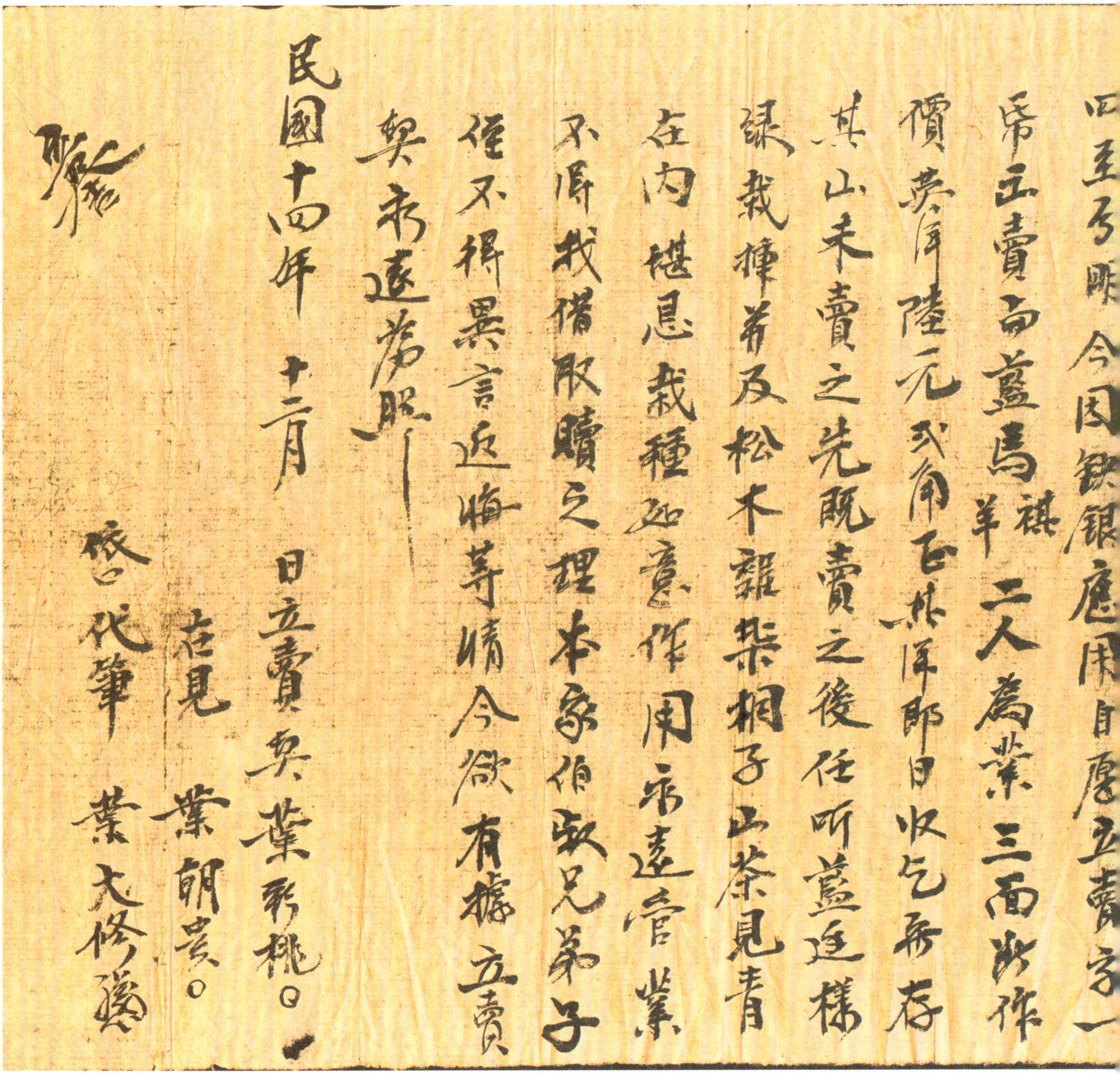
四至乃畔今因缺銀應用自愿立賣字一
帋出賣與藍馬祺羊二人為業三面對作
價英洋陸元貳角正其洋即日收乞存
其山未賣之先既賣之後任听藍边樣
録栽揀菁及松木雜柴桐子山茶見青
在内樵息栽種如意作用永遠管業
不得找借取贖之理本家伯叔兄弟子
侄不得異言返悔等情今欲有據立賣
契永遠存照
民國十四年十二月　日立賣契　葉邦桃（押）
在見　葉朗貴（押）
依口代筆　葉大修（押）

（前頁）>>>>

立賣契葉彩桃，本家祖手承分有山塲一片，坐落八都五源廟坳岩坦垢安着，其界上至維福山岩脚，下至大路，左至周邊山，右至□生正垿直下又圓[園]五塊爲界，俱立四至分明，今因缺银應用，自愿立賣字一紙，出賣與藍馬祺、馬羊二人爲業，三面断作價英洋陸元弍角正，其洋即日收乞[訖]無存，其山未賣之先，既賣之後，任听藍邊様绿栽插，並及松木、雜柴、桐子、山茶、見青在内，堪息栽種，如意作用，永遠管業，不得找借取贖之理，本家伯叔兄弟子侄不得異言返悔等情，今欲有據，立賣契永遠爲照。

民國十四年　十二月　日立賣契葉彩桃（押）

在見　葉朝貴（押）

依口代筆　黄大修（押）

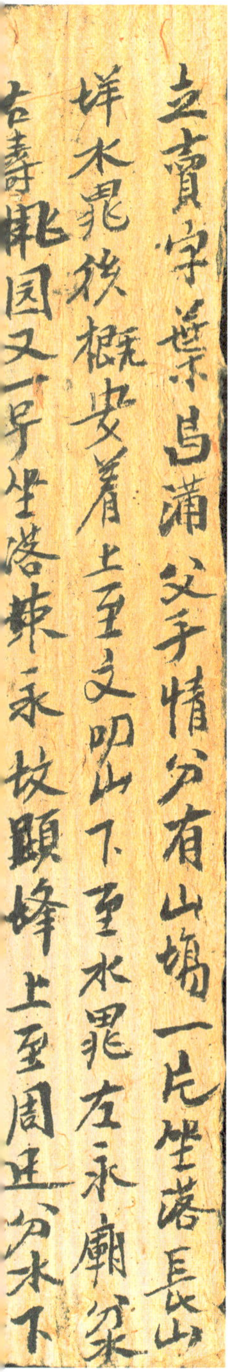

民國十五年葉昌蒲立賣字

至ㄟ永廟邊左至上ㄟ大……
概上至光仁山下至田左至光武山右至ㄟ永廟（水坑為界）又一号坐
落土山水貯豆上至分水下至路右光武埒為界俱ㄟ四
至分明今因缺用自愿立賣字一帋向上藍可墨
親邊面言作價莫洋捌元正其洋即日清訖分
文無滯所山塘園平并雜柴一應在內藍廷自能
樣ㄟ祿載揀ㄟ永遠管業取後無找無贖不許言
三語四攏邊自能支當語此伯叔兄弟子侄不得
異言之理所柳兩心情愿今欲有據ㄟ立賣字
永遠為照

民国十五年十二月　日立賣字　葉昌蒲（押）
在見　葉文叫（押）
代筆　徐益生（押）

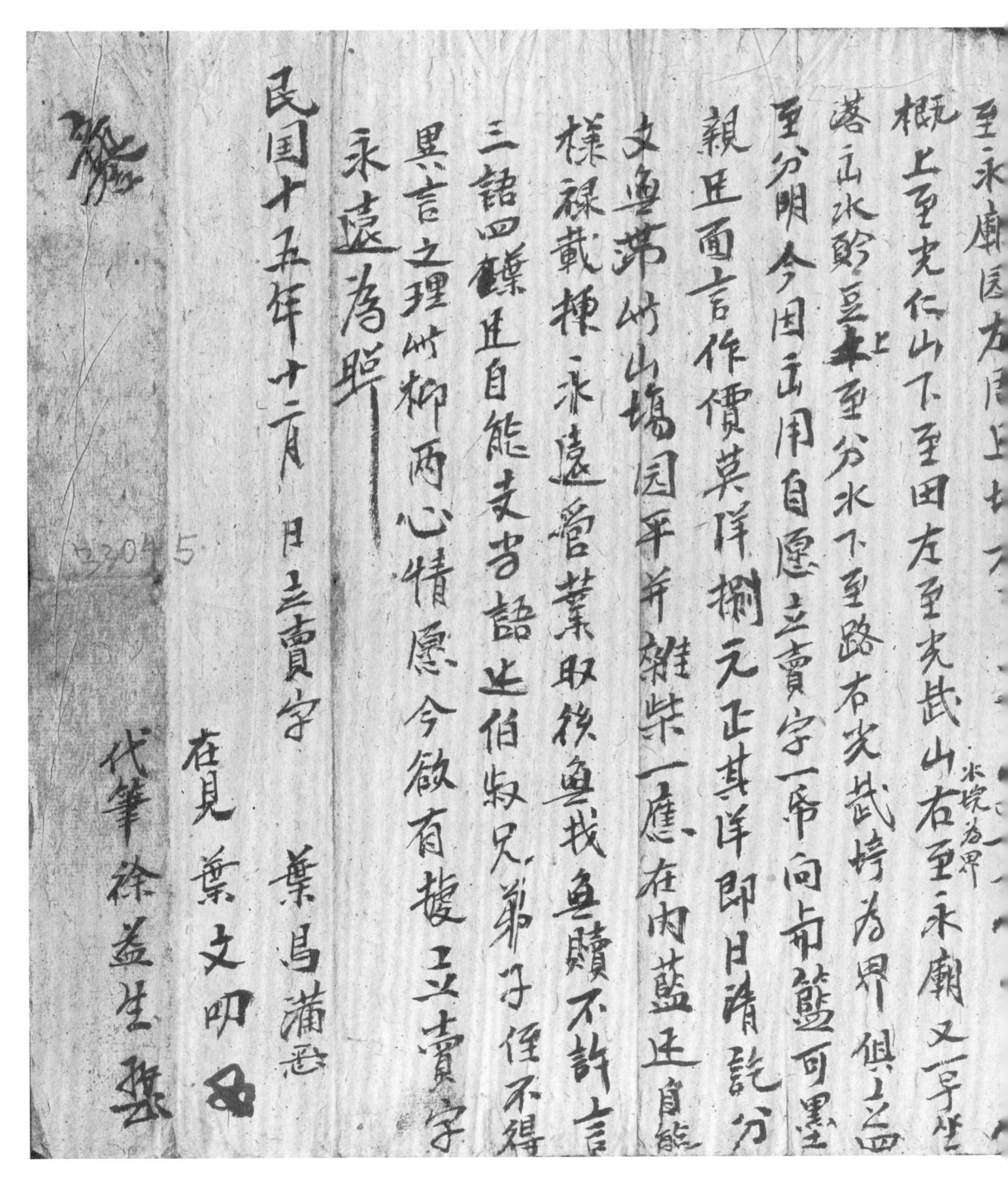

（前頁）>>>>

民國十六年周亭三立賣契

立賣字葉昌蒲，父手情[承]分有山塲一片，坐落長山
垟水晁後概安着，上至文叨山，下至水晁，左永廟分水，
右壽桃园，又一号坐落束永坟頭垰，上至周邊分水，下
至永廟园，左周邊垮，右至昌亥山，又一号坐落大田後
概，上至光仁山，下至田，左至光武山水垸爲界，右至永廟，又一号坐
落出水領豆，上至分水，下至路，右光武垮爲界，俱立四
至分明，今因出[缺]用，自愿立賣字一紙，向與籃可墨
親邊，面言作價英洋捌元正，其洋即日清訖，分
文無滯，此山塲园平[坪]並雜柴一應在内，藍邊自能
樣禄載[栽]插，永遠管業，取[去]後無找無贖，不許言
三語四，葉邊自能支当，語[吾]邊伯叔兄弟侄不得
異言之理，此枊[抑]兩心情愿，今欲有據，立賣字
永遠爲照。

民國十五年十二月　日立賣字　葉昌蒲（押）
在見葉文叨（押）
代筆徐益生（押）

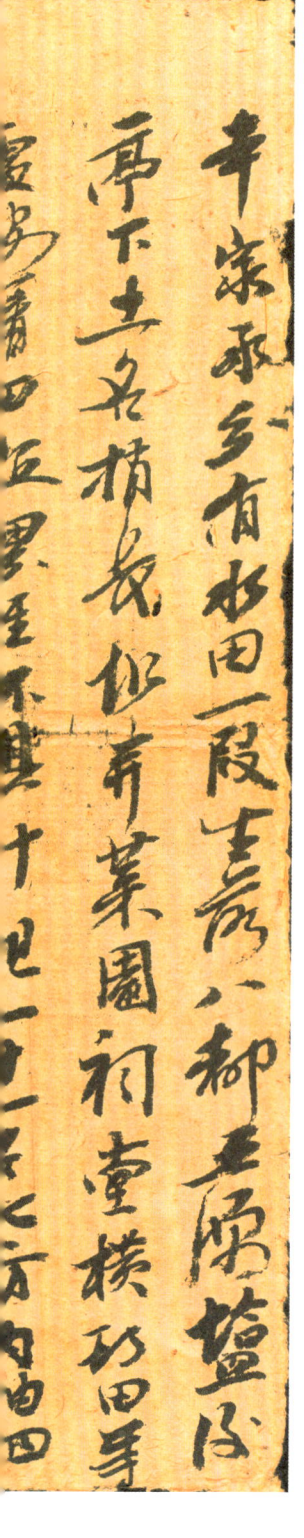

石计亩一亩六分正作價大洋伍拾洋元正整付西
段稽二岙康月山係本家已業抽出四石
来与蓝马狸边男出抽四石依價洋拾洋元
起回起耕稻[illegible]租完粮贵回既经抽来
之后即行并已照抽起耕去后毋得原價
取赎并此不得报留欲此有凭立来四石
祖存照
民国十六年丁卯四月二十吉日立来契周夏三押
在见侄　周长恒押
執十號

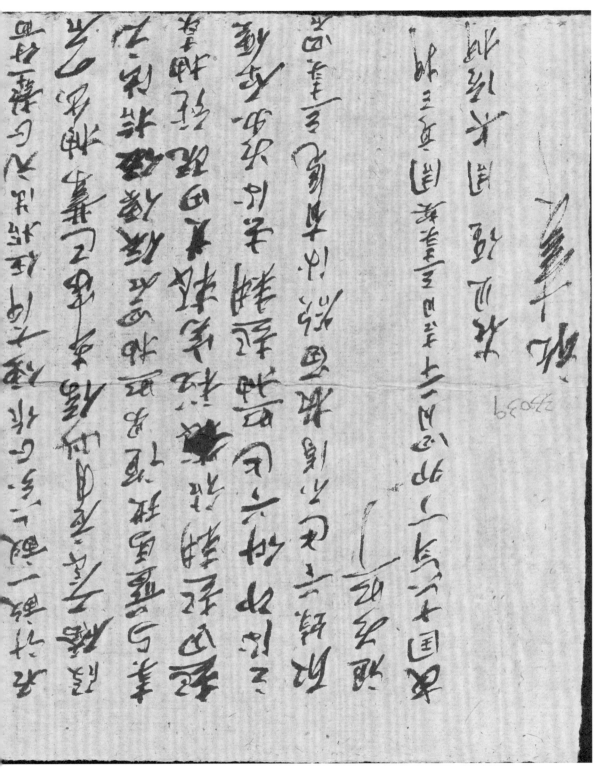

民國十六年周亭三立賣契

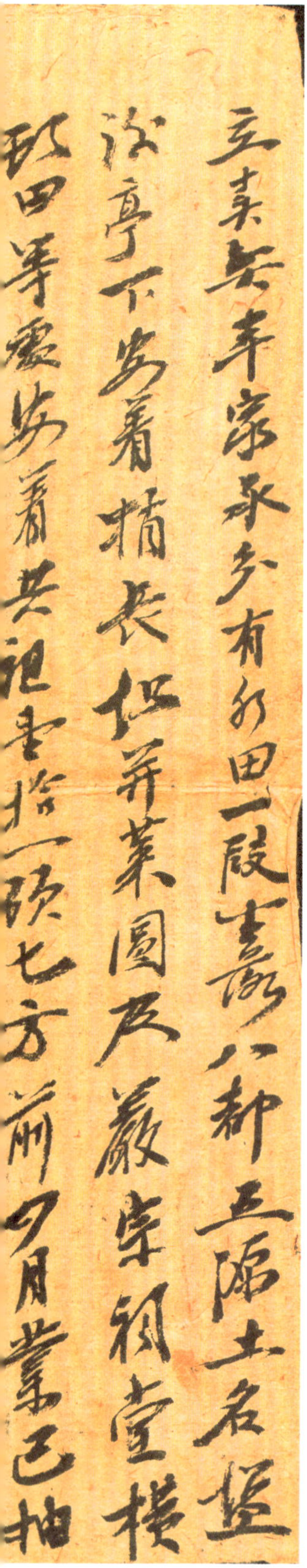

（前頁）>>>>

本家承分有水田一段，坐落八都五源塩後亭下，土名□長仍並菜園、祠堂、横郙田等處安着，田坵四至不具，计租一十一石七方，内抽四石，計畝一畝六分正，作價大洋伍拾陸元正，墊付西段磚工食应用，此係本家已業，抽出四石賣与藍馬琪誼男，照抽四石，依價伍拾陆元，起田起耕，貼税完粮，其田既經抽賣之後，即仰藍邊照抽起耕，去後如办原價取贖，藍邊不得执留，欲後有憑，立卖四石租爲照。

民國十六年丁卯四月二十吉日立卖契周亭三（押）

在見侄　周長治（押）

親筆

坐〇石廿亩者亩、分三厘、毛与显匡璘(?)让吴山庄

上文因整造西段磡缺款，西抽出田地四石七分计

亩一亩捌分八厘正，仍卖与显马俱运男三面作价壹府

洋拾伍元八角正，但正整付磡款，君周收讫，并家己

业归聪公盖璉成生峰公旧绪天公岩壁戒畏

其田既已抽卖之后，即仰显马起田耕种粮税完

粮去后不办价取赎，并无不得执留，欲后有凭

立卖契为照

民国十六年丁卯拾月初八日　立卖契　周寿三　押

在见经　周长治　押

33031

乾筆

（前頁）>>>>

立賣契，本家承分有新田一段，坐落八都五源，土名塭後亭下安着，□長仍並菜園及嚴宗祠堂横邨田等處安着，共租壹拾一碩七方，前四月業已抽出四石，计畝壹畝六分，立契賣与藍馬琪誼男收租，今又因塾造西段礄缺欵，函抽出田租四石七方，计畝一畝捌分八厘正，仍賣与藍馬琪誼男，三面作價大洋陸拾伍元八角正，但已塾付礄欵应用，此係本家己業，通融公益，继成金峰公旧緒，天公应鑒我衷，其田既已抽卖之後，即仰藍邊起田耕種，貼税完粮，去後如办價取贖，藍邊不得执留，欲後有憑，立賣契爲照。

民國十六年丁卯拾月初六日賣契周亭三（押）

在見侄周長治（押）

親筆

民國十六年便條

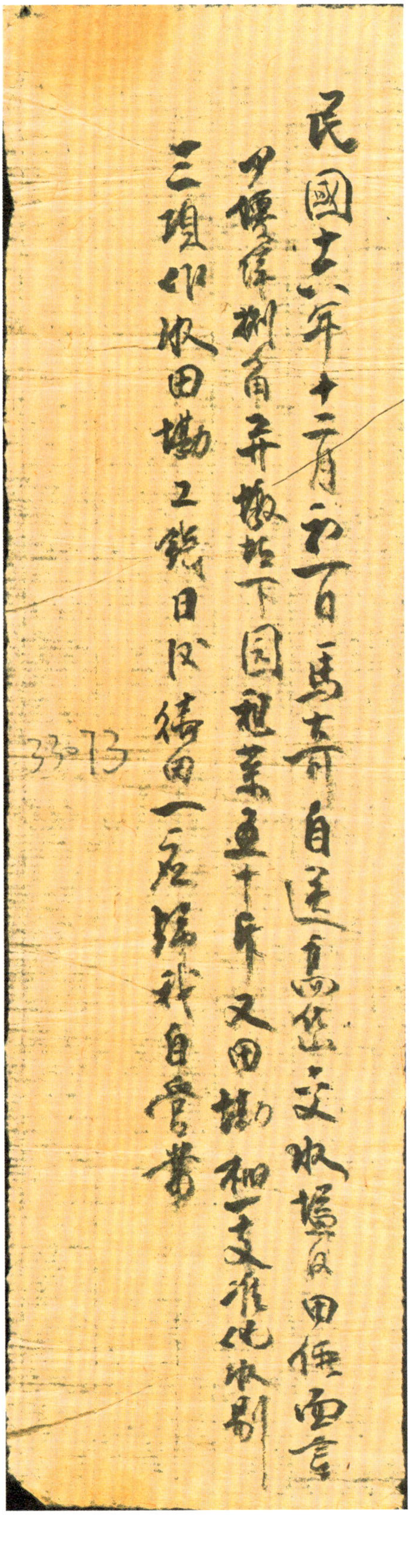

民國十六年十二月初一日，馬奇自送高岱文收塭後田價，面言田價洋捌角，並墩坵下园租菜五十斤，又田墈柏一支，准他收剔，三項作收田墈工錢，日後德［得］田一应歸我自管業。

民國十九年周樸郎立找契

立找契本家前日出賣有水田壹段坐落八都五源
土名章山垟安着計租柒碩正其四至畝分前
有正契載明不必重書今又缺用自愿儆仝
原中立找契一紙再向藍可墨兄廷找出英
洋陸拾叁元正其洋立契之日收訖分文無
少其田既找之後任听藍廷推收過户起
佃耕種受業本家伯叔兄弟子侄不得異
言如有別情本家自能支當不涉藍廷之
事欲後有據立找契爲照

民國十九年庚午十二月吉日立找契周樸郎（押）
在見胞兄周憲夫（押）
憑中　鍾合元（押）

(前頁)>>>>

立找契，本家前日出賣有水田壹段，坐落八都五源，土名章山垟安着，計租柒碩正，其四至、畝分，前有正契載明，不必重書，今又缺用，自愿傚[邀]仝原中立找契一紙，再向藍可墨兄邊找出英洋陸拾叁元正，其洋立契之日收訖，分文無少，其田既找之後，任听藍邊推收過户，起佃耕種受業，本家伯叔兄弟子侄不得異言，如有別情，本家自能支當，不涉藍邊之事，欲後有據，立找契爲照。

民國十九年庚午歲十二月吉日立找契周樸郎(押)

在見胞兄　周憲夫(押)

憑中　鍾合元(押)

雷志夋(押)

親筆

民國十九年周樸郎立賣契

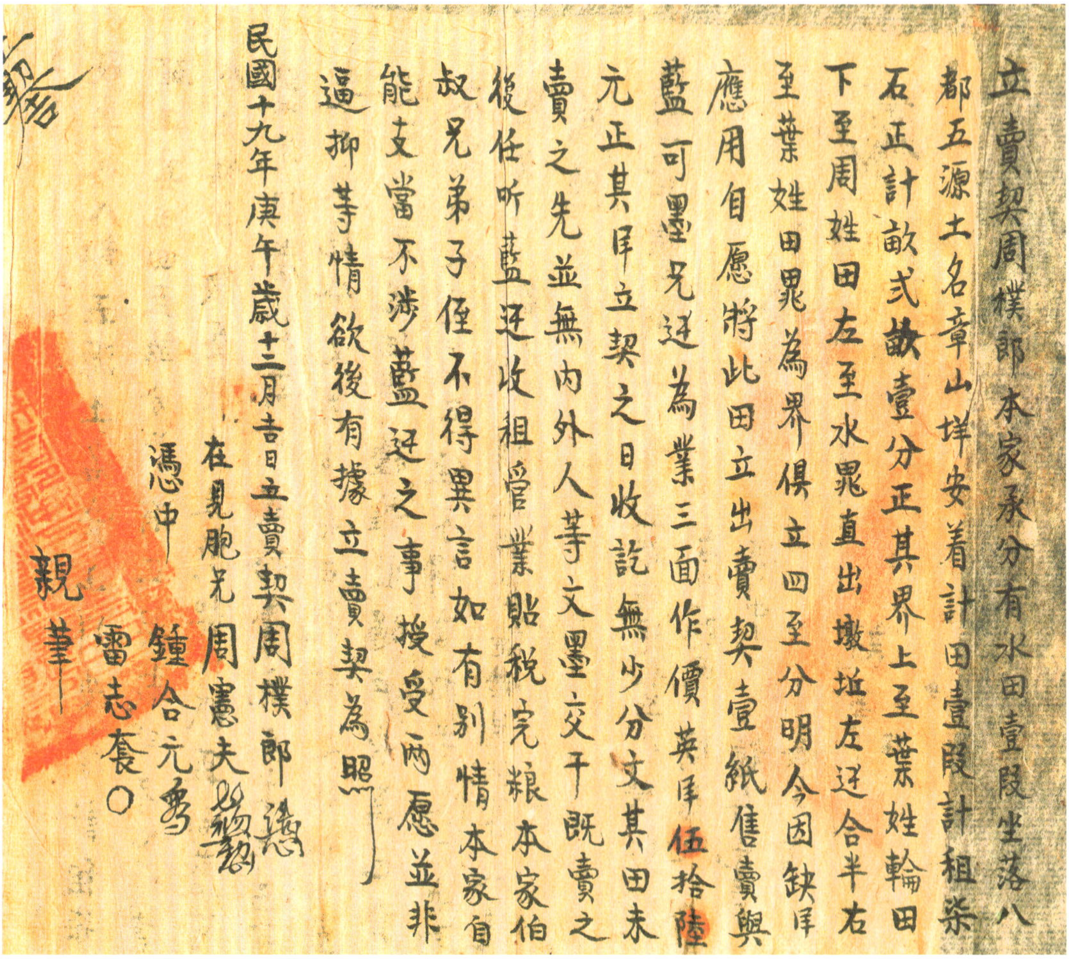
立賣契周樸郎本家承分有水田壹段坐落八
都五源土名章山垟安着計田壹段計租柒
石正計畝式畝壹分正其界上至葉姓輪田
下至周姓田左至水䂖直出墩址左迋合半右
至葉姓田䂖為界俱立四至分明今因缺洋
應用自愿將此田立出賣契壹紙售賣與
藍可墨兄迋為業三面作價英洋伍拾陸
元正其洋立契之日收訖無少分文其田未
賣之先並無内外人等文墨交干既賣之
後任听藍迋收租管業貼稅完粮本家伯
叔兄弟子侄不得異言如有别情本家自
能支當不涉藍迋之事授受兩愿並非
逼抑等情欲後有據立賣契為照
民國十九年庚午歲十二月吉日立賣契周樸郎
在見胞兄周憲夫
憑中 鍾合元
雷志養○
親筆

（前頁）>>>>

立賣契周樸郎，本家承分有水田壹段，坐落八都五源，土名章山垟安着，計田壹段，計租柒石正，計畝弍畝壹分正，其界上至葉姓輪田，下至周姓田，左至水毘直出墩坵左邊合半，右至葉姓田毘爲界，俱立四至分明，今因缺洋應用，自愿將此田立出賣契壹紙，售賣與藍可墨兄邊爲業，三面作價英洋伍拾陸元正，其洋立契之日收訖，無少分文，其田未賣之先，並無内外人等文墨交干，既賣之後，任听藍邊收租管業，貼税完粮，本家伯叔兄弟子侄不得異言，如有别情，本家自能支當，不涉藍邊之事，授受兩愿，並非逼抑等情，欲後有據，立賣契爲照。

民國十九年庚午歲十二月吉日立賣契周樸郎（押）

在見胞兄周憲夫（押）

憑中　鍾合元（押）

雷志奩（押）

親筆（印）

民國十九年周樸郎立找截絶借

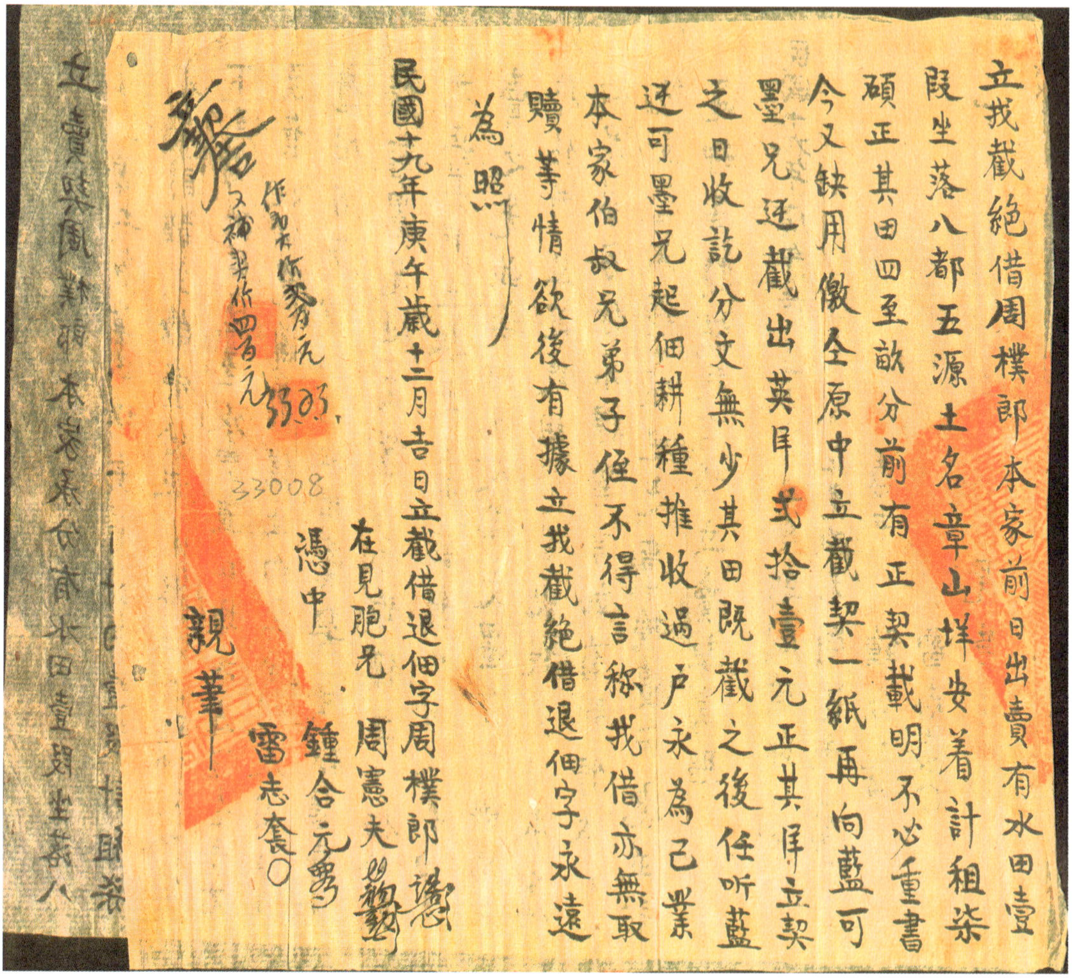

立找截絶借周樸郎本家前日出賣有水田壹
段坐落八都五源土名章山垟安着計租柒
碩正其田四至畝分前有正契載明不必重書
今又缺用儆仝原中立截契一紙再向藍可
墨兄廷截出英洋弍拾壹元正其洋立契
之日收訖分文無少其田既截之後任听藍
廷可墨兄起佃耕種推收過户永為己業
本家伯叔兄弟子侄不得言称找借亦無取
贖等情欲後有據立找截絶借退佃字永遠
為照

民國十九年庚午歲十二月吉日立截借退佃字周樸郎
在見胞兄 周憲夫
憑中 鍾合元
雷志養
親筆

(前頁)>>>>

立找截絶借周樸郎(印),本家前日出賣有水田壹段,坐落八都五源,土名章山垟安着,計租柒碩正,其田四至、畝分前有正契載明,不必重書,今又缺用,倣[邀]仝原中立截契一紙,再向藍可墨兄邊截出英洋式拾壹元正,其洋立契之日收訖,分文無少,其田既截之後,任听藍邊可墨兄起佃耕種,推收過户,永爲已業,本家伯叔兄弟子侄不得言称找借,亦無取贖等情,欲後有據,立找截絶借退佃字永遠爲照。

民國十九年庚午歲十二月吉日立截借退佃字周樸郎(押)

在見胞兄　周憲夫(押)

憑中　鍾合元(押)

作契价式百元(印)　雷志衮(押)

又補契价四百元(印)　親筆(印)

民國二十年周氏族衆立合同發劄

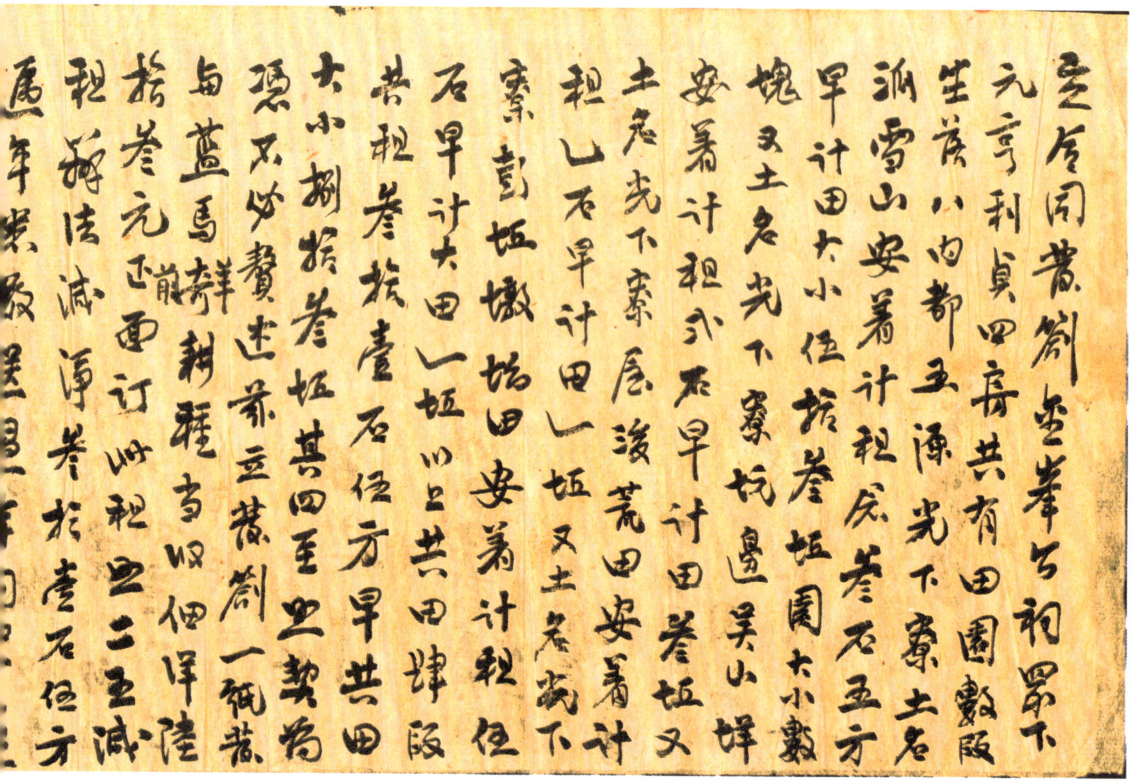

立合同發劄，金峰公祠衆下元、亨、利、貞四房共有田園數段，坐落八内都五源光下寮，土名泒雪山安着，计租念叁石五方早，计田大小伍拾叁坵，園大小數塊，又土名光下寮坑邊吴小垟安着，计租弍石早，计田叁坵，又土名光下寮屋後荒田安着，计租一石早，计田一坵，又土名光下寮彭坵墩坑田安着，计租伍石早，计大田一坵，以上共田肆段，共租叁拾壹石伍方早，共田大小捌拾叁坵，其四至照契爲憑，不必贅述，兹立發劄一紙，發與藍馬羊、馬奇、馬前耕種，当收佃洋陸拾叁元正，面訂此租照二五減租辦法减净叁拾壹石伍方，遞年悉數送過本祠祭主過

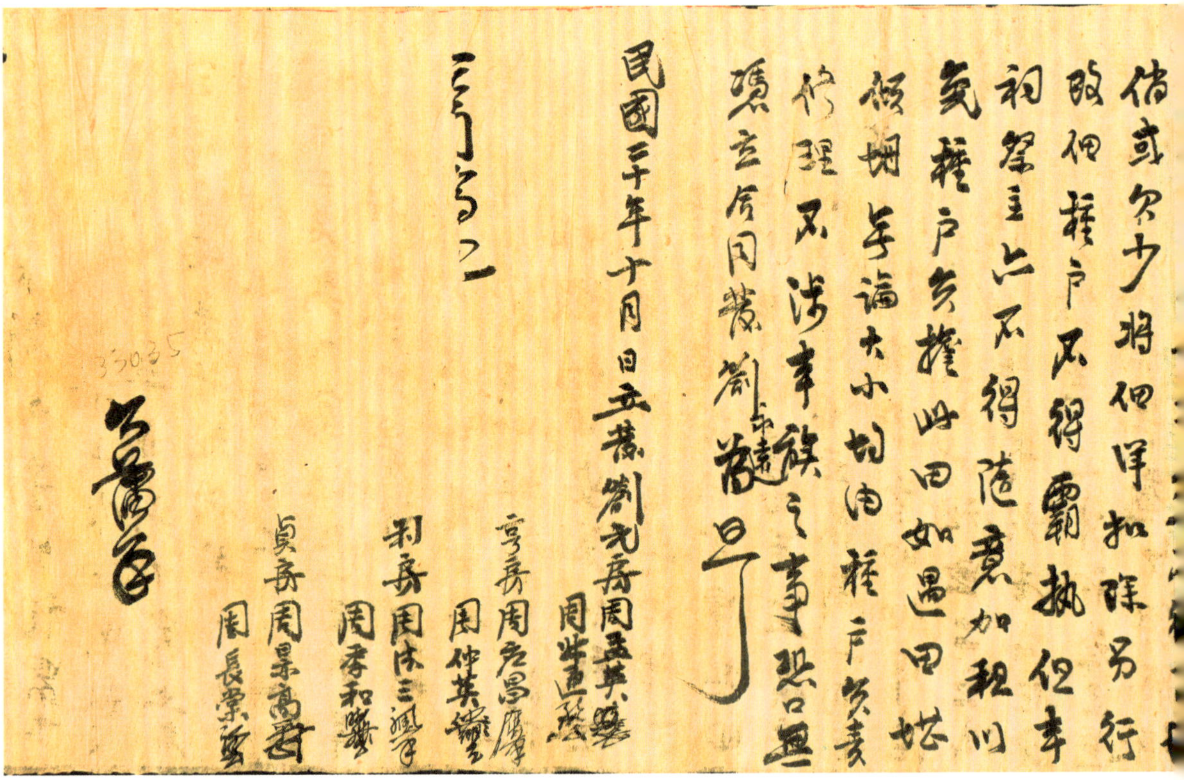

扇收訖，無論荒熟，不得再減，倘或欠少，將佃洋扣除，另行改佃，種户不得霸执，但本祠祭主亦不得隨意加租，以免種户負擔，此田如遇田堪傾坍，無論大小，均由種户負责修理，不涉本族之事，恐口無憑，立合同發劄永遠爲照。

民國二十年十月日立發劄元房周孟英（押）
周壮通（押）
亨房周应昌（押）
周仲英（押）
利房周法三（押）
周季和（押）
貞房周景高（押）
周長棠（押）

□□□□

民國二十年金高松立找借截盡契

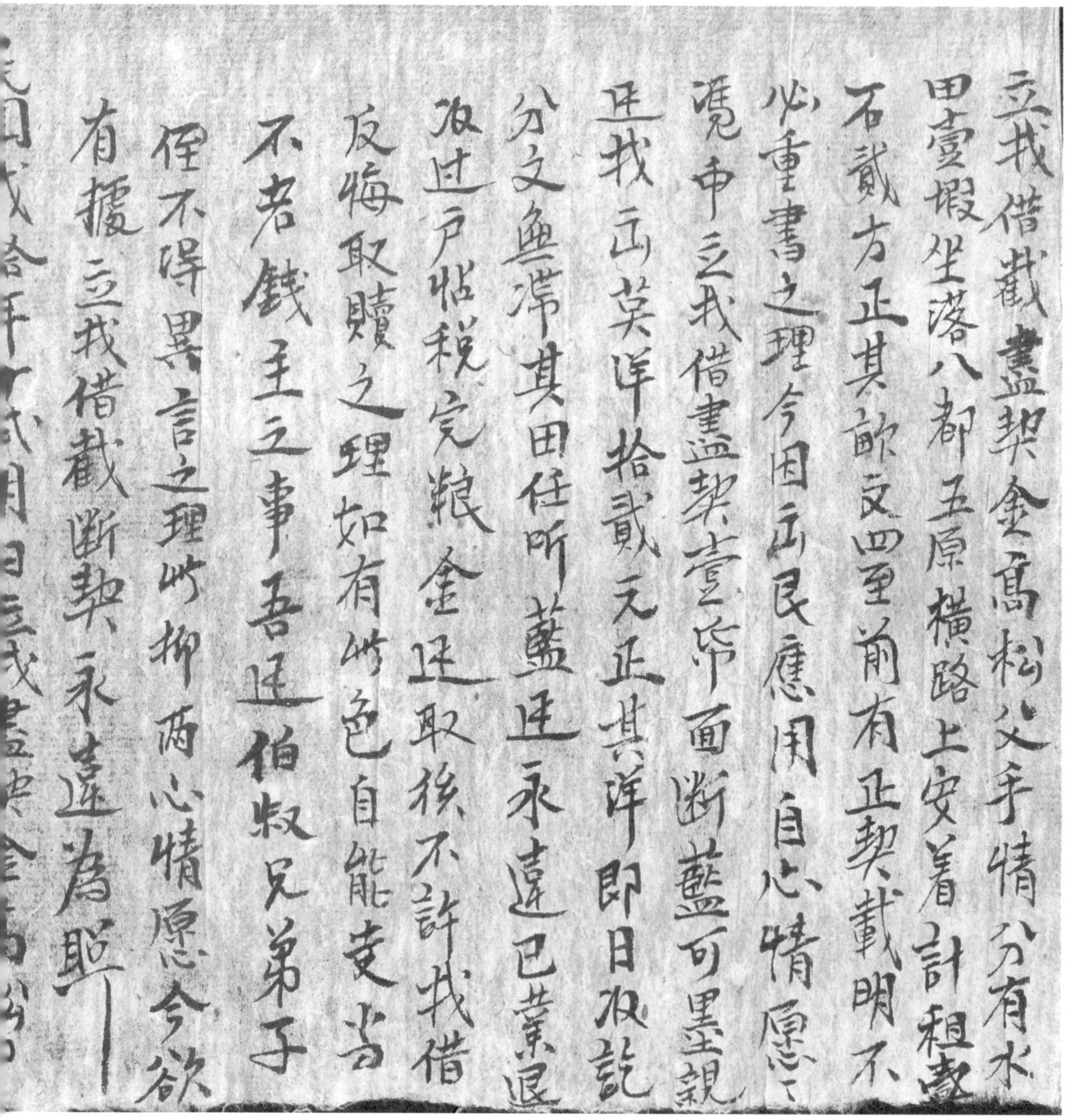
立找借截盡契金高松父手情分有水
田壹坵坐落八都五原橫路上安着計租數
石貳方正其畝交四至前有正契載明不
必重書之理今因缺用自心情愿立
憑中立找借盡契壹紙面斷藍可墨親
廷找出英洋拾貳元正其洋即日收訖
分文無滯其田任听藍廷永遠已業退
收过户粘税完粮金廷取後不許找借
反悔取贖之理如有此色自能支當
不干錢主之事吾廷伯叔兄弟子
侄不得異言之理此係兩心情愿今欲
有據立找借截斷契永遠為照
民國貳拾年　月　日立找盡契金高松

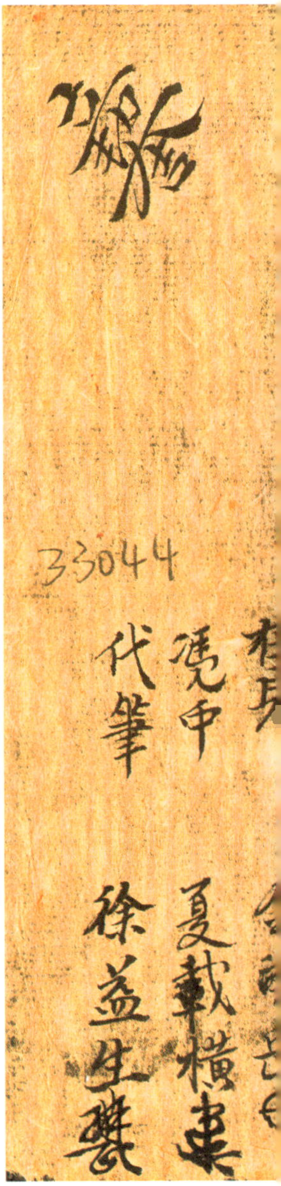

（前頁）>>>>

立找借截盡契金高松，父手情［承］分有水田壹坵，坐落八都五原［源］横路上安着，計租壹石貳方正，其畝文［分］、四至前有正契載明，不必重書之理，今因出［缺］艮［銀］應用，自心情愿，憑衆立找借盡契壹紙，面断藍可墨親邊找出英洋拾貳元正，其洋即日收訖，分文無滯，其田任听藍邊永遠己業，退收过户，怙［貼］税完粮，金邊取［去］後不許找借反悔取贖之理，如有此色，自能支当，不若錢主之事，吾邊伯叔兄弟子侄不得異言之理，此抑兩心情愿，今欲有據，立找借截断契永遠爲照。

民国貳拾年十弍月日立找盡契金高松（押）

在見　金湊岳（押）

憑衆　夏載横（押）

代筆　徐益生（押）

民國二十二年金方君具甘結

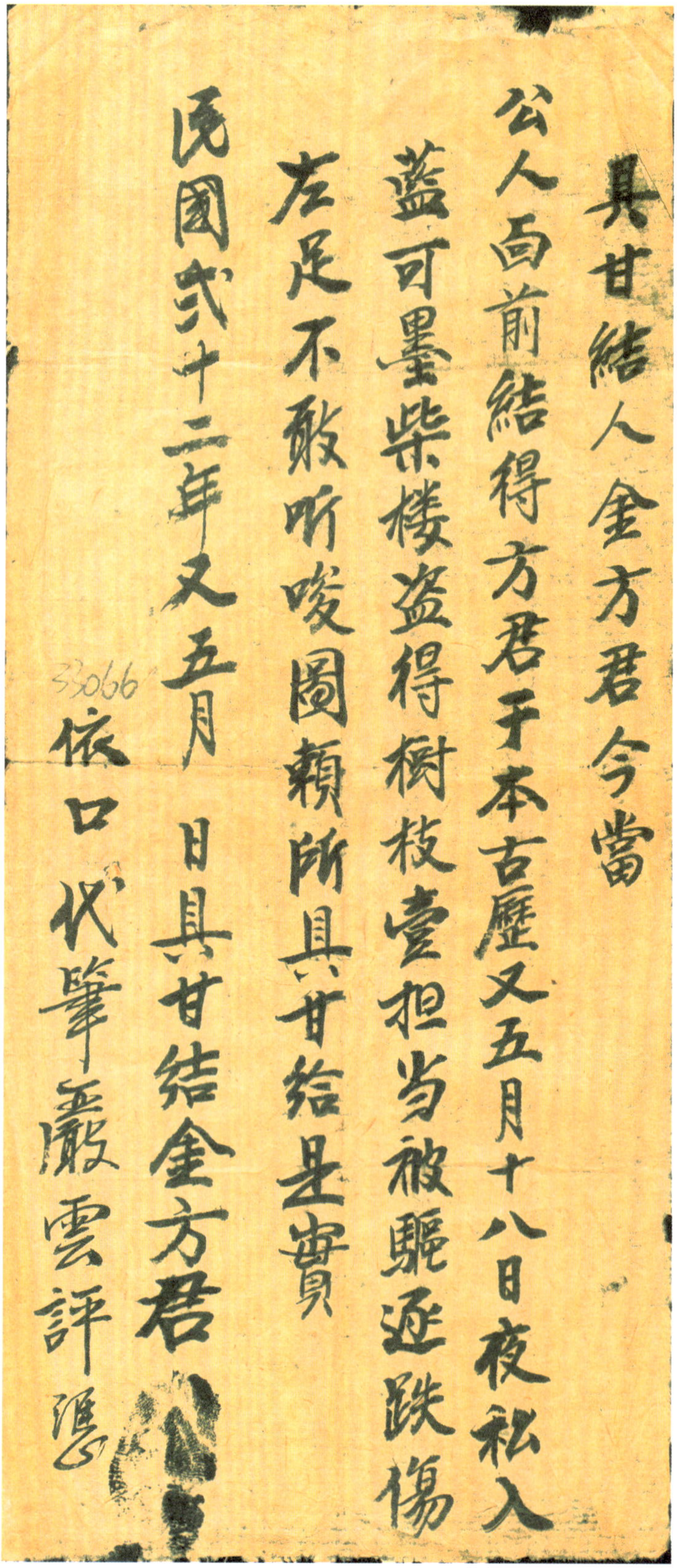

具甘結人金方君，今當

公人面前，結得方君于本古歷又五月十八日夜，私入

藍可墨柴楼，盜得樹枝壹担，当被驅逐，跌傷

左足，不敢听唆圖賴，所具甘給［結］是實。

民國弍十二年又五月　日具甘結金方君（押）

依口代筆嚴雲評憑

民國二十二年周樸郎立收字

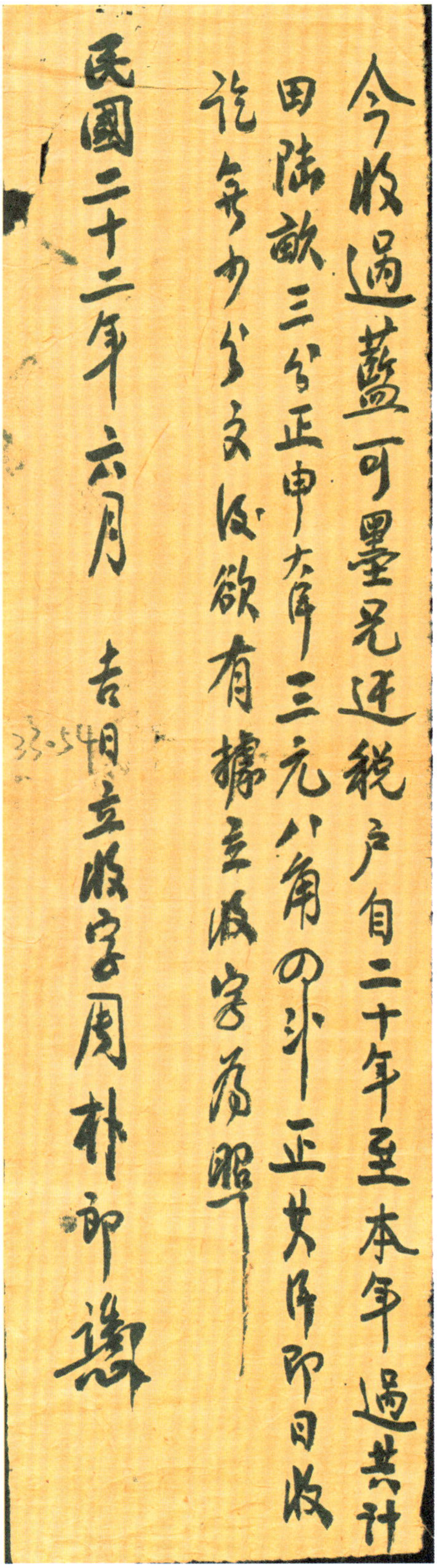

今收過藍可墨兄邊税户，自二十年至本年過，共計田陸畝三分正，申大洋三元八角四分正，其洋即日收訖，無少分文，後欲有據，立收字爲照。

民國二十二年六月　吉日立收字周朴郎（押）

民國二十三年金高松立收字

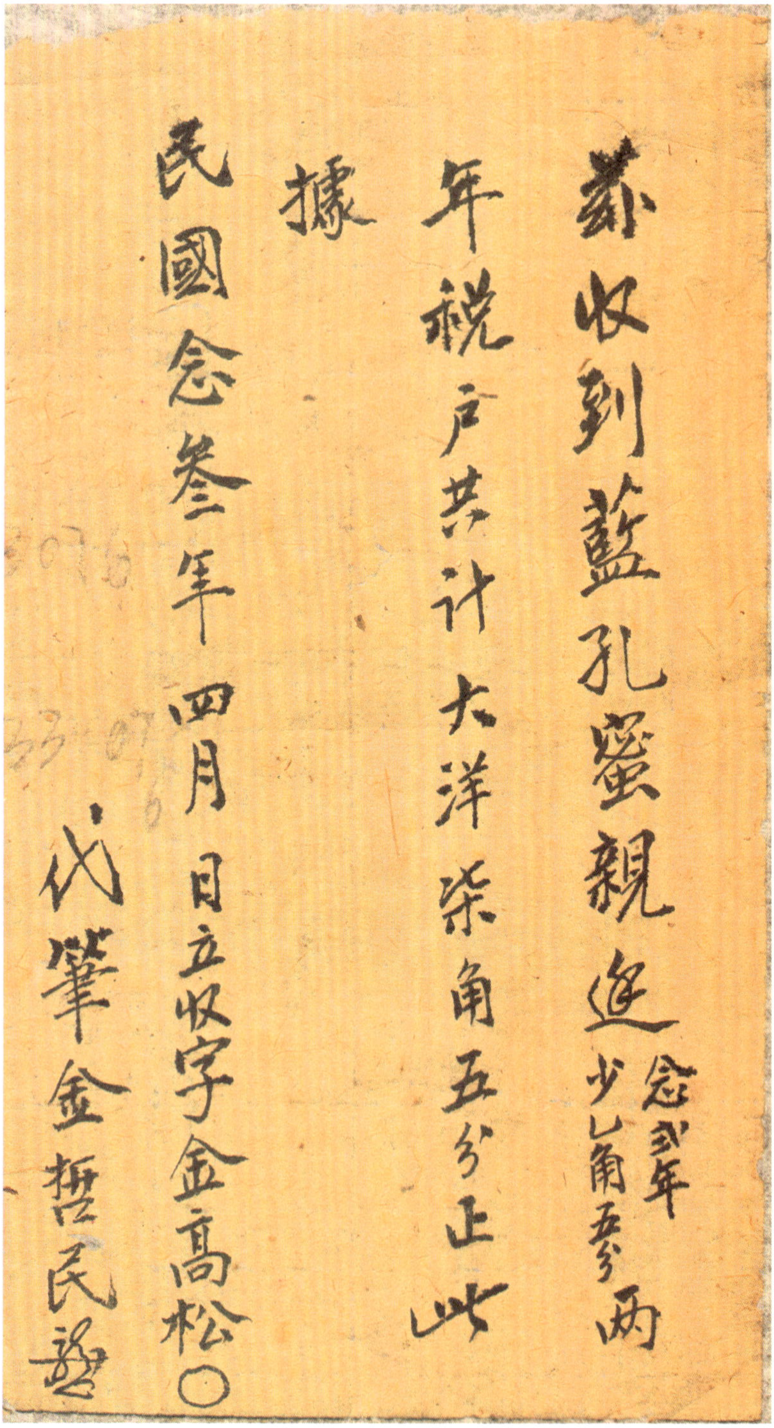

兹收到藍孔蜜親邊念弍年少一角五分兩年税户共计大洋柒角五分正，此據。

民國念叁年四月　日立收字金高松（押）

代筆金哲民（押）

民國二十五年周樸郎立收字

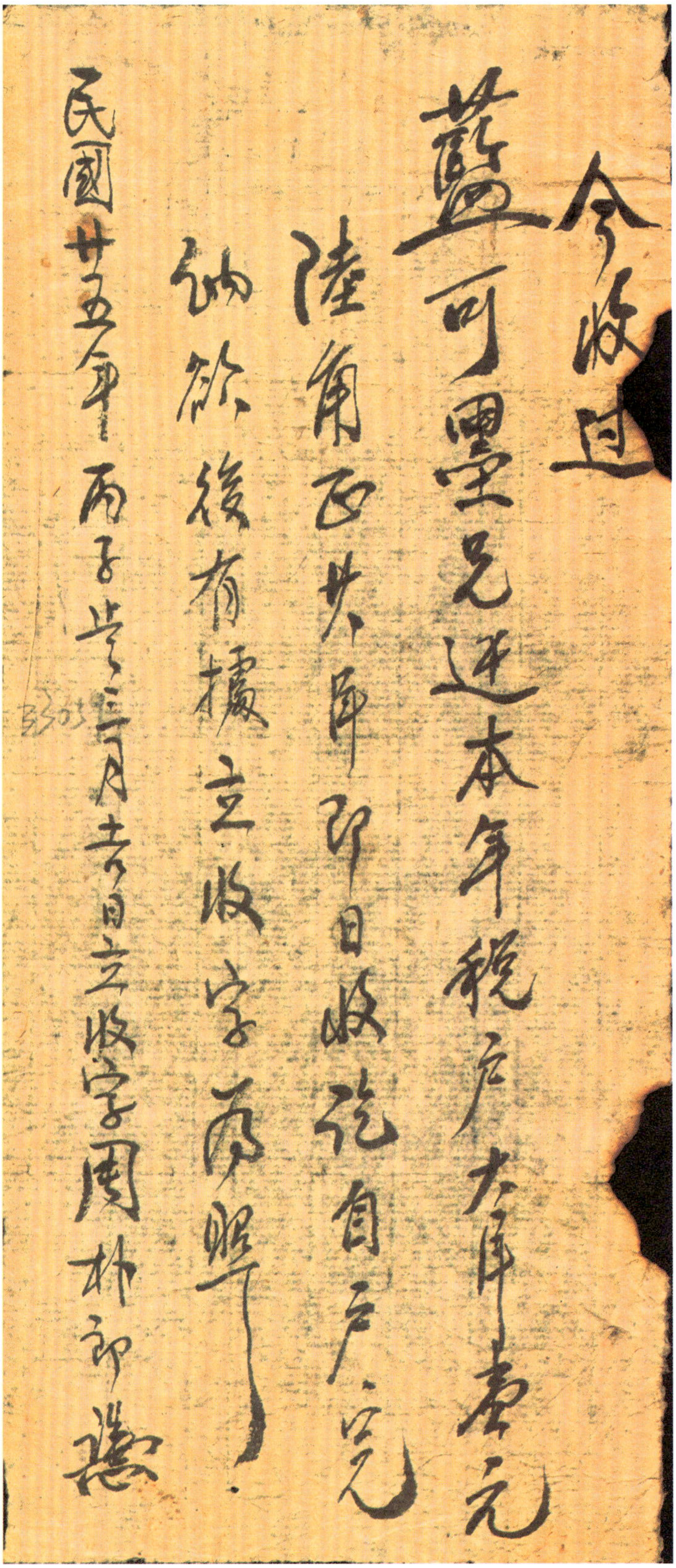

今收过
藍可墨兄邊本年税户大洋壹元
陸角正，其洋即日收訖，自户完
納，欲後有據，立收字爲照。
民國廿五年丙子歲三月吉日立收字周朴郎（押）

民國二十七年金步雲立收字

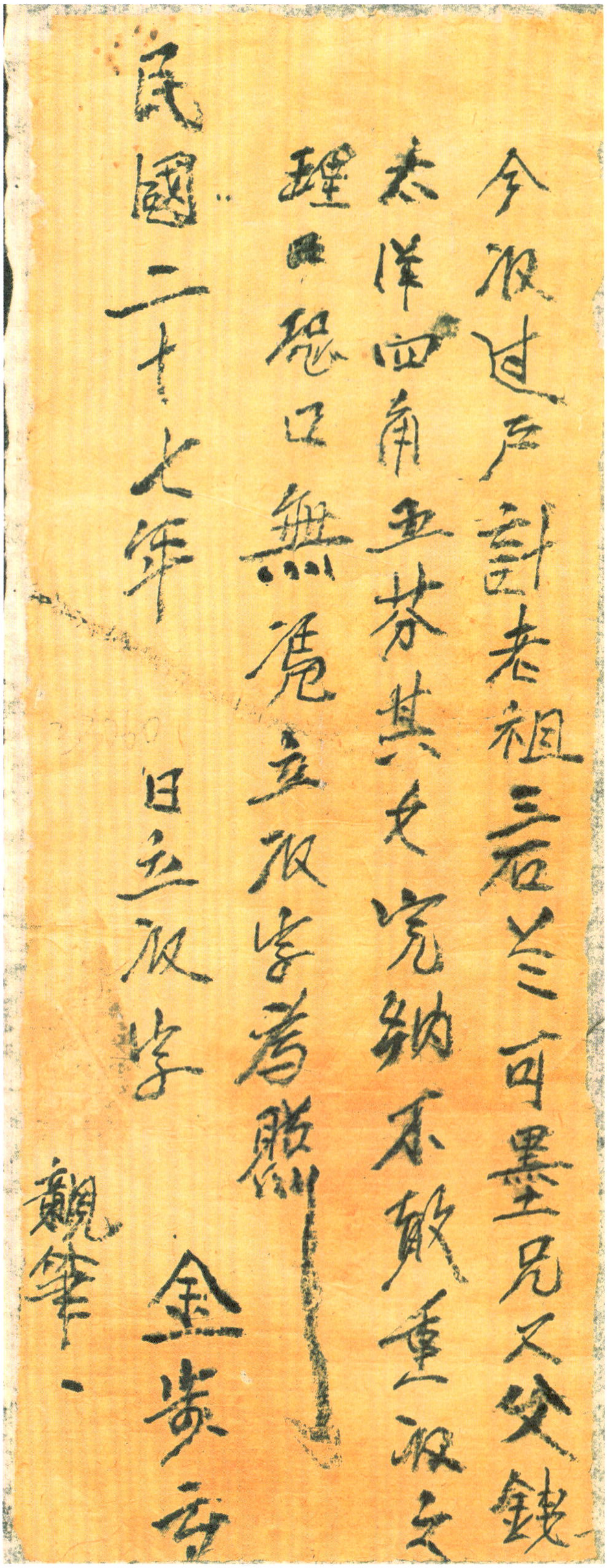

今收过户，計老祖[租]三石，兰可墨兄又父[付]錢太[大]洋四角五芬[分]，其錢完納，不敢重收之理，恐口無憑，立收字爲照。

民國二十七年　日立收字　金步云

親筆

民國二十七年周樸郎立收字

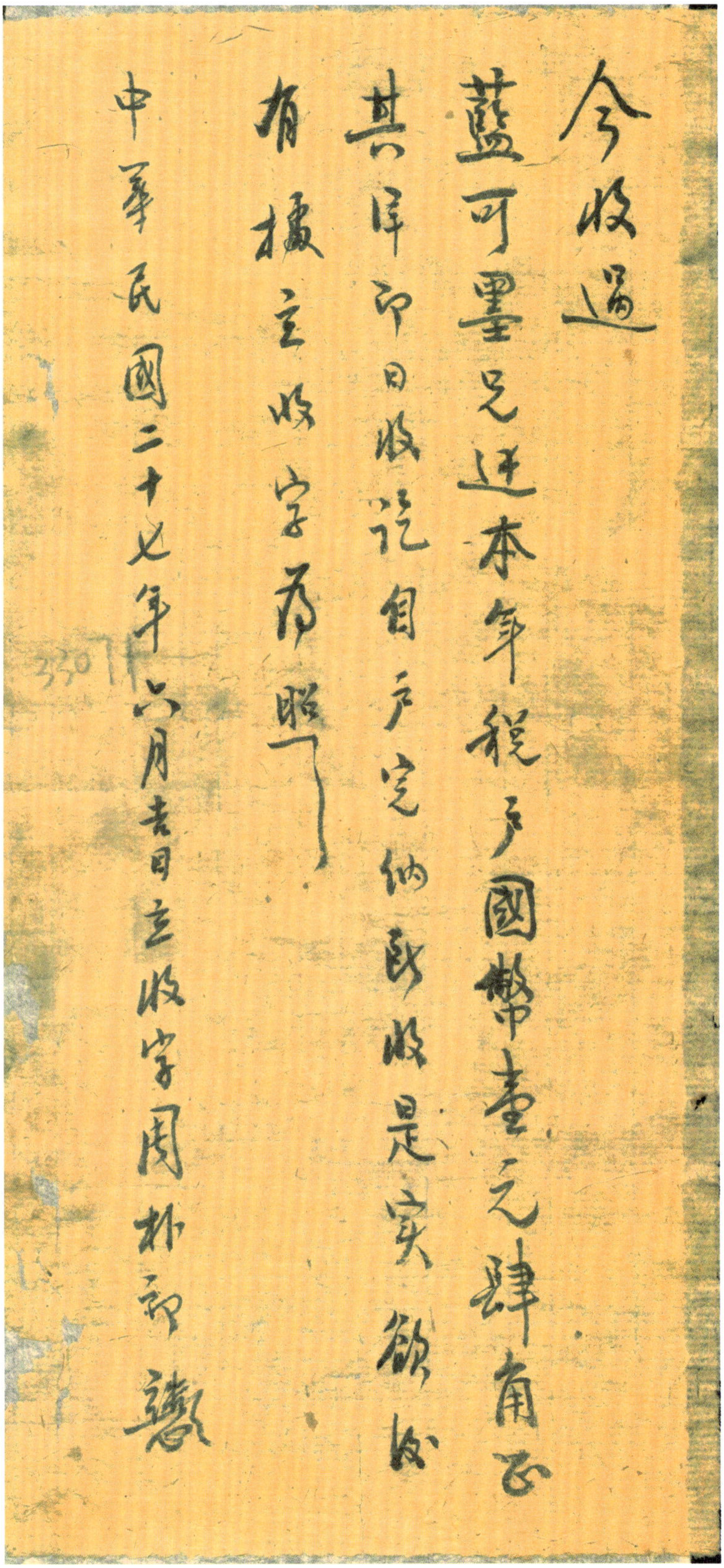

今收過
藍可墨兄邊本年税户國幣壹元肆角正，
其洋即日收訖，自户完納，所收是实，欲後
有據，立收字爲照。
中華民國二十七年六月吉日立收字周朴郎（押）

民國二十八年周樸郎立收字

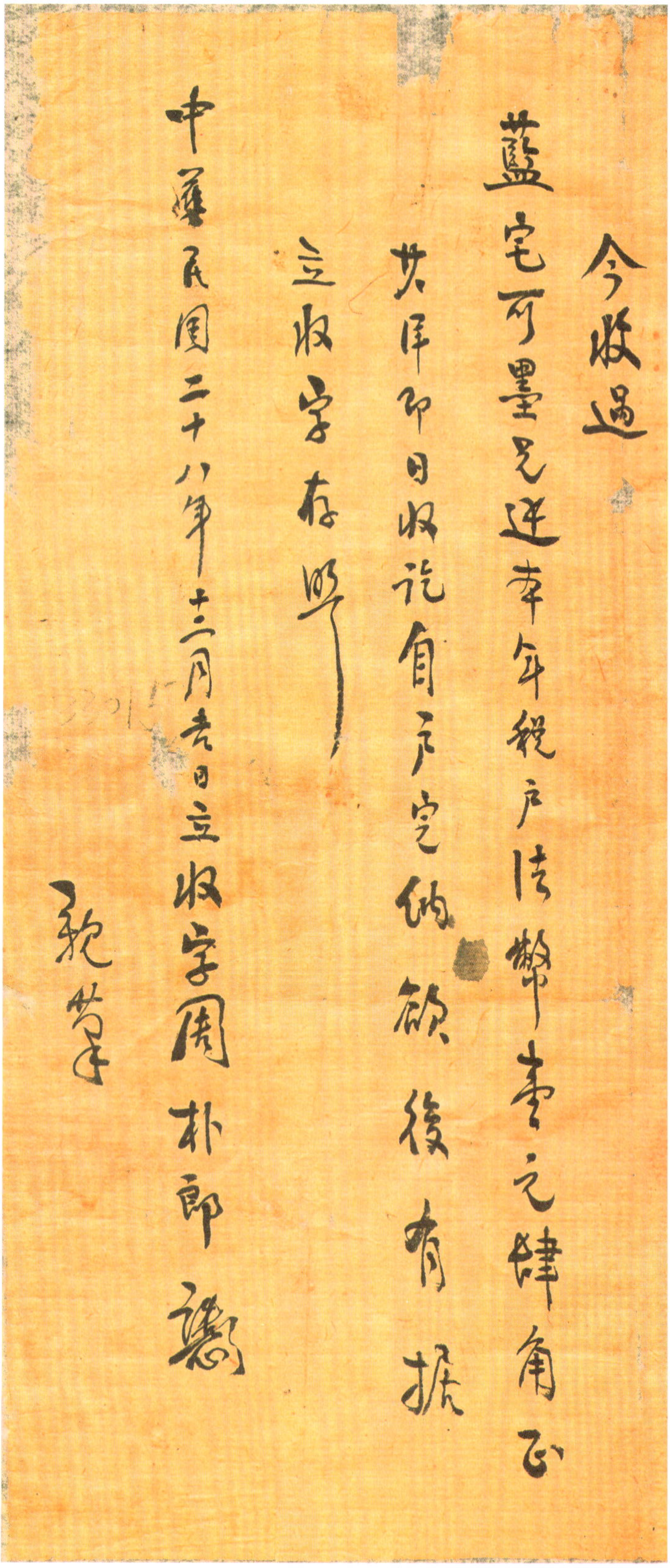

今收過

藍宅可墨兄邊本年税户法幣壹元肆角正，

其洋即日收訖，自户完納，欲後有据，

立收字存照。

中華民國二十八年十二月吉日立收字周朴郎（押）

親筆

田壹假坐落八外都五原坐名塩后石珶
頭大路边安着計租叁石正伍數界至畝
文不俱今因缺銀應用自願立找截尽
契壹帋向与藍可墨宅边再找出国幣
叁拾伍元正其幣隨契收訖分文無滞將此
田即找之后其田甚听藍边永遠收租已業
金边伯叔兄弟子侄永遠不許異言找借
存無取贖此系两心甘願並非逼抑恐口
無憑立找截尽契永遠為照

民国弍拾玖年十二月廿二日立找截尽契金松茵

在見金松高

憑中藍寿生

依口代筆金喜森

岁滿

（前頁）>>>>

立找截尽契金松苟，先年胞兄出賣有水田壹坵，坐落八外都五原［源］，土名塩后石碧領大路邊安着，計租叁石正，坵數、界至、畝文［分］不俱，今因缺銀應用，自願立找截尽契壹紙，向與藍可墨宅邊再找出國幣叁拾伍元正，其幣隨契收訖，分文無滯，將此田即［既］找之后，其田甚听藍邊永遠收租己業，金邊伯叔兄弟子侄永遠不許異言找借，亦無取贖，此下兩心甘願，並非逼抑，恐口無憑，立找截尽契永遠爲照。

民國弍拾玖年十弍月廿弍日立找截尽契金松苟（押）

在見金松高（押）

憑衆藍寿生（押）

依口代筆金喜莊（押）

民國三十年周必奎立收字

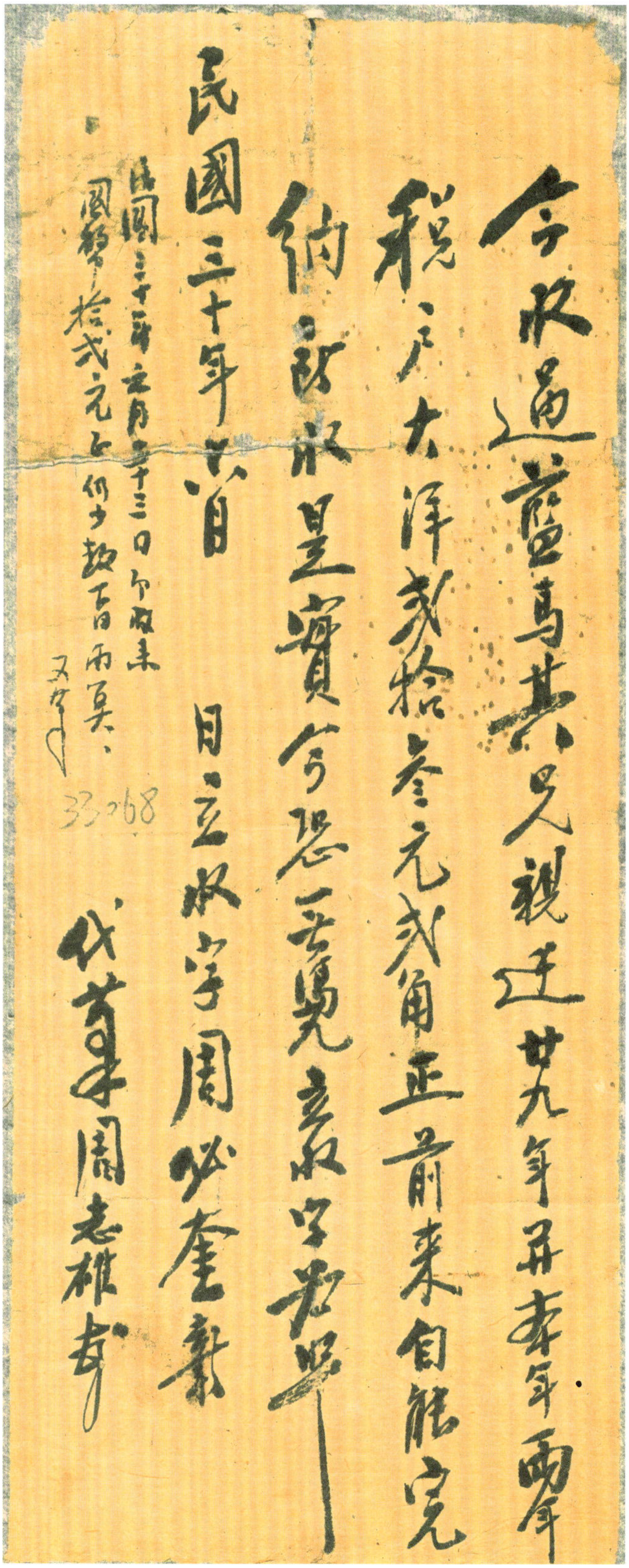

今收過藍馬其兄親邊廿九年並本年兩年稅户，大洋弍拾叁元弍角正前來，自能完納，即收是實，今恐無憑，立收字爲照。

民國三十年六月　日立收字周必奎（押）

代筆周志雄（押）

民國三十年六月二十三日即收來國幣拾弍元正，仍少款□□兩百□。

又照

民國三十年金松昌等立找截盡契

立找截尽契金松昌熙晴先年胞兄出賣有水田
壹坵坐落八外都五原土名塩后垟現領大路外
安着計租叁石正坵數界至畝文契俱全因己
缺銀應用自願立找截尽契盡斷向前藍邊
可墨宅出再找出国幣叁拾元正其幣隨契
收訖分文無滯將此田即找之后其田甚听藍边
永遠收歸己業金边伯叔兄弟子侄永遠不許
異言找借亦無取贖此下兩出甘願並非逼抑恐口
無憑立找截尽契永遠存照

民国叁拾年拾一月　日立找截尽契金松昌〇
金熙晴〇
金熙明〇

（前頁）>>>>

立找截尽契金松昌、燕情，先年胞兄出賣有水田壹坵，坐落八外都五原［源］，土名塩后石碧領大路邊安着，計租叁石正，坵數、界至、畝文［分］不俱，今因缺銀應用，自願立找截尽契壹紙，向與藍可墨宅邊再找出國幣叁拾元正，其幣隨契收訖，分文無滯，將此田即［既］找之后，其田甚听藍邊永遠收租己業，金邊伯叔兄弟子侄永遠不許異言找借，亦無取贖，此下兩心甘願，並非逼抑，恐口無憑，立找截尽契永遠爲照。

民国叁拾年拾一月　日立找截尽契金松昌（押）

金燕情（押）

金燕明（押）

在見金岳梯（押）

代筆葉松法（押）

民國三十年周必煃立收字

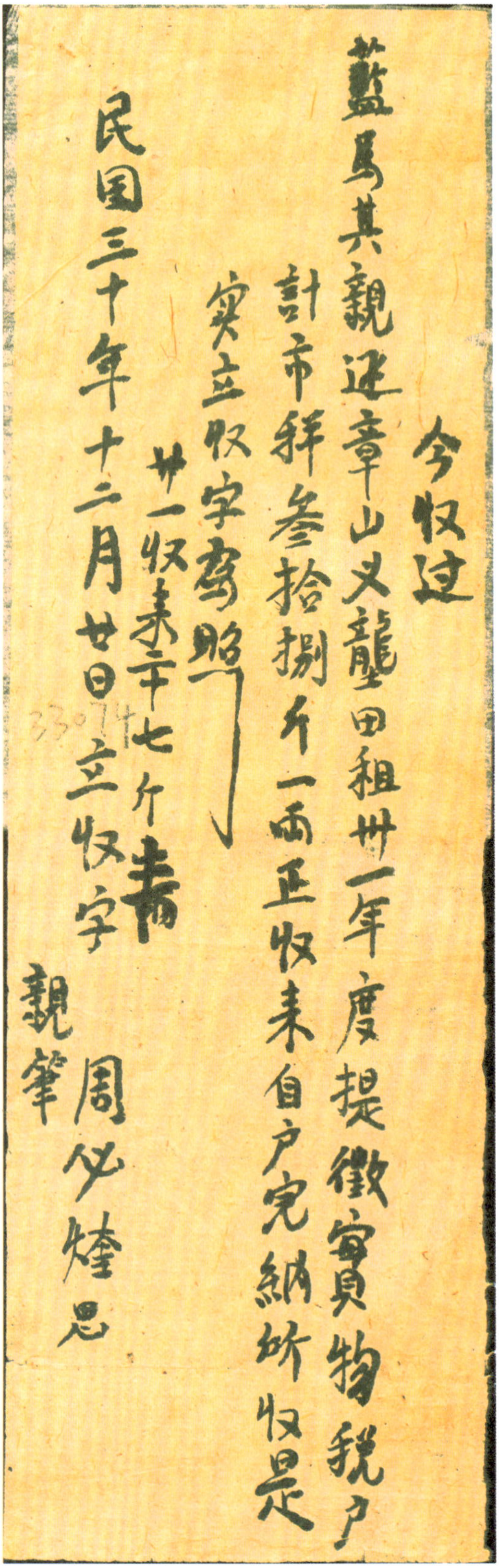

今收过

藍馬其親邊章山义壟田租卅一年度提徵實物税户，計市秤叁拾捌斤一兩正，收來自户完納，所收是实，立收字爲照。

廿一收來二十七斤□

民国三十年十二月廿日立收字　周必煃思

親筆

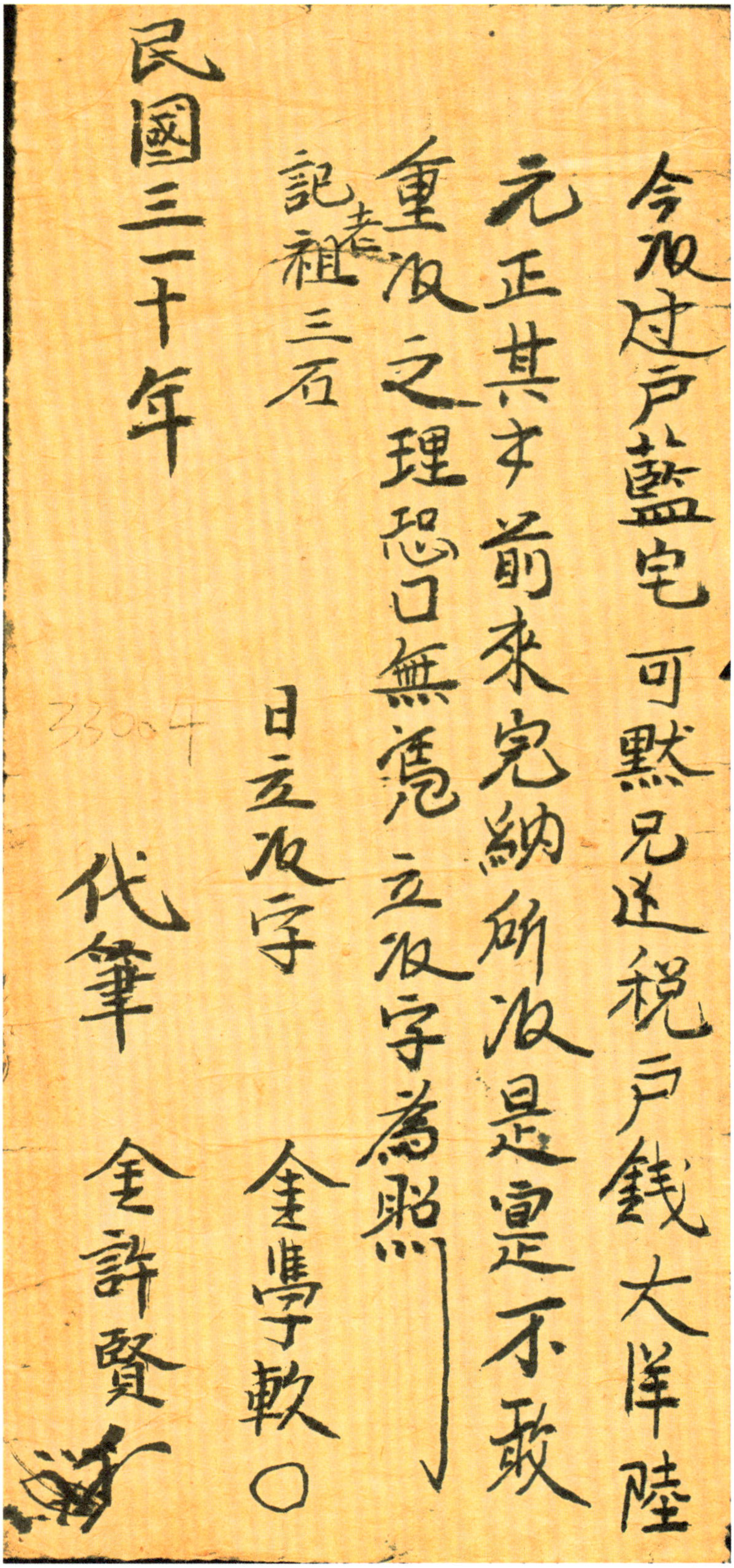

今收过户藍宅可默兄邊税户錢大洋陸元正，其錢前來完納，所收是寔，不敢重收之理，恐口無憑，立收字爲照。

記老祖[租]三石

民國三一十年　日立收字　金學軟（押）

代筆　金許賢（押）

民國三十一年周必煃立收字

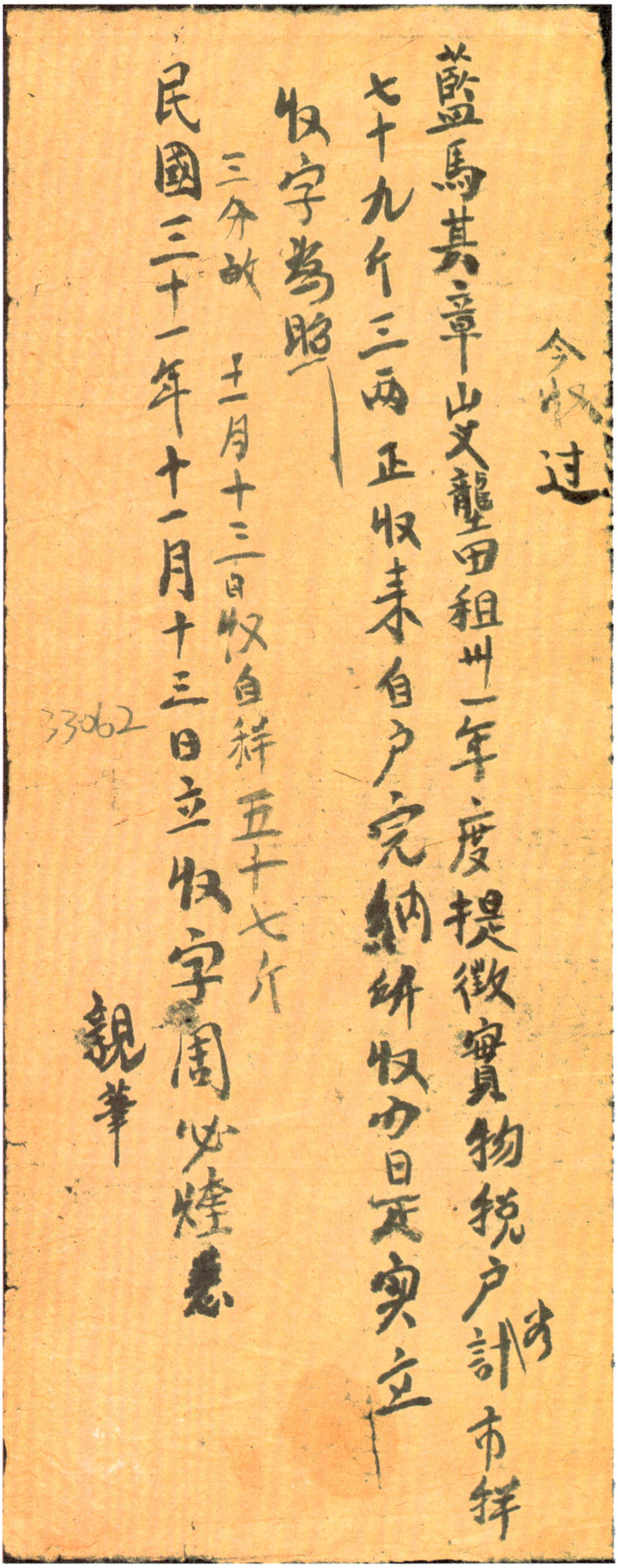

今收过

藍馬其章山义壟田租卅一年度提徵實物税户計谷市秤七十九斤三兩正，收來自户完納，所收寔［是］实，立收字爲照。

三分畝　十一月十三日收自秤五十七斤。

民國三十一年十一月十三日立收字周必煃（押）

親筆

民國三十一年黄蔣行衆等立承劄

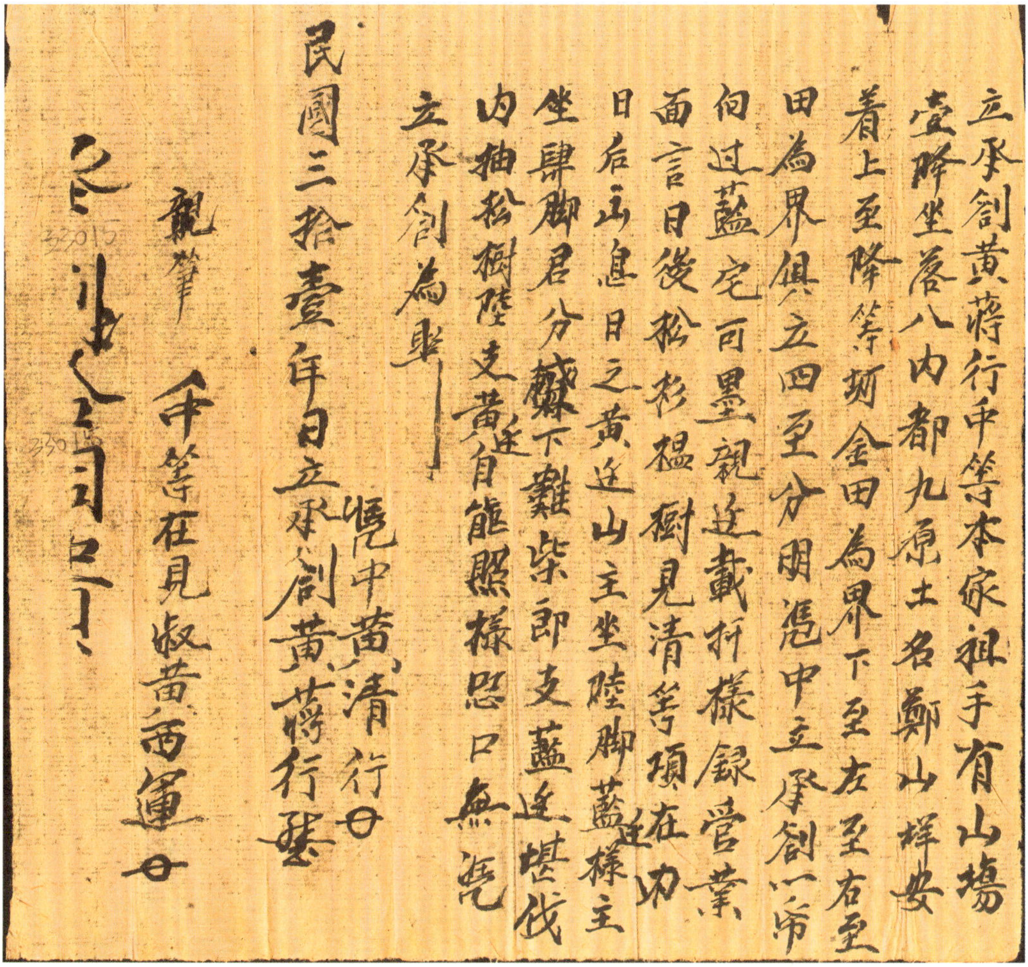

立承劄黄蔣行衆等，本家祖手有山場壹降，坐落八内都九原[源]，土名鄭山垟安着，上至降等坳金田爲界，下至、左至、右至田爲界，俱立四至分明，憑中立承劄一紙，向过藍宅可墨親邊載[栽]扦様録管業，面言日後松、杉、榅樹、見清等項在内，日后出息日之[子]，黄邊山主坐陸脚，藍邊様主坐肆脚君[均]分，成青林下雜柴即支藍邊堪[砍]伐，内抽松樹陸支，黄邊自能照様，恐口無憑，立承劄爲照。

憑中黄清行（押）

民國三拾壹年日立承劄黄蔣行（押）

親筆　衆等在見叔黄西運（押）

請款便條

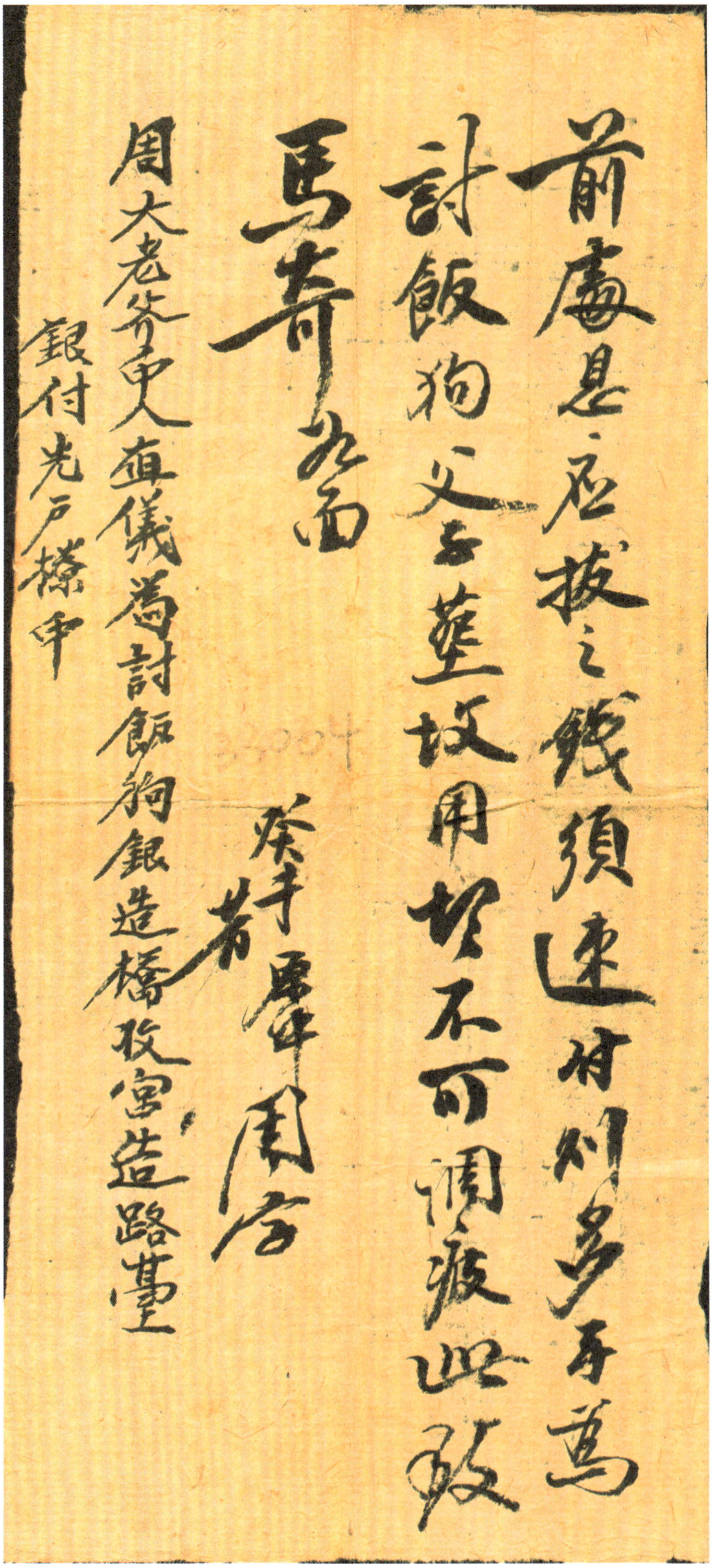

前處息应拨之錢，須速付□多錢，爲
討飯狗父子莖坟用，切不可调疲，此致，
馬奇爲面　癸□　原件　周字
□
周大老爷衆人值儀，爲討飯狗銀，造橋、收［修］宫、造路臺。
銀付光户橑［寮］衆

周志孔田契包契紙

民國三十七年周志孔立賣契、立找截退佃斷契

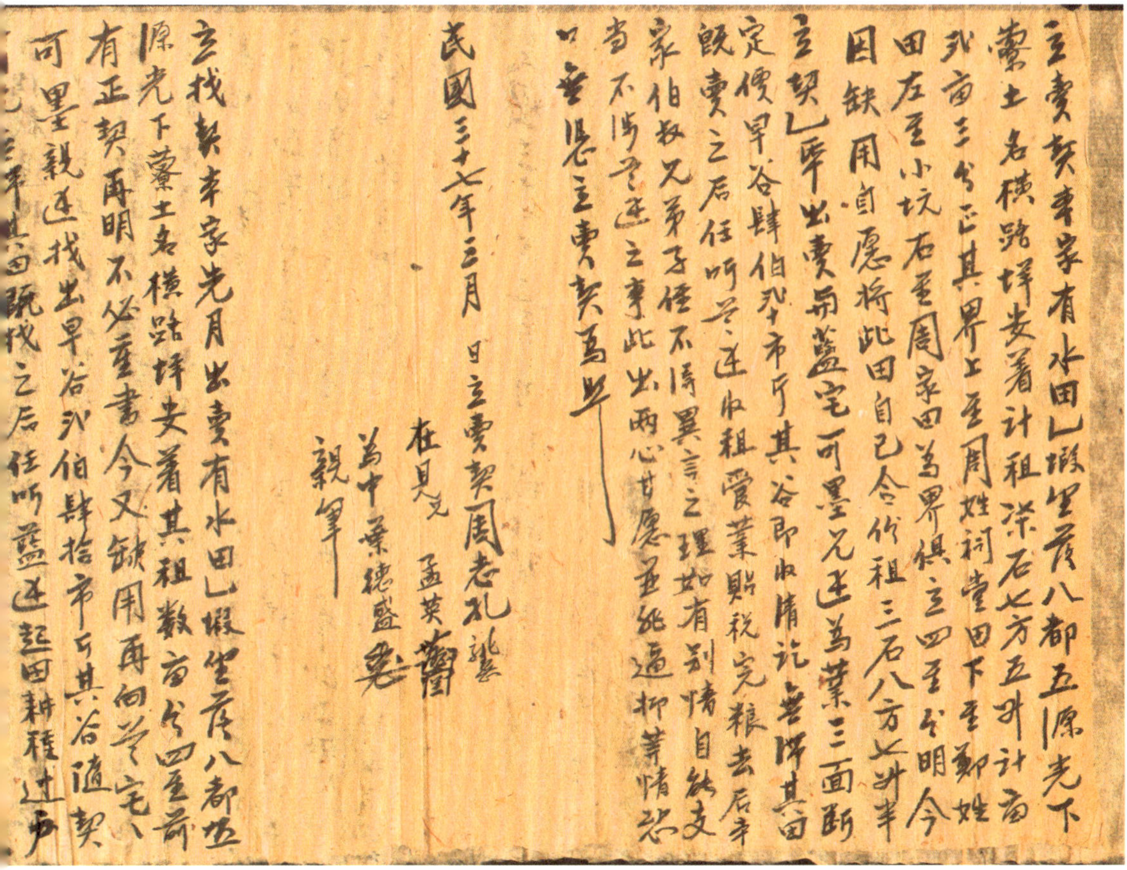

立賣契，本家有水田一坵，坐落八都五源光下蓉[寮]，土名横路垟安着，计租柒石七方五升，计亩弍亩三分正，其界上至周姓祠堂田，下至鄭姓田，左至小坑，右至周家田爲界，俱立四至分明，今因缺用，自愿將此田自己合份租三石八方七升半，立契一紙，出賣與藍宅可墨兄邊爲業，三面斷定，價早谷肆伯[佰]弍十市斤，其谷即收清訖無滯，其田既賣之后，任听藍邊收租管業，貼税完粮，去后本家伯叔兄弟子侄不得異言之理，如有别情，自能支当，不涉藍邊之事，此出兩心甘愿，並非逼抑等情，恐口無憑，立賣契爲照。

民國三十七年三月　日立賣契周志孔（押）

在見兄孟英（押）

爲中葉德盛（押）

親筆

立找契，本家先月出賣有水田一坵，坐落八都五源光下蓉[寮]，土名横路垟安着，其租数、亩分、四至前有正契再[載]明，不必重書，今又缺用，再向藍宅可墨親邊找出早谷弍伯[佰]肆拾市斤，其谷隨契

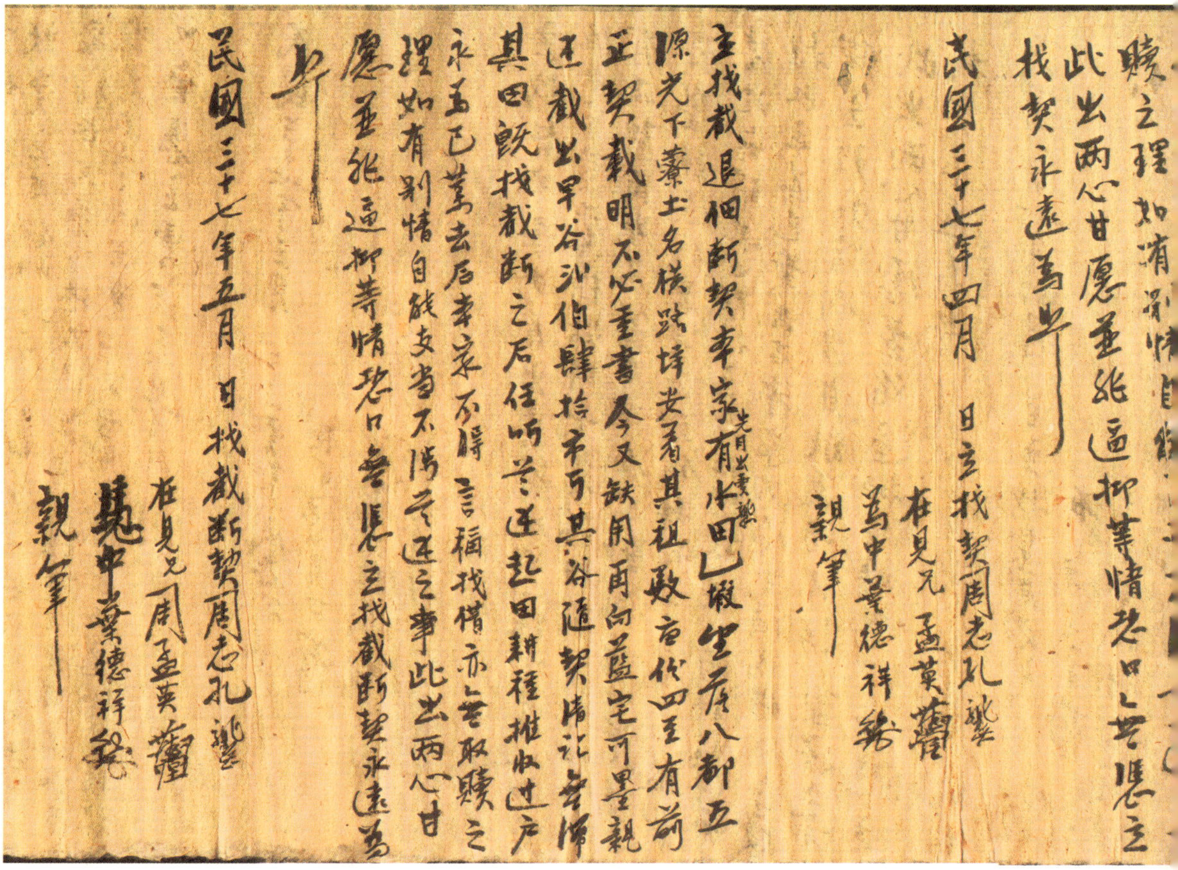

贖之理，如有别情，自能支当，不涉藍邊之事，此出兩心甘愿，並非逼抑等情，恐口無憑，立找契永遠爲照。

民國三十七年四月　日立找契周志孔（押）

在見兄孟英（押）

爲中葉德祥（押）

親筆

立找截退佃断契，本家先月出賣（押）有水田一坵，坐落八都五源光下蓼［寮］，土名横路垟安着，其租数、亩份、四至有前正契載明，不必重書，今又缺用，再向藍宅可墨親邊截出早谷弍伯［佰］肆拾市斤，其谷隨契清訖無滯，其田既找截断之后，任听藍邊起田耕種，推收过户，永爲己業，去后本家不得言稱找借，亦無取贖之理，如有别情，自能支当，不涉藍邊之事，此出兩心甘愿，並非逼抑等情，恐口無憑，立找截断契永遠爲照。

民國三十七年五月　日找截断契周志孔（押）

在見兄周孟英（押）

憑中葉德祥（押）

親筆

周仲瑛訴狀

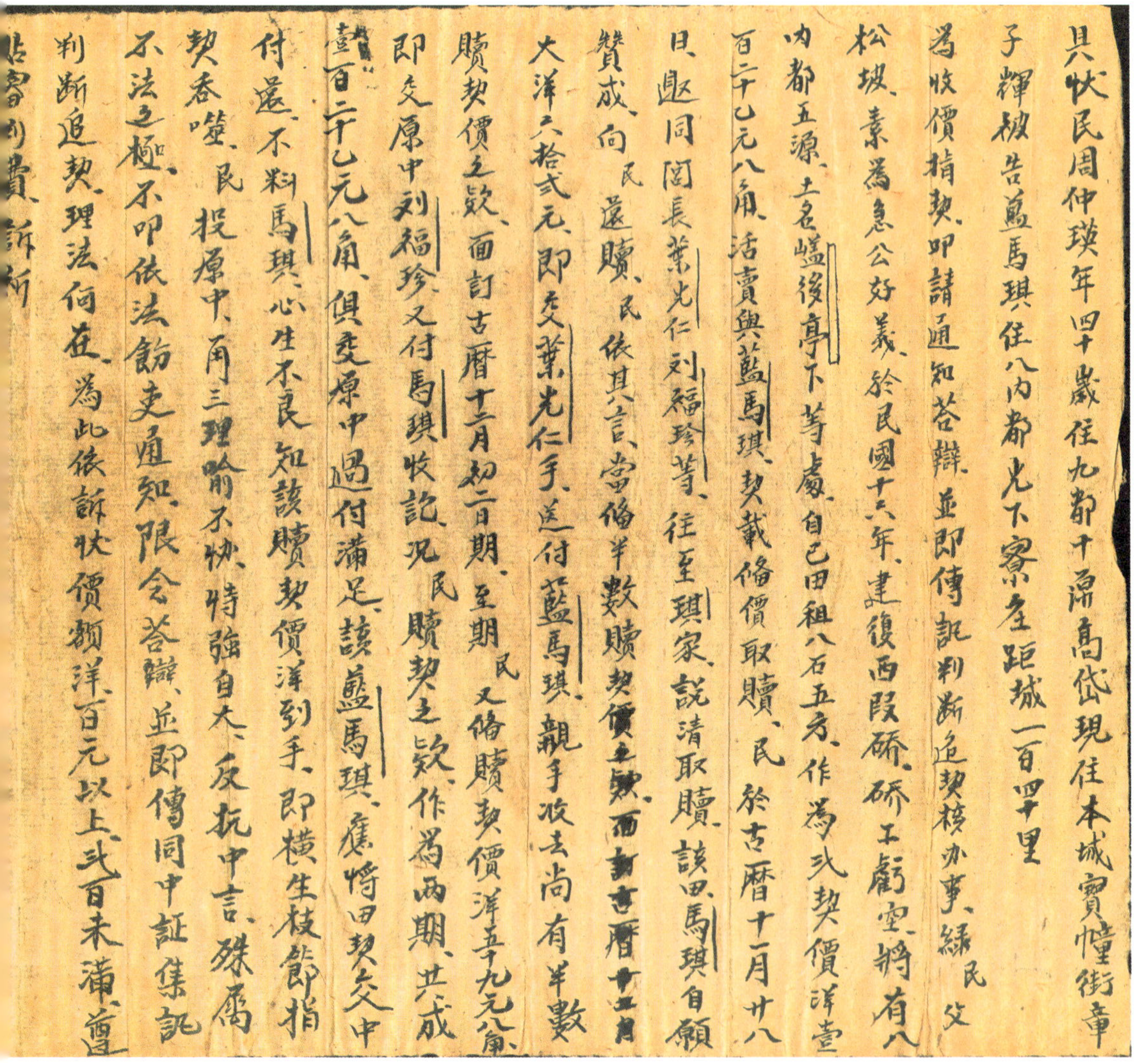
具狀民周仲瑛，年四十歲，住九都十源高岱，現住本城寶幢街章
子輝。被告藍馬琪，住八内都光下寮，距城一百四十里
爲收價掯契，叩請通知答辯，並即傳訊判斷追契，核办事。緣民父
松坡素爲急公好義，於民國十六年建復西段碑，碑工虧空，將有八
内都五源土名嶐後亭下等處，自己田租八石五方，作爲弍契，價洋壹
百二十乙元八角，活賣與藍馬琪，契載備價取贖。民於古曆十一月廿八
日邀同閭長葉光仁、刘福珍等，往至琪家，説清取贖，該馬琪自願
贊成，向民還贖。民依其言，當備半數贖契價五，面訂古曆十二月
即交原中刘福珍交付馬琪收訖。況民贖契之欵，作爲兩期，共成
大洋六拾弍元，即交葉光仁手，送付藍馬琪親手收去，尚有半數
贖契價之欵，面訂古曆十二月初二日期。至期民又備贖契價洋五十九元八角，
壹百二十乙元八角，俱交原中過付滿足，該藍馬琪應將田契交中
付還。不料馬琪心生不良，知該贖契價洋到手，即横生枝節，指
契吞噬。民投原中，再三理喻不恤，特強自大，反抗中言，殊屬
不法之極。不叩依法飭吏通知，限令答辯，並即傳同中証集訊
判斷追契，理法何在。爲此依訴狀價額洋百元以上弍百未滿，賫遵
貼審判費，訴祈

（前頁）>>>>

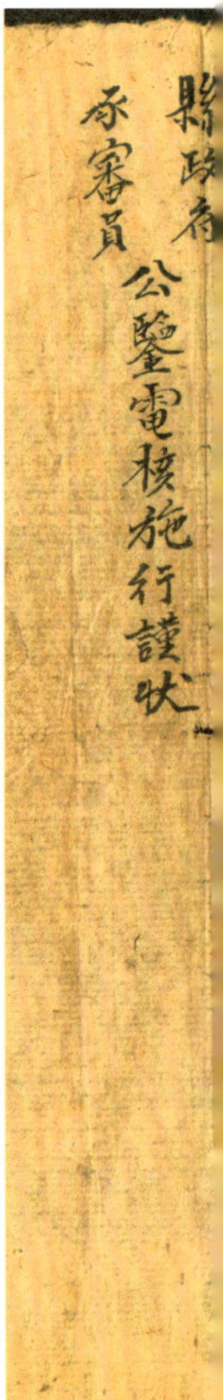

具狀民周仲瑛，年四十歲，住九都十源高岱，現住本城寳幢街章子輝，被告藍馬琪，住八内都光下寮庄，距城一百四十里，爲收價揹契，叩請通知答辯，並即傳訊判斷，追契核办事，緑［緣］民父松坡素爲急公好義，於民國十六年建復西段硚，硚工虧空，將有八内都五源，土名嵅［塧］後亭下等處自己田租八石五方，作爲式契，價洋壹百二十一元八角，活賣與藍馬琪，契載僃價取贖，民於古曆十一月廿八日，邀同閭長葉光仁、刘福珍等，往至琪家，説清取贖該田，馬琪自願贊成向民還贖，民依其言，當備半數贖契價之欵，面訂古曆十二月大洋六拾式元，即交葉光仁手，送付藍馬琪親手收去，尚有半數贖契價之欵，面訂古曆十二月初二日期，至期，民又備贖契價洋五十九元八角，即交原中刘福珍，又付馬琪收訖，况民贖契之欵作爲兩期，共成壹百二十一元八角，俱交原中過付滿足，該藍馬琪應將田契交中付還，不料馬琪心生不良，知該贖契價洋到手，即横生枝節，指契吞噬，民投原中再三理喻不协，恃强自大反抗中言，殊屬不法之極，不叩依法飭吏通知，限令答辯，並即傳同中証集訊，判断追契，理法何在，爲此，依訴狀價額洋百元以上式百未滿，遵貼審判費，訴祈

縣政府

承審員

公鑒，電核施行，謹狀。

藍馬琪辯訴書

辯訴人藍馬琪六十二歲住八都先下寮現住本城
保佐人子可星三十九歲
原告人周仲瑛住九都高岙

為借看契而行搶奪、倒誣收價揹契、奉諭答辯事。切民于民
國十六年陸續買受周松坡土名本都嶺後亭下等處田租拾乙
石七方，分作三契，載明原價取贖。原賣人周松坡于去年春間
為故有賭徒周仲瑛係周松坡第四子，帶同地棍刘福珍屢到民
家勒索找借，窮思此田現為周松坡派下共有之業，周仲瑛不能
單獨處分，無論找借取贖，令其得共有人同意，再行接洽。乃仲瑛
以勒索不遂，于去年十一月廿九日糾同刘福珍並不識姓名五六人
到民家，謂不知此田契價多少，要檢閱契據。民疑心不決，仲瑛等
善言相勸，民思仲瑛係誼兄弟，坐無惡行，將租價最末之契

去。民 無法任他搶奪、只得奔告仲瑛大兄周蘊山等、均蒙安慰並
担認為之理取。民 歷代未入公门、忍耐于心、本月初十日奉到通知書、始
悉周仲瑛已私行起訴、捧讀通知、如同天外飛冤、該通知謂初由葉
光仁交 民 洋六十二元、繼由刘福珍交洋五十九元八角、誣以波價揩契、不知
此項田租共六十乙石七方、價洋乙百五十八元、原契可憑、周仲瑛僅告八石五方、已不
相符、是否搶契、難逃洞鑒。至二次交洋、福珍仲瑛狼狽相奸、隨事
可託、葉光仁有否交洋、可以傳詢、周仲瑛棄詐不遂、斜逸奪契、反
誣波價揩契、想生初仲瑛先入因公虧欵、迫于面情、東移西借為
之補湊、今乃受此冤抑、我公 秦鏡高懸、本案虛實一審即明、
為此遵諭答辯、伏乞
承審員先生電核迅賜傳訊判斷、以安農業、頂禀上呈、

(前頁)>>>>

辯訴人藍馬琪，六十二歲，住八都光下寮，現住本城。

保佐人子可墨，三十九歲。

原告人周仲瑛，住九都高岱。

爲借看契而行搶奪，倒誣收價揩契，奉論答辯事。竊民于民國十六年陸續買受周松坡土名本都嵊［塩］後亭下等處田，租拾一石七方，分作三契，載明原價取贖，原賣人周松坡于去年春間病故，有賭徒周仲瑛，係周松坡第四子，帶同地棍刘福珍屡到民家勒索找借，窃思此田現爲周松坡泒下共有之業，周仲瑛不能单獨處分，無論找借取贖，令其得共有人同意再行接洽，乃仲瑛以勒索不遂，于去年十一月廿九日，糾同刘福珍並不識姓名五六人到民家，謂不知此田契價多少，要檢閲契據，民疑心不决，仲瑛等善言相勸，民思仲瑛係誼兄弟，当無惡行，將租價最少之契檢阅，不料仲瑛黑心狗行，契未看完，即縮入衣袋，羣兇圍護而去，民無法，任他搶奪，只得奔告仲瑛大兄周藴山等，均蒙安慰，並担認爲之理取，民歷代未入公汀［廳］，忍耐于心，本月初十日，奉到通知書，始悉周仲瑛已私行起訴，捧讀通知，如同天外飛冤，該通知謂，初由葉光仁交民洋六十二元，继由刘福珍交洋五十九元八角，誣以收價揩契，不知此項田租共十一石七方，價洋一百五十八元，原契可憑，周仲瑛僅告八石五方，已不相符，是否搶契，難逃洞鑒，至二次交洋，福珍、仲瑛狼狽相奸，隨事可託，葉光仁有否交洋，可以傳詢，周仲瑛索詐不遂，糾兇奪契，反誣收價揩契，想当初仲瑛先人因公虧欵，迫于面情，東移西借，爲之補凑，今乃受此冤抑，我公秦鏡高懸，本案虚實，一審即明，爲此，遵諭答辯，伏乞

承審員先生電核，迅賜集訊判断，以安農業，頂德上呈。

周仲瑛請支條

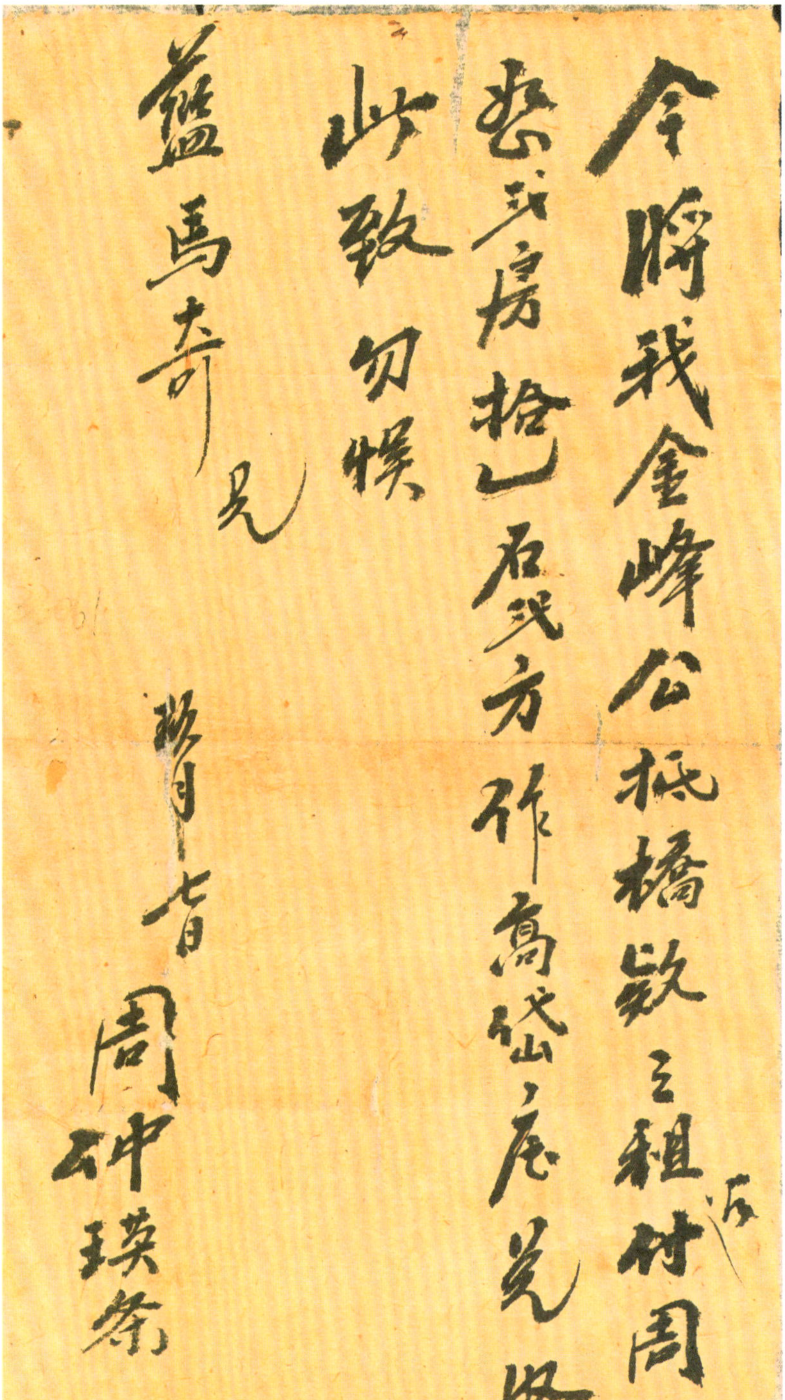

今將我金峰公抵橋欸之租谷付周
䂬式房拾一石式方，作高岱庄兑收，
此致，勿悮［誤］。

藍馬奇兄　玖月七日　周仲瑛条

周耀西書札

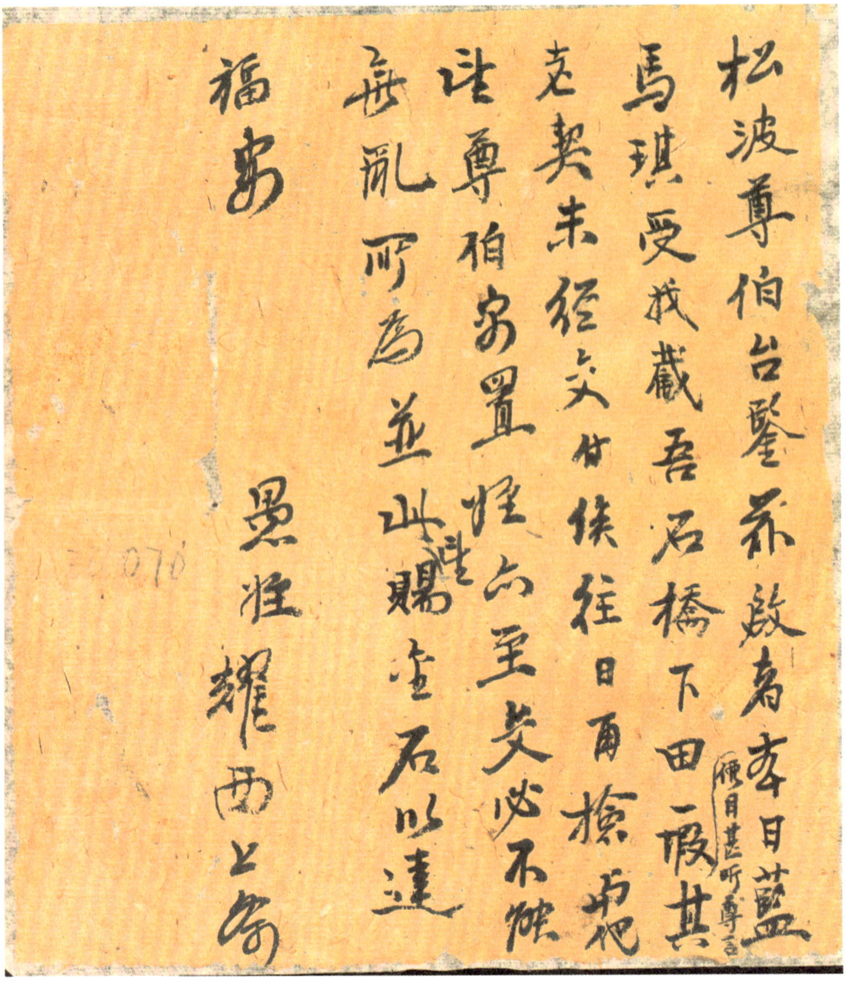

松波尊伯台鑒，兹啓者本日藍馬琪受找截吾石橋下田一塅，價目甚听尊言，其老契未经交付，俟往日再撿與他，望尊伯安置，姪亦至交，必不能無亂所爲，並此望賜壹石以達

福安。　愚姪耀西上条

一九五二年黄金孝立賣契

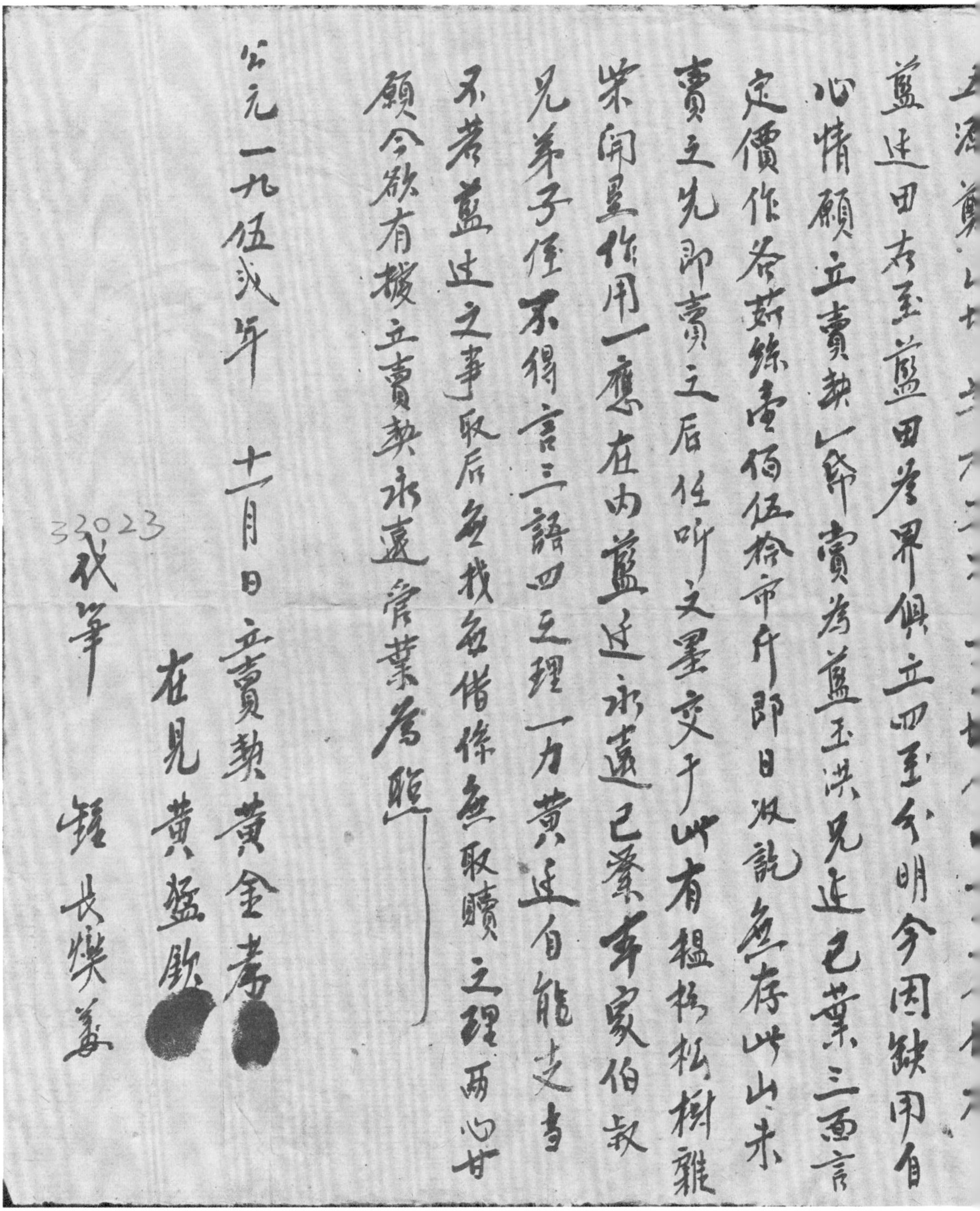
藍廷田右至藍田為界俱立四至分明今因缺用自
心情願立賣契一紙賣為藍玉洪兄廷巳業三面言
定價作谷薪綠壹佰伍拾市斤即日收訖無存此山木
賣主先即賣之后任听文墨交于此有榅柊松樹雜
柴開墾作用一應在内藍廷永遠巳業本家伯叔
兄弟子侄不得言三語四之理一力黄廷自能支當
不若藍廷之事取后無找無借條無取贖之理兩心甘
願今欲有據立賣契永遠管業為照
公元一九伍戊年 十二月 日 立賣契 黄金考
在見 黄盛歆
代筆 鍾長樊篆
32023

（前頁）>>>>

立賣契黄金孝，土改后承分有山塲壹降，坐落八都五源鄭山垟安着，其界上至坳金田，下至少坑，左至藍邊田，右至藍田爲界，俱立四至分明，今因缺用，自心情願，立賣契一紙，賣爲藍玉洪兄邊己葉［業］，三面言定價作各茹絲壹佰伍拾市斤，即日收訖無存，此山未賣之先，即［既］賣之后，任听文墨交干，此有榅、杉、松樹、雜柴開墾作用，一應在内，藍邊永遠己業，本家伯叔兄弟子侄不得言三語四之理，一力黄邊自能支当，不若藍邊之事，取［去］后無找無借，係無取贖之理，兩心甘願，今欲有據，立賣契永遠管業爲照。

公元一九伍弍年　十一月　日　立賣契黄金孝（押）

在見黄猛欽（押）

代筆　鍾長樂（押）

民國七年周□□立收字

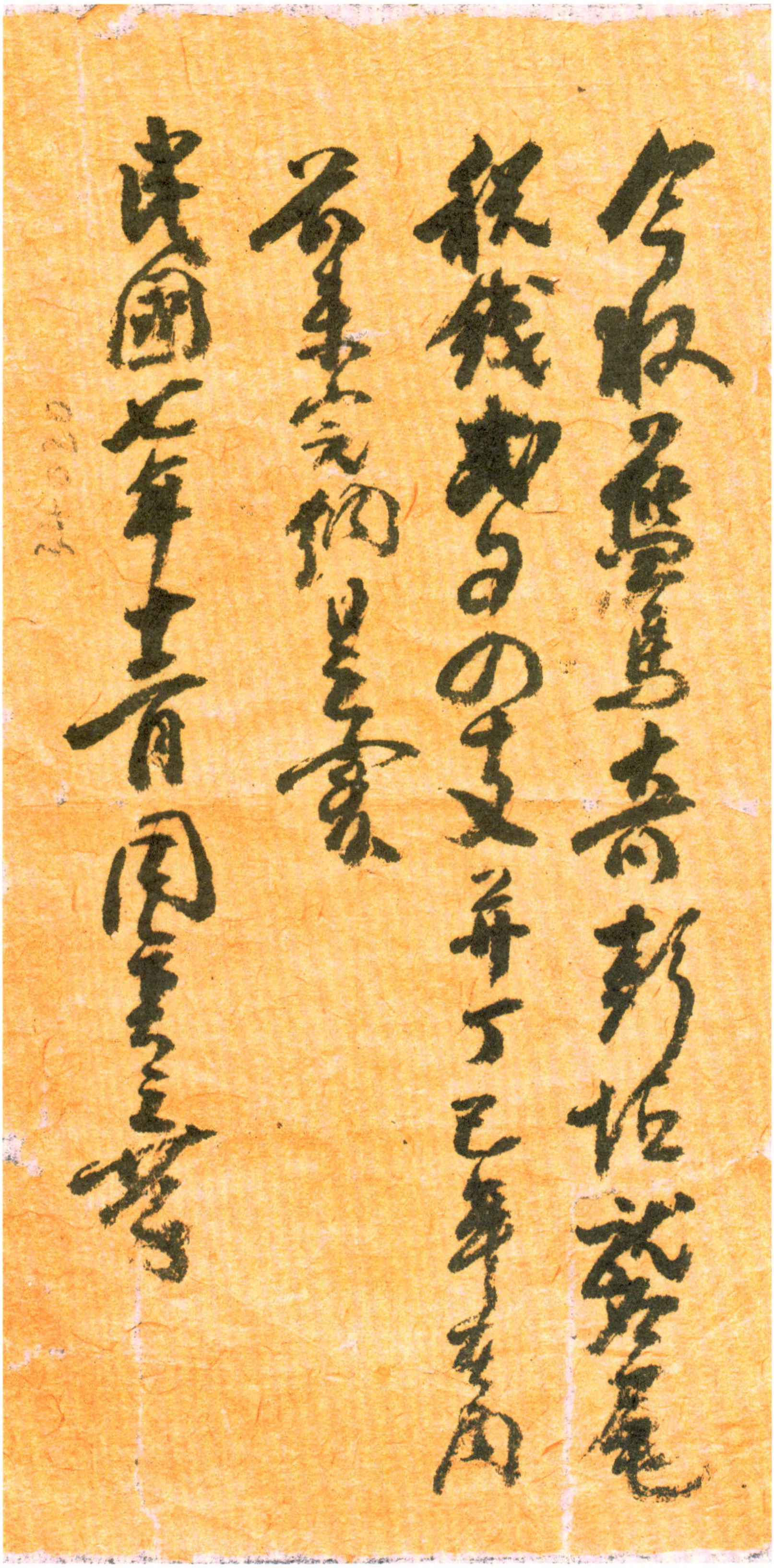

今收藍馬奇彭坵礱尾
税錢弍百四十文，並丁巳年在内，
前來完納是實。
民國七年十二月　　周□□（押）

民國七年周松坡立發山劄

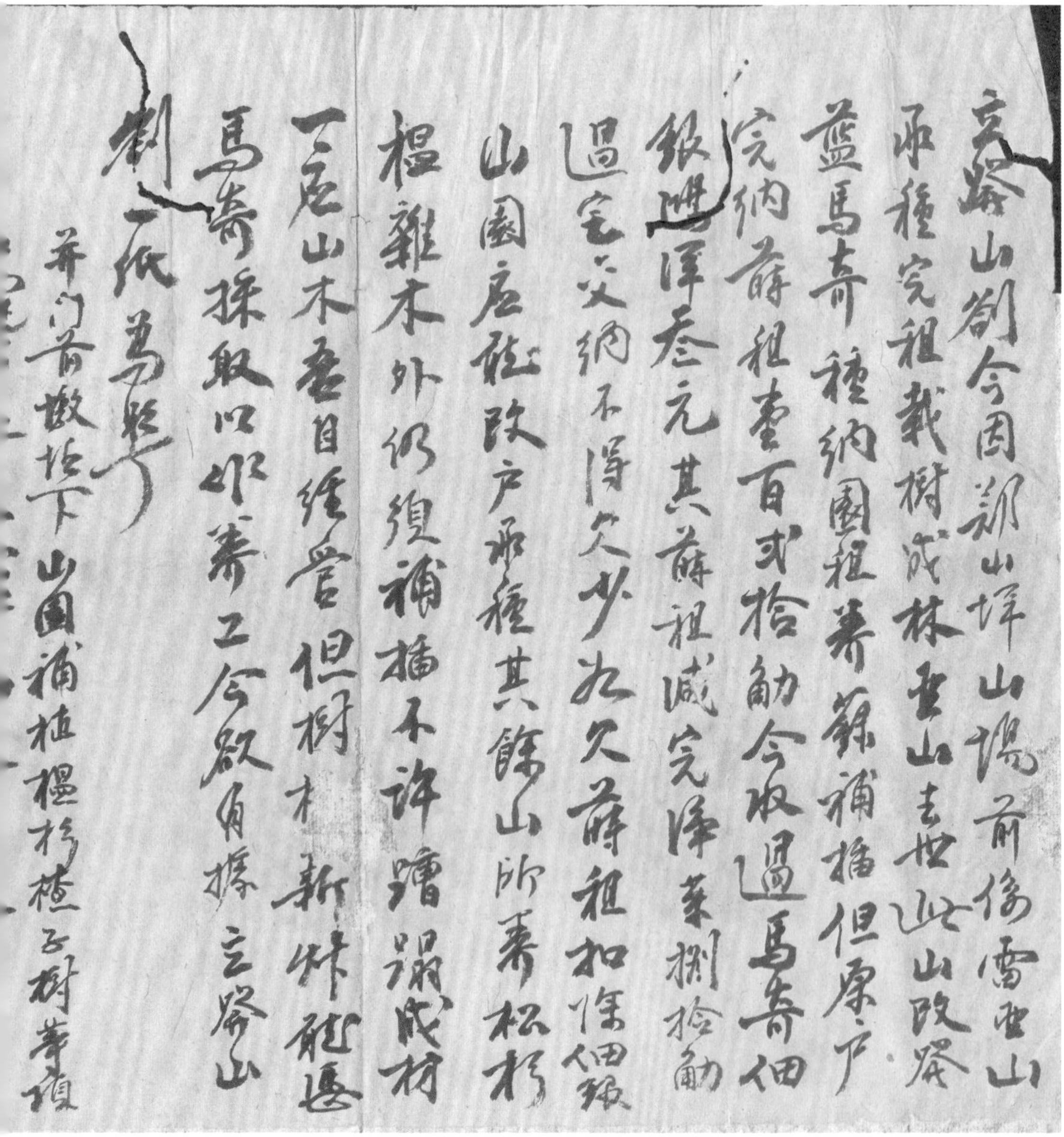

立發山劄今因鄭山坪山塲前係雷亞山
承種完租栽樹成林至山去世此山改換
藍馬壽種納園租并蘇補插但原戶
完納薜租壹百弍拾斤今收過馬壽佃
銀洋叁元其薜租減完洋叁拾斤
過定交納不得欠少如欠薜租扣除佃銀
山園应該改戶承種其餘山所壽松杉
榲雜木外仍須補插不許糟蹋成材
一應山木悉自經管但樹木斬伐砍區
馬壽採取以作辛工今欲有據立發山
劄一紙為照
并門首墩坪下山園補植榲杉植子樹等項

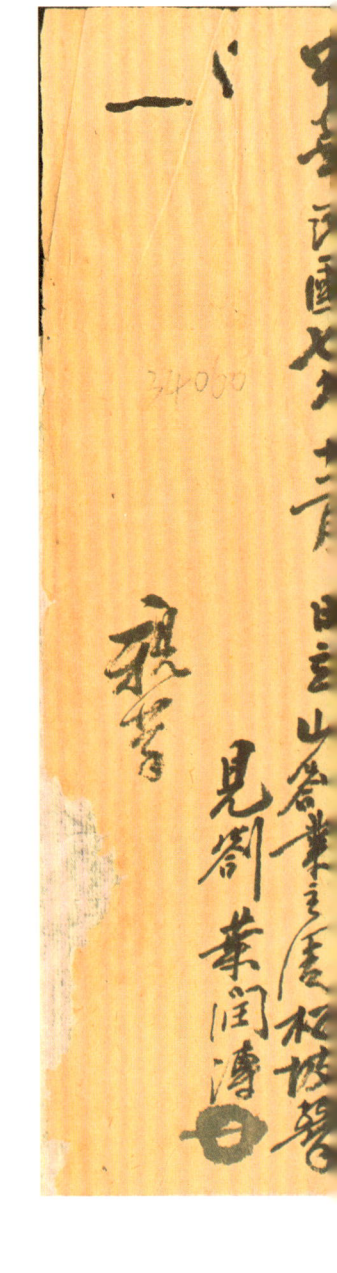

（前頁）>>>>

立發山劄，今因郑山垟山場前係雷亞山承種完租，栽樹成林，亞山去世，此山改發藍馬奇種，納園租养籙補插，但原户完納蒔租壹百弍拾觔，今收過馬奇佃銀鴻洋叁元，其蒔租減完蒔菍［蕬］捌拾觔，過宅交納，不得欠少，如欠蒔租，扣除佃粮，山園应聽改户承種，其餘山所养松、杉、榅、雜木外，仍須補插，不許蹭蹋，成材一应山木吾自經管，但樹□新□聽憑馬奇採取，以作养工，今欲有據，立發山劄一紙爲照。

並门前数坵，下山園補植榅、杉、楂子樹等項，爲地有限，去後成材，兩造平均照分，再照。

中華民國七年十二月日立山劄業主周松坡（押）

見劄葉潤溥（押）

親筆

民國九年葉水行立賣字

立賣字本家有山塲数片坐落八都五源包山土名長山徉大皇皇頭有鍾家坟頭𡒄及上下塝又并对面、黄坑[illegible]家坟左手底个𡒄等處安着一統此山并及杉樬松山茶在内今因缺用自愿立字乙紙賣與葉永利弟廷面說英洋弍元五角正其洋即日収訖此山未賣先並無内外人等既賣之後任听弟廷採䔢、載插開掘本家伯叔兄弟子侄不得異言之理如有此色自能支觧不涉弟廷之事兩心甘愿恐口無憑立賣字永遠為照

即日[illegible]有钱[illegible]

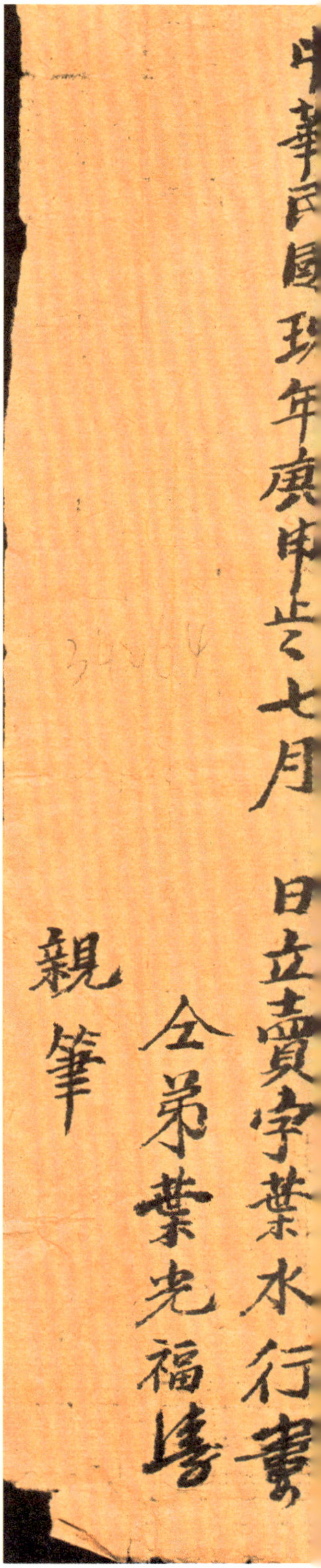

（前頁）>>>>

立賣字，本家有山塲数片，坐落八都五源包山，土名長山垟大壟壟頭有鍾家坟頭垟及上下墑，又並対面黄坄［岙］嚴家坟左手底个垟等處安着，一統此山並及杉、榅、松、山茶在内，今因缺用，自愿立字一紙，賣與葉永利弟邊，面説英洋弍元一角正，其洋即日收訖，此山未賣（之）先，並無内外人等，既賣之後，任听弟邊檨簶載插開掘，本家伯叔兄弟子侄不得異言之理，如有此色，自能支解，不涉弟邊之事，兩心甘願，恐口無憑，立賣字永遠爲照。

即承手有錢谷欠少未清在外，此照。

中華民國玖年庚申歲七月　日立賣字葉水行（押）

仝弟葉光福（押）

親筆

民國十六年周耀西立收字

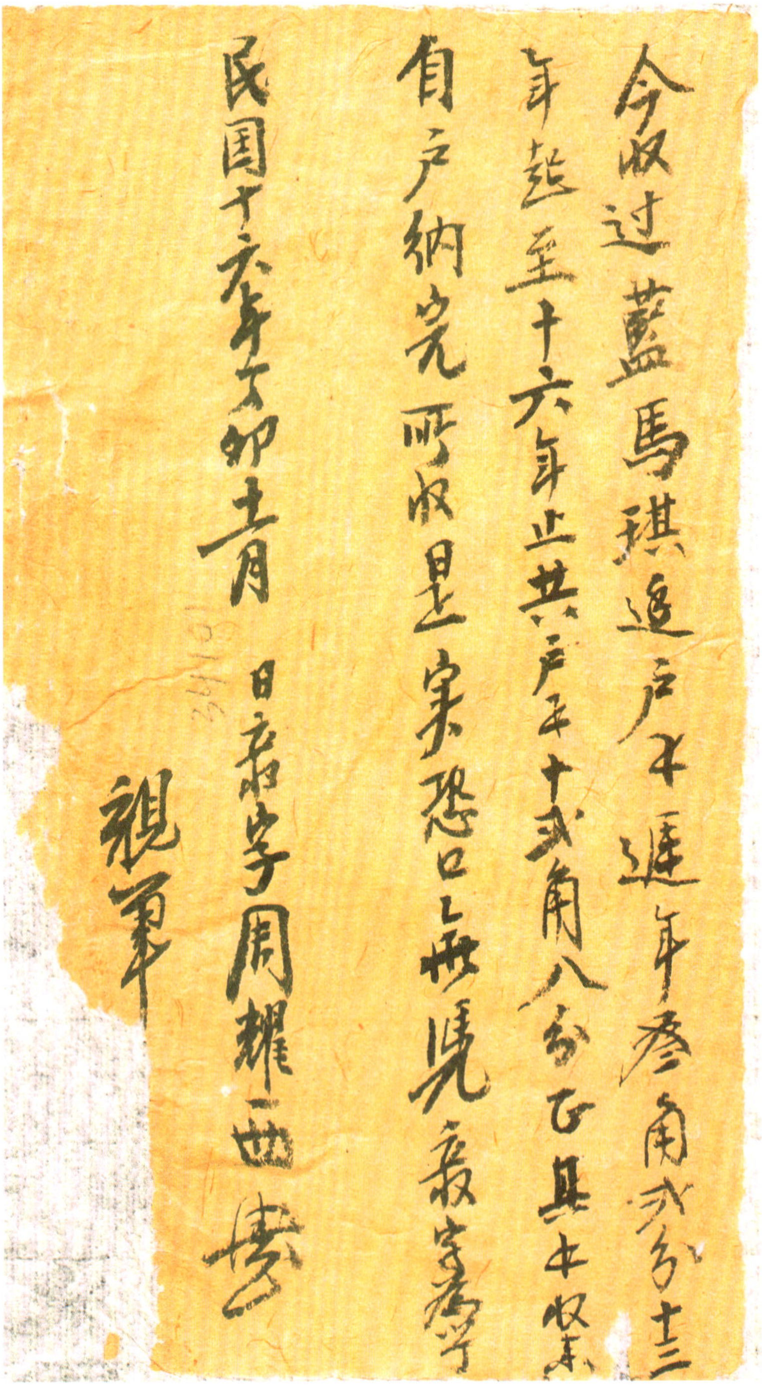

今收过藍馬琪邊户錢，逓年叁角弍分，十三年起至十六年止，共户錢十弍角八分正，其錢收來自户納完，所收是实，恐口無憑，立收字爲照。

民国十六年丁卯十一月　日立收字周耀西（押）

親筆

民國十七年金高松立收字

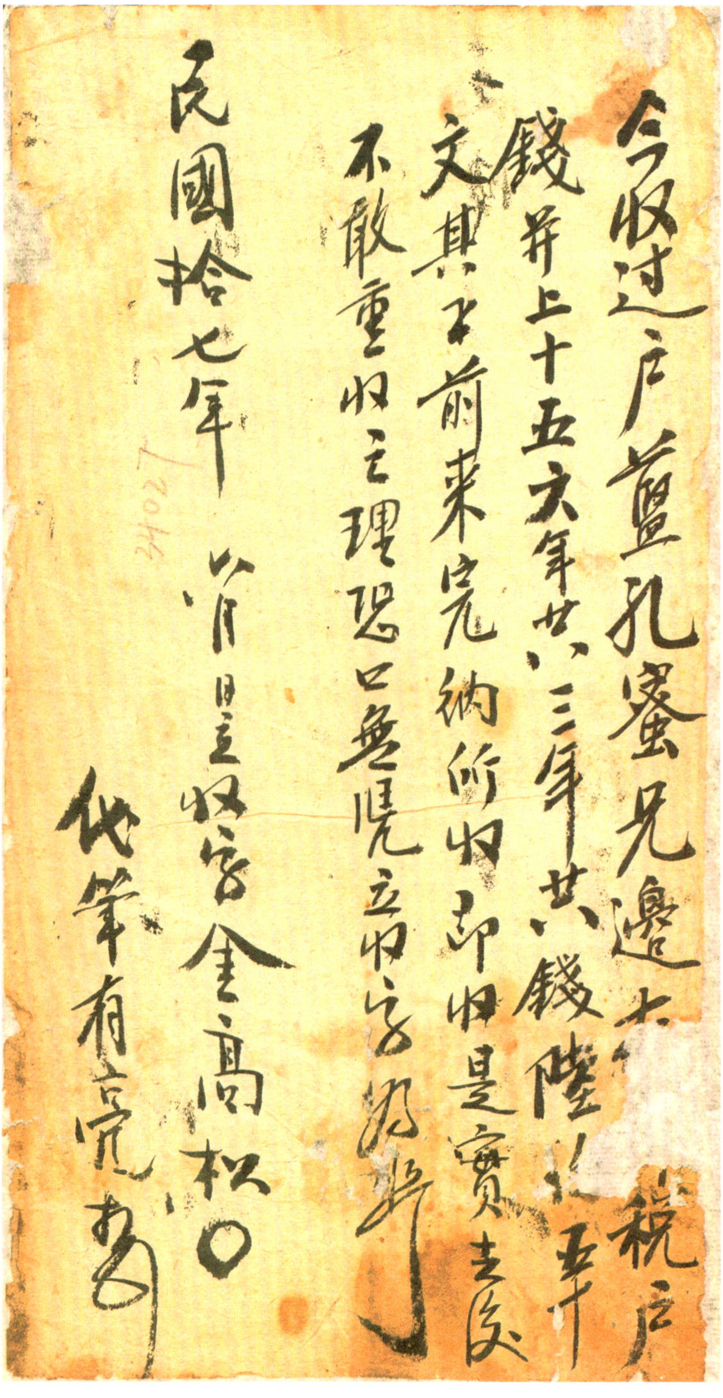

今收过户藍孔蜜兄邊□□税户
錢，並上、十五、六年共三年共錢陸□五十
文，其錢前來完納，所收即收是實，去後
不敢重收之理，恐口無憑，立收字爲照。

民國拾七年　六月日立收字金高松（押）

代筆有亮（押）

民國十七年金吴氏立收字

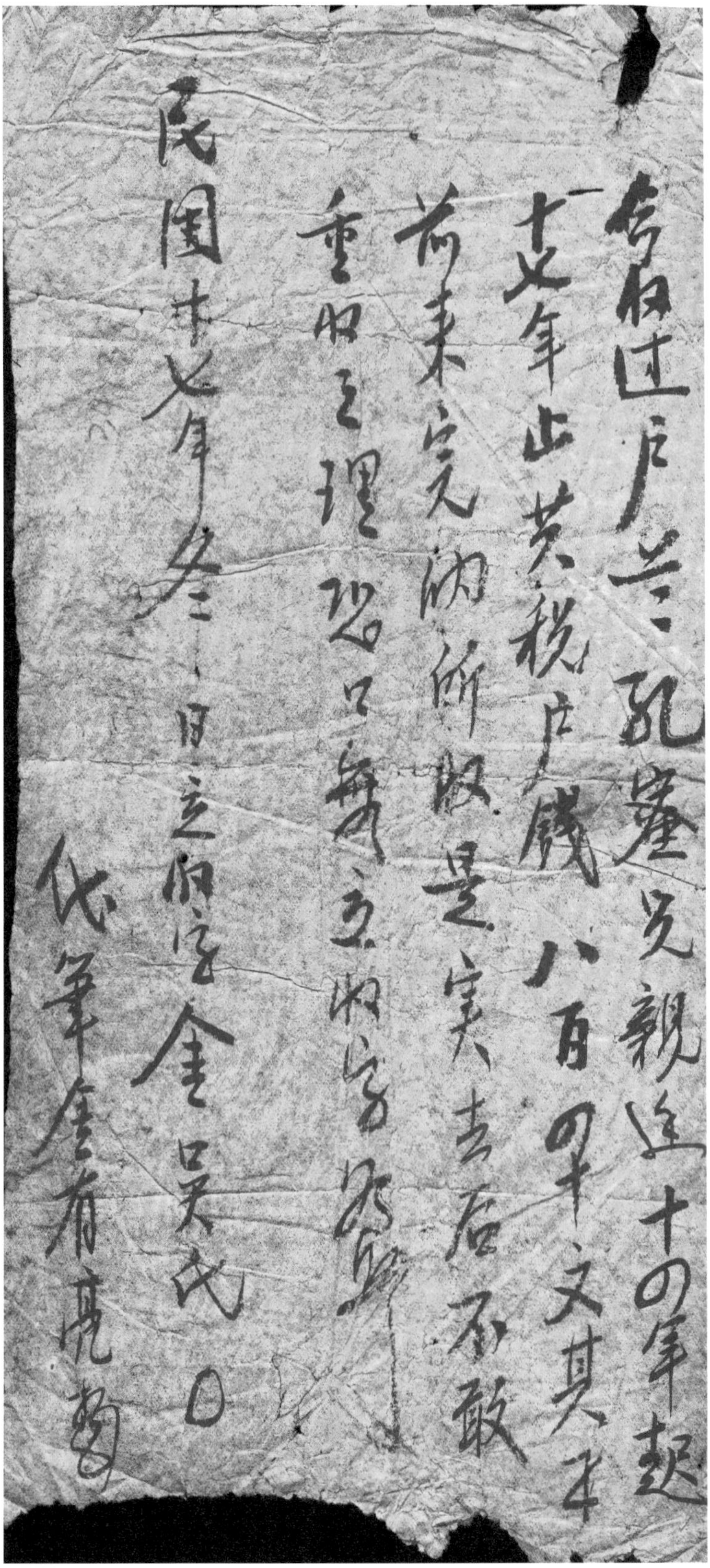

今收过户兰孔蜜兄親邊，十四年起十七年止，共税户錢八百四十文，其錢前來完納，所收是实，去后不敢重收之理，恐口無（憑），立收字爲照。

民国十七年冬日立收字金吴氏（押）

代筆金有亮（押）

民國十九年周蘊山立賣字

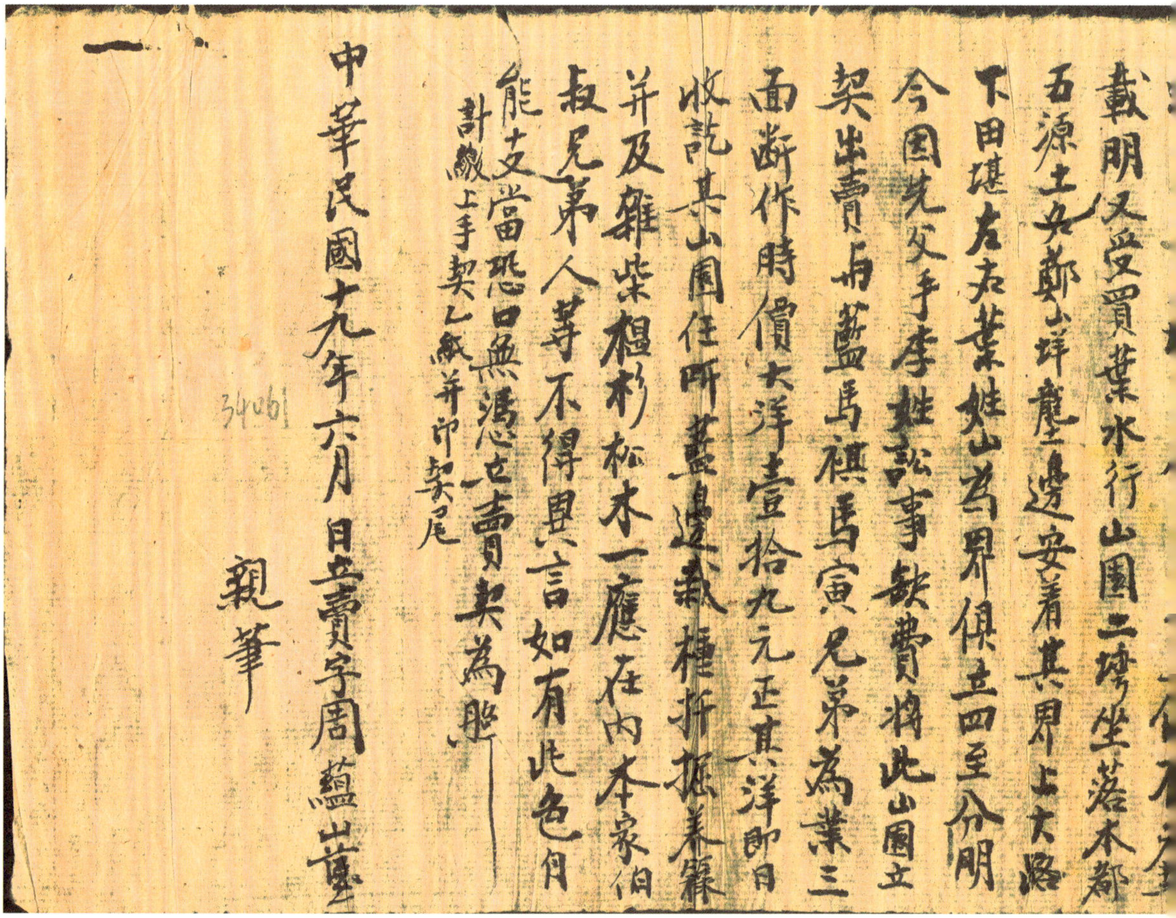

立賣字，本家父手受買有山園数埄，坐落八内都五源，土名鄭山垟外塆安着，又坐底塆過田壟山三埄，二處山園界至俱有老契載明，又受買葉水行山園二塆，坐落本都五源，土名鄭山垟壟邊安着，其界上大路，下田堪，左右葉姓山爲界，俱立四至分明。今因先父手李姓訟事缺費，將此山園立契，出賣與藍馬祺、馬寅兄弟爲業，三面断作時價大洋壹拾九元正，其洋即日收訖，其山園任听藍邊栽插，扦掘养籙，並及雜柴、榅、杉、松木一應在内，本家伯叔兄弟人等不得異言，如有此色，自能支當，恐口無憑，立賣契爲照。

計繳上手契一紙，並印契尾。

中華民國十九年六月日立賣字周蘊山（押）

親筆

民國十九年金松苟立收字

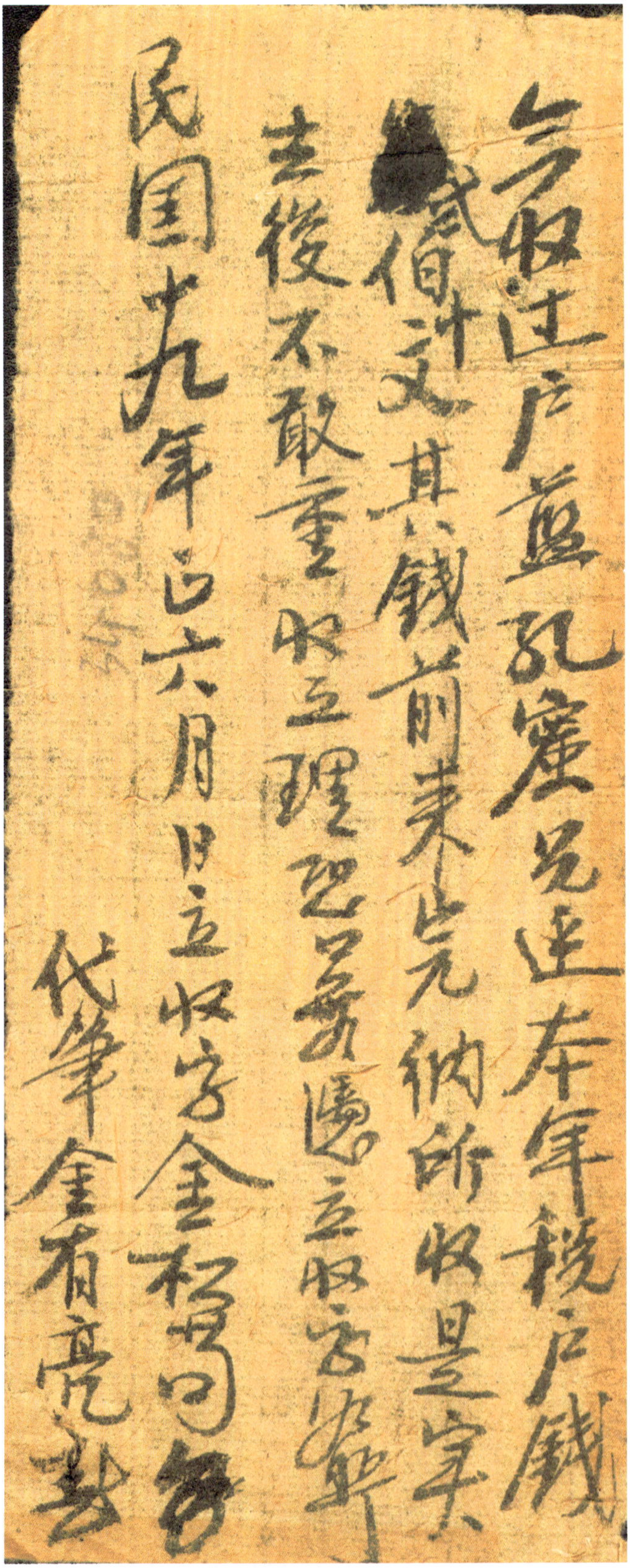

今收过户藍孔蜜兄邊本年税户錢

弍伯[佰]十文，其錢前來完納，所收是实，

去後不敢重收之理，恐口無憑，立收字爲照。

民国十九年正六月日立收字金松苟（押）

代筆金有亮（押）

民國十九年周仲瑛立賣契

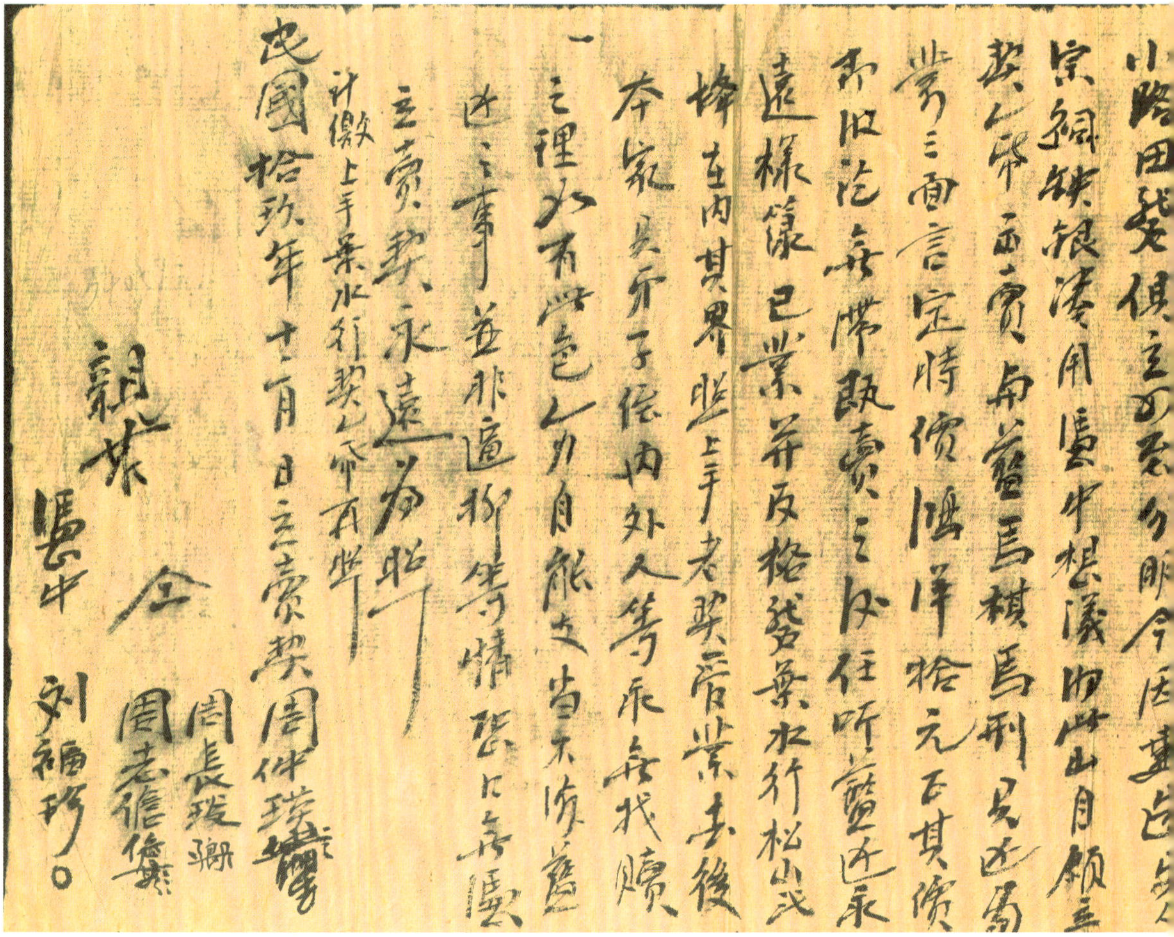

本家父手受買有松山壹片，坐落八都
八源郑山垟安着，其界上至山頂分水爲
界，下至葉家坟山，左至葉家樣山，右至
小路田磡，俱立四至分明，今因建造先父
宗祠，缺銀凑用，憑中想[相]議，將此山自願立
契一紙，出賣與藍馬棋、馬刑兄邊爲
業，三面言定，時價鴻洋拾元正，其價
即收訖無滯，既賣之後，任听藍邊永
遠樣籙己業，並及格磡葉水行松山式
垟在内，其界照上手老契管業，去後
本家兄弟子侄内外人等永無找贖
之理，如有此色，一力自能支当，不涉藍
邊之事，並非逼抑等情，恐口無憑，
立賣契永遠爲照。
计繳上手葉水行契一紙，再照。

民國拾玖年十二月日立賣契周仲瑛（押）
周長琰（押）
仝　周志倉（押）
親筆
憑中　刘福珍（押）

民國十九年起並二十二年止周仲瑛立收字

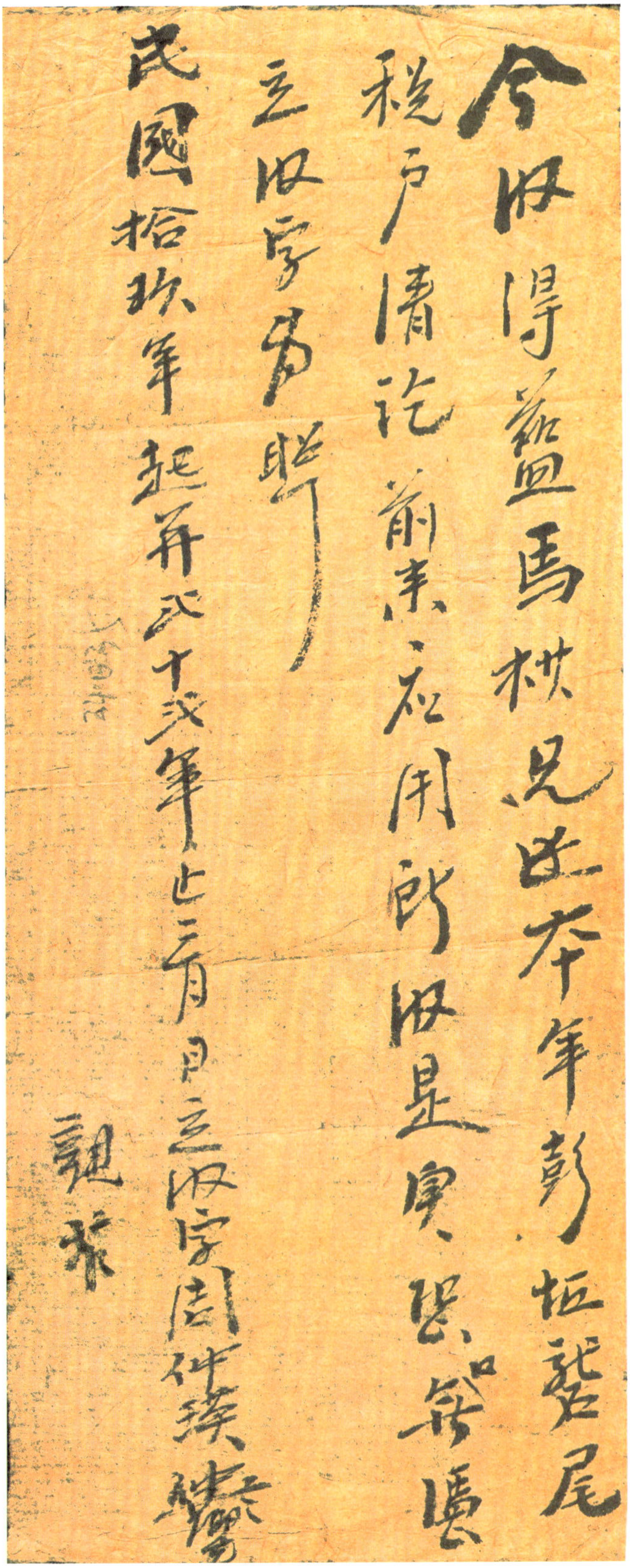

今收得藍馬棋兄邊本年彭坵礱尾

税户清訖，前來应用，所收是实，恐口無憑，

立收字爲照。

民國拾玖年起並弍十弍年止三月日立收字周仲瑛（押）

親筆

民國二十年金高松立收字

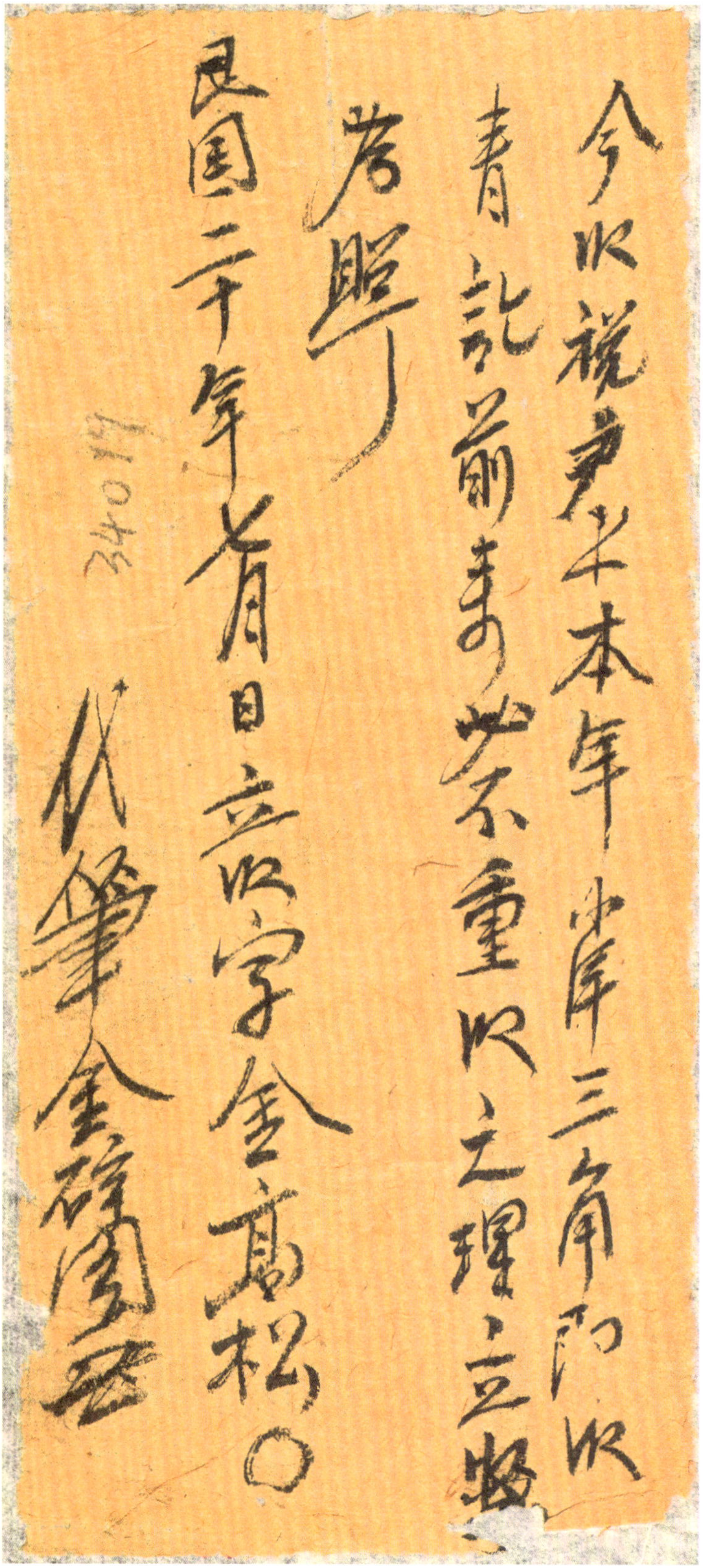

今收税户錢本年小洋三角，即收
青[清]訖前來，必不重收之理，立收
爲照。
民國二十年七月日立收字金高松（押）
代筆金碎□（押）

民國二十二年金高松立收字

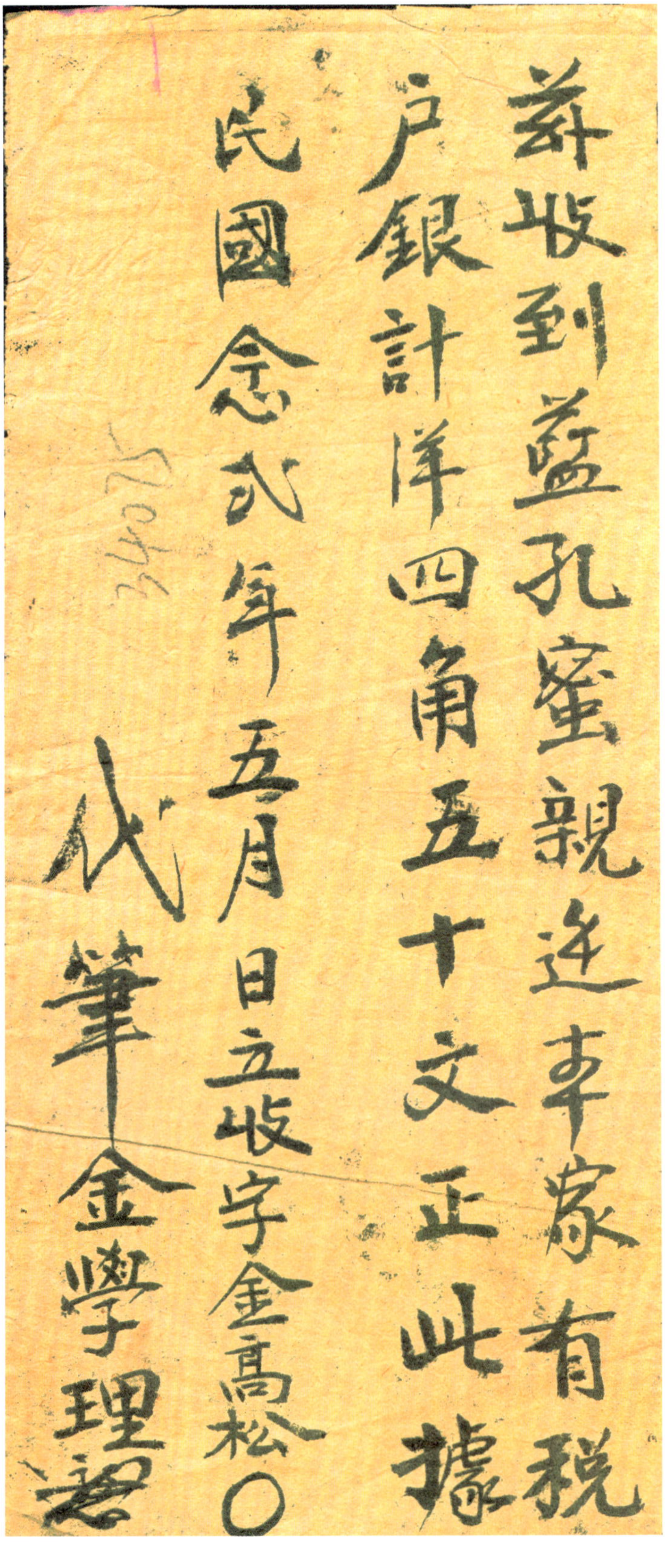

兹收到藍孔蜜親邊本家有税
户銀，計洋四角五十文正，此據。
民國念弍年五月日立收字金高松（押）
代筆　金學理（押）

民國二十三年周仲瑛立收字

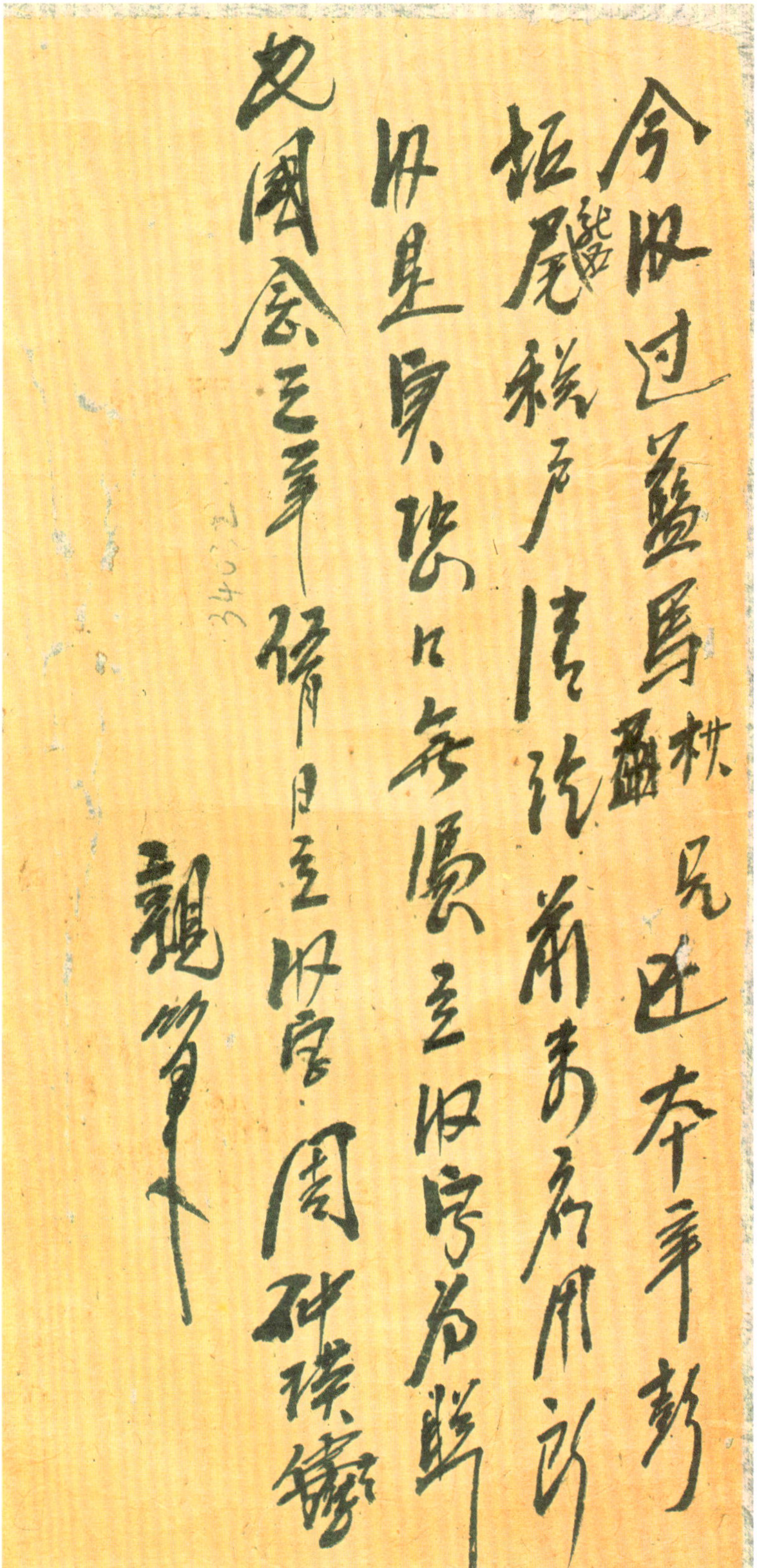

今收过藍馬棋兄邊本年彭
坵礱尾税户清訖，前來应用，所
收是实，恐口無憑，立收字爲照。
民國念三年伍月日立收字周仲瑛（押）
親筆

民國二十四年周樸郎立收字

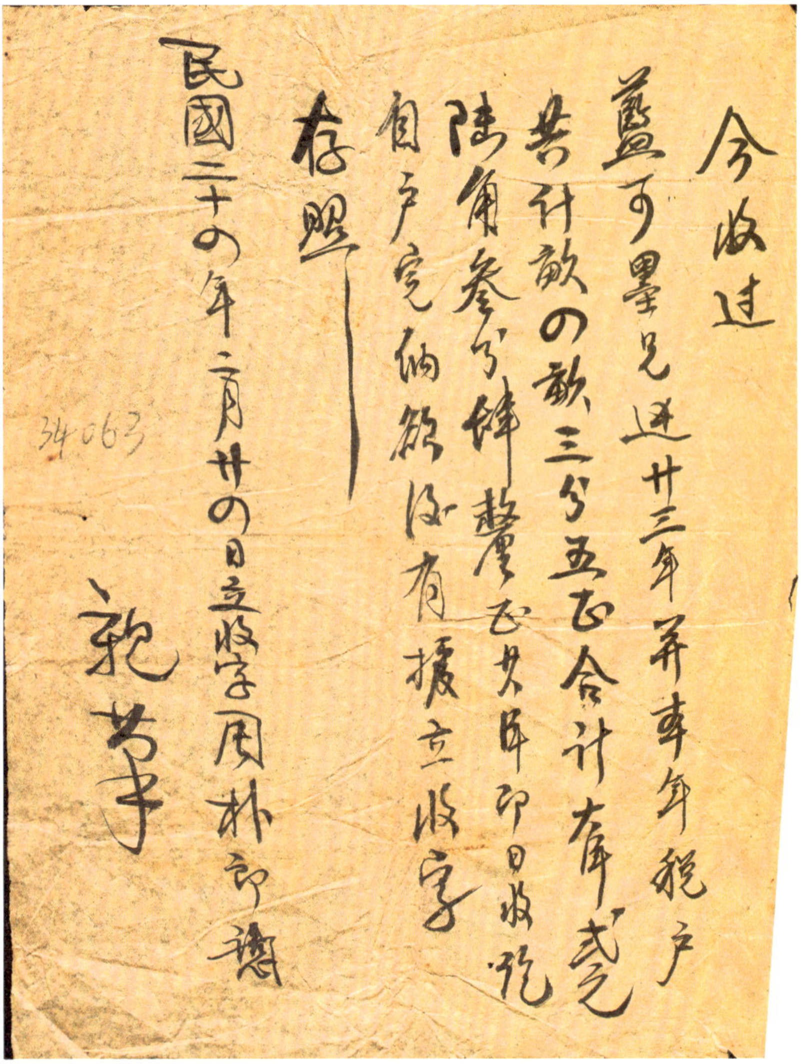

今收过

藍可墨兄邊廿三年並本年税户，

共计畝四畝三分五正，合计大洋弍元

陆角叁分肆釐正，其洋即日收訖，

自户完納，欲後有據，立收字

存照。

民國二十四年二月廿四日立收字周朴郎（押）

親筆

民國二十四年金松苟立收字

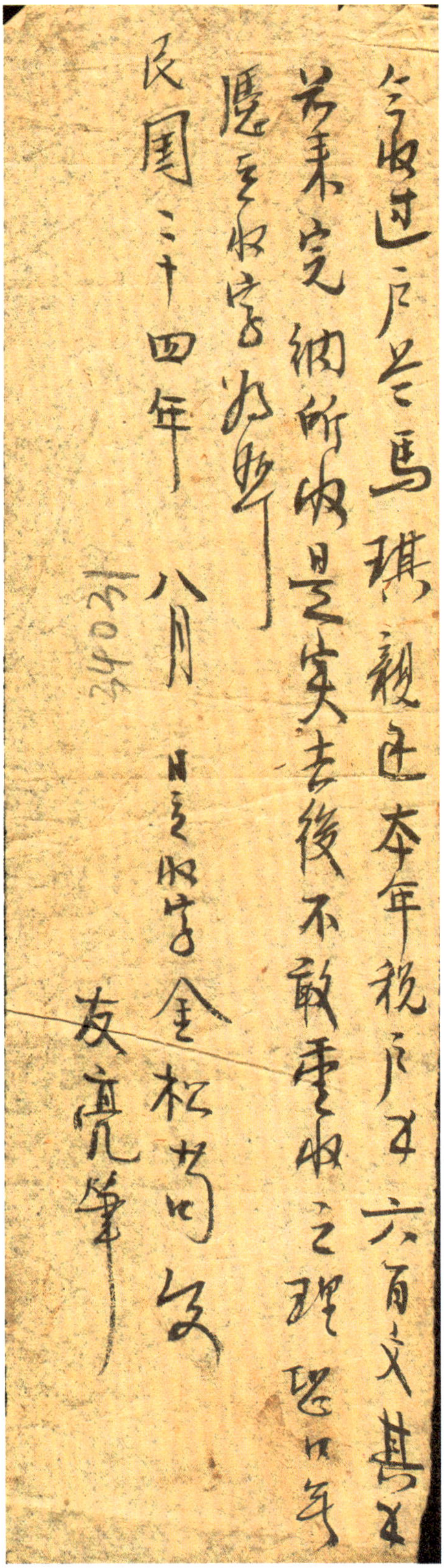

今收过户兰馬琪親邊本年税户錢六百文，其錢前來完納，所收是实，去後不敢重收之理，恐口無憑，立收字爲照。

民國二十四年　八月　日立收字金松苟（押）

友亮筆

民國二十五年周仲瑛立收字

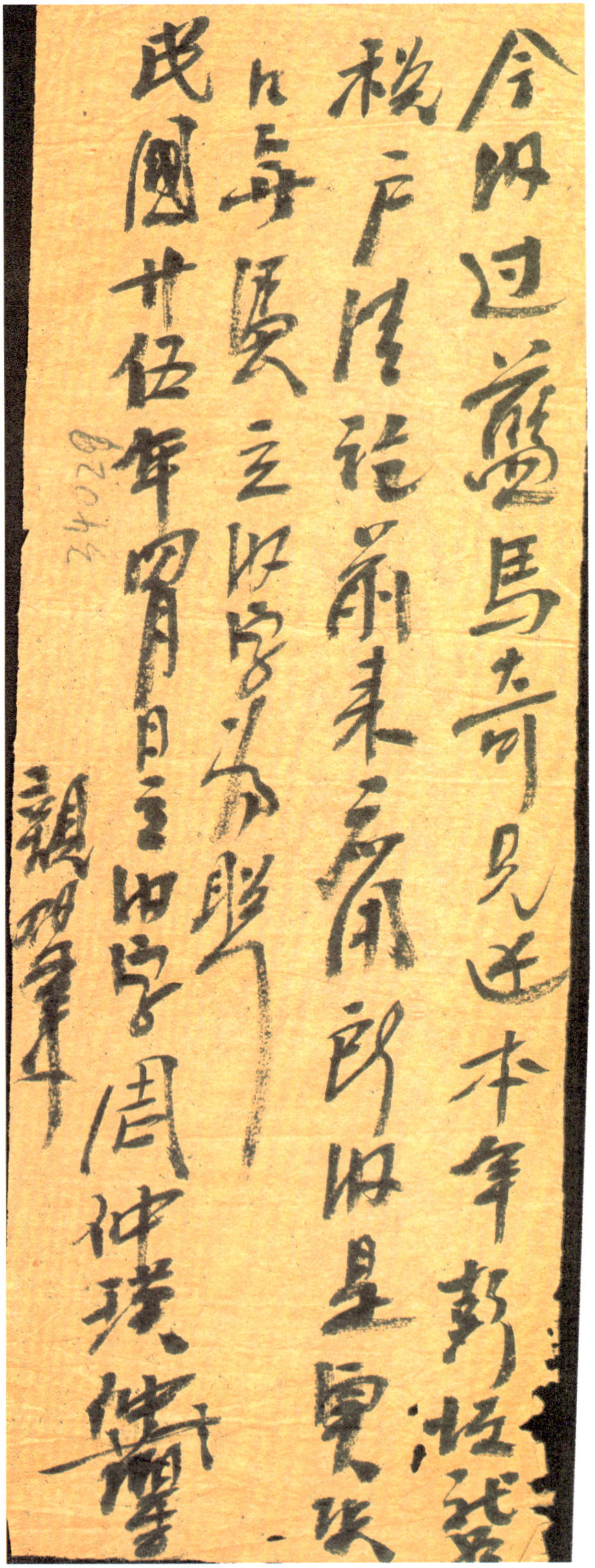

今收过藍馬奇兄邊本年彭坵磐
税户清訖，前來应用，所收是实，恐
口無憑，立收字爲照。
民國廿伍年四月日立收字周仲瑛（押）
親筆

民國二十六年金松苟立收字

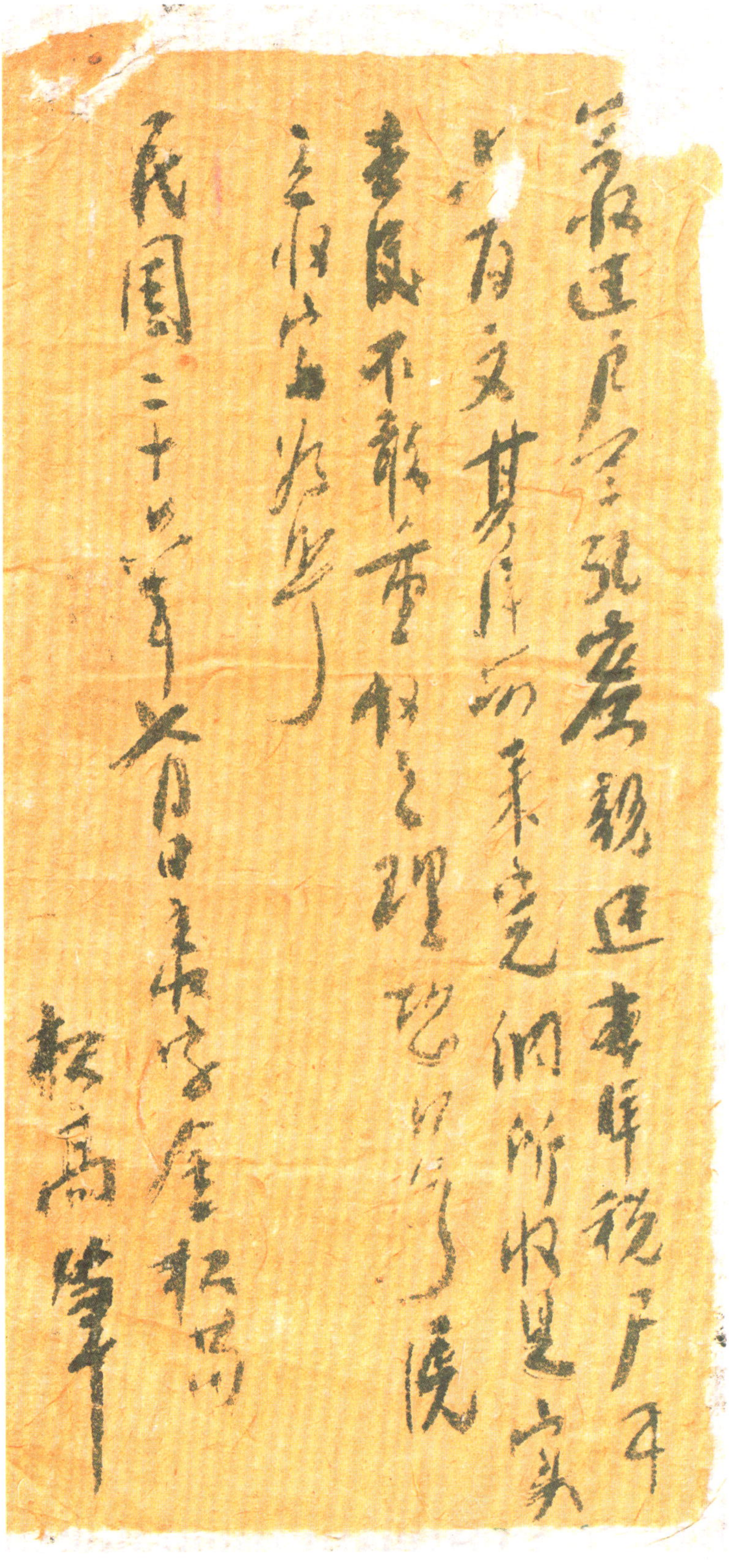

今收过户兰孔蜜親邊本年税户錢六百文，其洋前來完納，所收是实，去後不敢重收之理，恐口無憑，立收字爲照。

民国二十六年七月日收字金松苟

松高筆

民國二十六年周仲瑛立收字

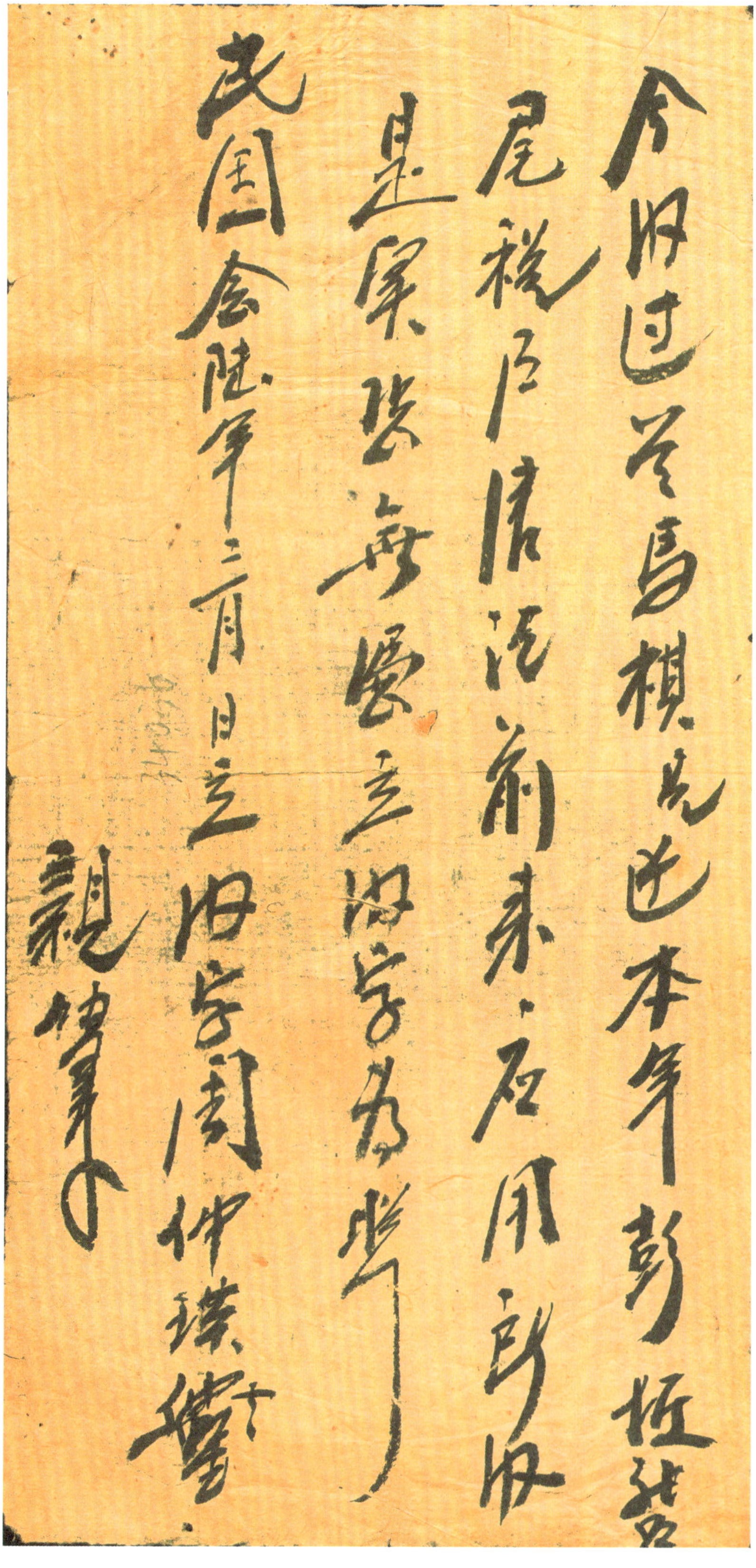

今收过兰馬棋兄邊本年彭坧礱尾税户清訖，前來应用，所收是实，恐無憑，立收字爲照。

民國念陆年三月日立收字周仲瑛（押）

親筆

立抽據鍾亜儉仝弟五銀祢我先父鍾鶴岩仝母藍氏故
塋上年安厝本村馱垟安着因坟面向未築砌兄弟二人
憑母舅叔伯商議抽出水田三号坐落林山源長樹連安
着計田一坵計租一石五方又一号坐落林山源垟豆安着計
田一坵計租乙石二方又一号坐落瓦窑硐门前下冚坑空安、
着計租乙石正以上共田三号憑母舅叔伯説明三年内每
年兄弟二人抽祖谷六石為打石老司用食坟面完峻以後如
不够润用將田当出所用若润用有餘該田與我兄弟二
人照分此係兄弟自心甘愿並無逼抑等情口恐無憑特立抽
據交與母舅經理為照。

民國二十六年二月十六日立抽據鍾亜儉○
仝弟五銀○
憑伯叔鍾亮品○
鍾石前
鍾亜前
母舅藍馬其
依口代筆鍾佐臣

（前頁）>>>>

立抽據鍾亞儉仝弟五銀，兹我先父鍾鶴岩仝母藍氏坟塋上年安厝本村馱坪安着，因坟面向未築砌，兄弟二人憑母舅叔伯嘀議，抽出水田三号，坐落林山源長樹連安着，計田一坵，计租一石五方，又一号坐落林山源垟豆安着，计田一塅，计租弍石二方，又一号坐落瓦窑硐门前下岩坑空安着，计租弍石正，以上共田三号，憑母舅叔伯説明，三年内每年兄弟二人抽租谷十六石爲打石老司食用，坟面完峻以後，如不够開用，將田当出所用，若開用有餘，該田與我兄弟二人照分，此係兄弟自心甘願，並無逼抑等，恐口無憑，特立抽據交與母舅經理爲照。

民國二十七年二月十七日立抽據鍾亞儉（押）

仝弟五銀（押）

憑伯叔鍾亮品（押）

鍾石前（押）

鍾亞前（押）

母舅藍馬其

依口代筆鍾佐臣（押）

民國二十八年金學軟立收字

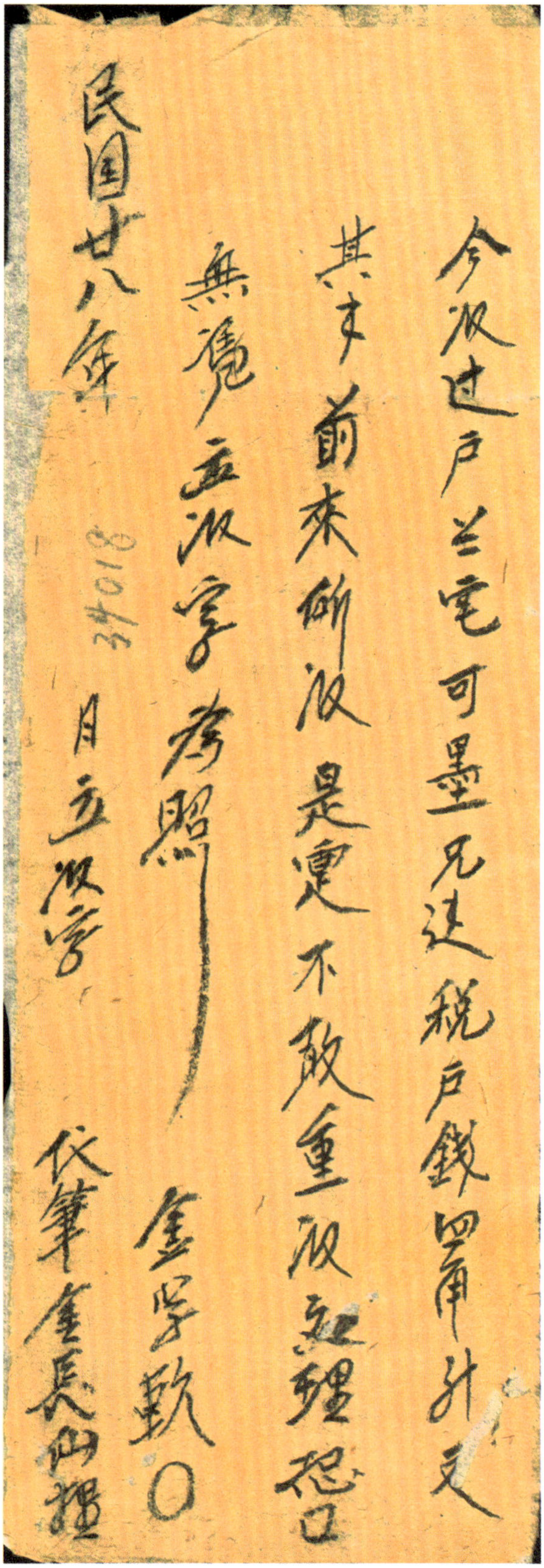

今收过户兰宅可墨兄邊税户錢四角五十文，
其錢前來，所收是寔，不敢重收之理，恐口
無憑，立收字爲照。
民國廿八年　日立收字
金學軟（押）
代筆金長仙（押）

民國二十九年金學軟立收字

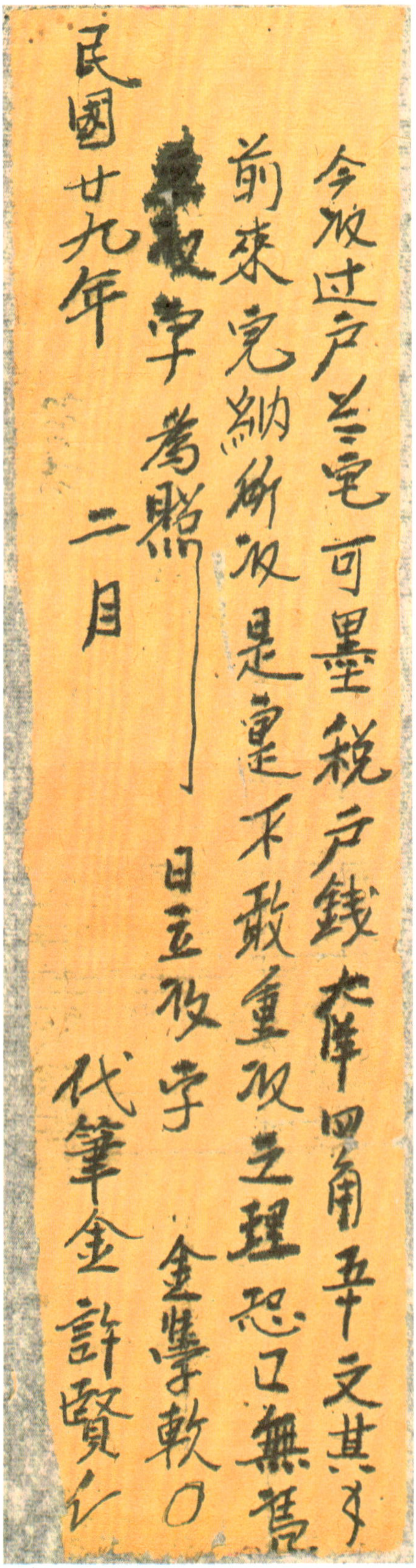

今收过户兰宅可墨税户錢大洋四角五十文，其錢前來完納，所收是寔，不敢重收之理，恐口無憑，立收字爲照。

民國廿九年　二月　日立收字　金學軟（押）

代筆金許賢

民國二十九年周公潘立分關議據

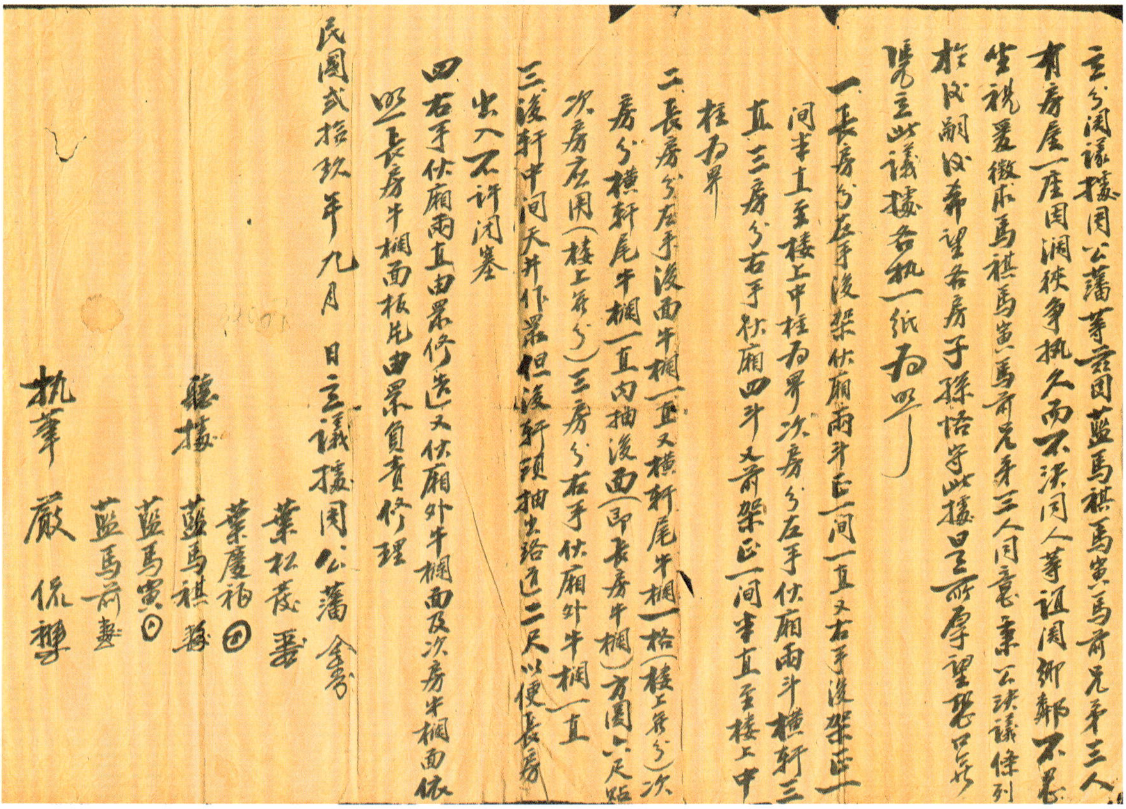

立分關議據周公藩等，兹因藍馬祺、馬寅、馬前兄弟三人有房屋一座，因潤狹争执，久而不決，同人等誼關鄉鄰，不忍坐視，爰徵求馬祺、馬寅、馬前兄弟三人同意，秉公决議，條列於後，嗣後希望各房子孫恪守此據，呈［誠］所厚望，恐口無憑，立此議據各执一紙爲照。

一、長房分左手後架伙廂兩斗正一间一直，又右手後架正一间半，直至楼上中柱爲界，次房分左手伙廂兩斗、横轩三直，三房分右手伙廂四斗，又前架正一间半，直至楼上中柱爲界。

二、長房分左手後面牛欄一直，又横轩尾牛欄一格，（楼上無分），次房分横轩尾牛欄一直，内抽後面，（即長房牛欄），方圓六尺貼次房应用，（楼上無分），三房分右手伙廂外牛欄一直。

三、後轩中间天井作衆，但後轩须抽出路道二尺，以便長房出入，不许闭塞。

四、右手伙廂兩直，由衆修造，又伙廂外牛欄面，及次房牛欄面依照長房牛欄面，板片由衆負責修理。

民國弍拾玖年九月　日立議據周公藩（押）

葉松茂（押）

葉慶福（押）

聽據　藍馬祺（押）

藍馬寅（押）

藍馬前（押）

執筆　嚴　侃（押）

民國二十九年周鶴笙立收條

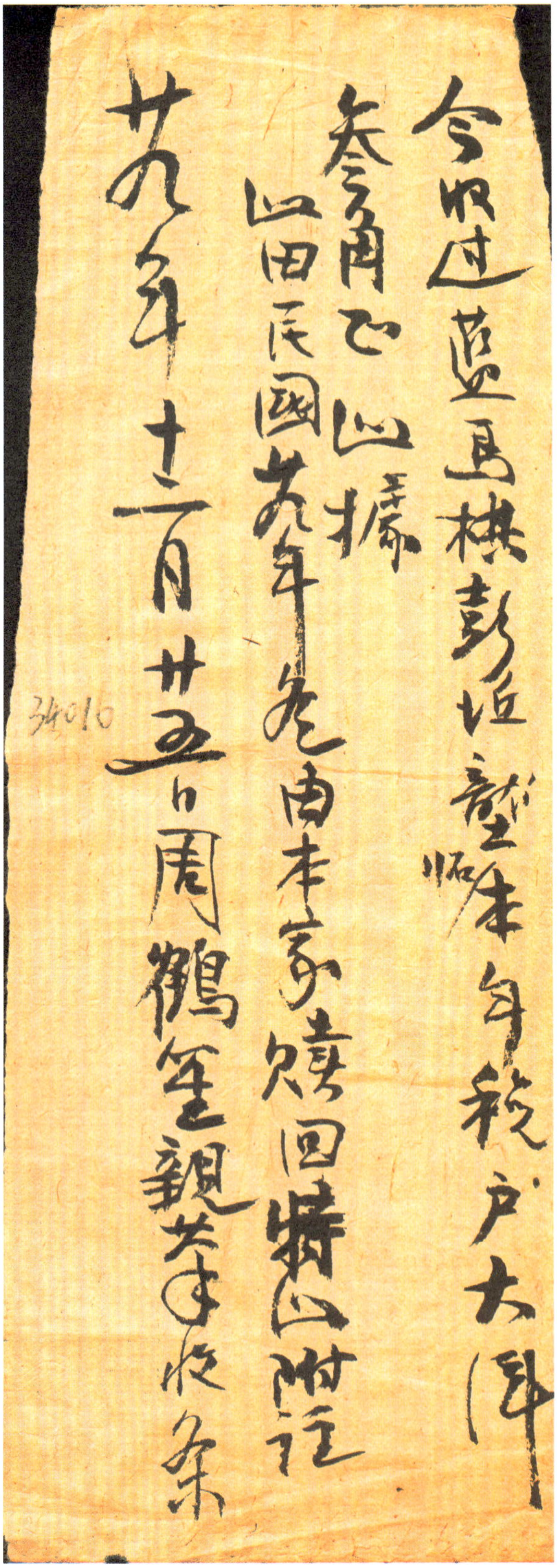

今收过藍馬棋彭坵壟二石，本年税户大洋叁角正，此據。
此田民國廿九年冬由本家贖回，特此附註。
廿九年十二月廿五日周鶴笙親筆收条

民國三十五年夏亞横立賣契

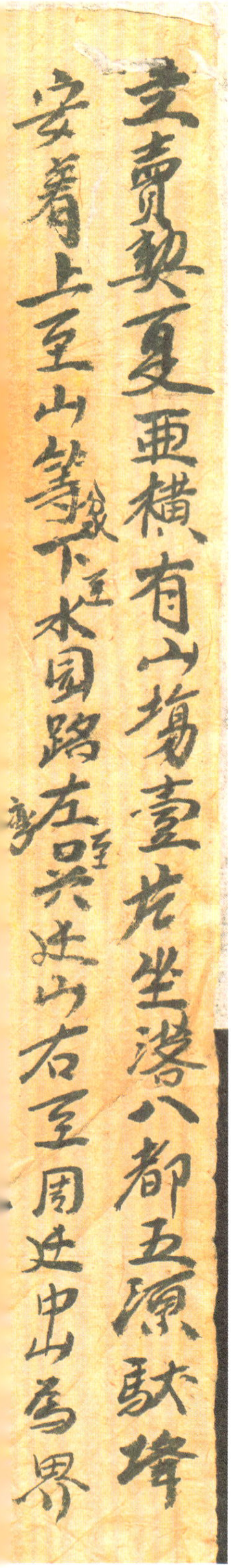

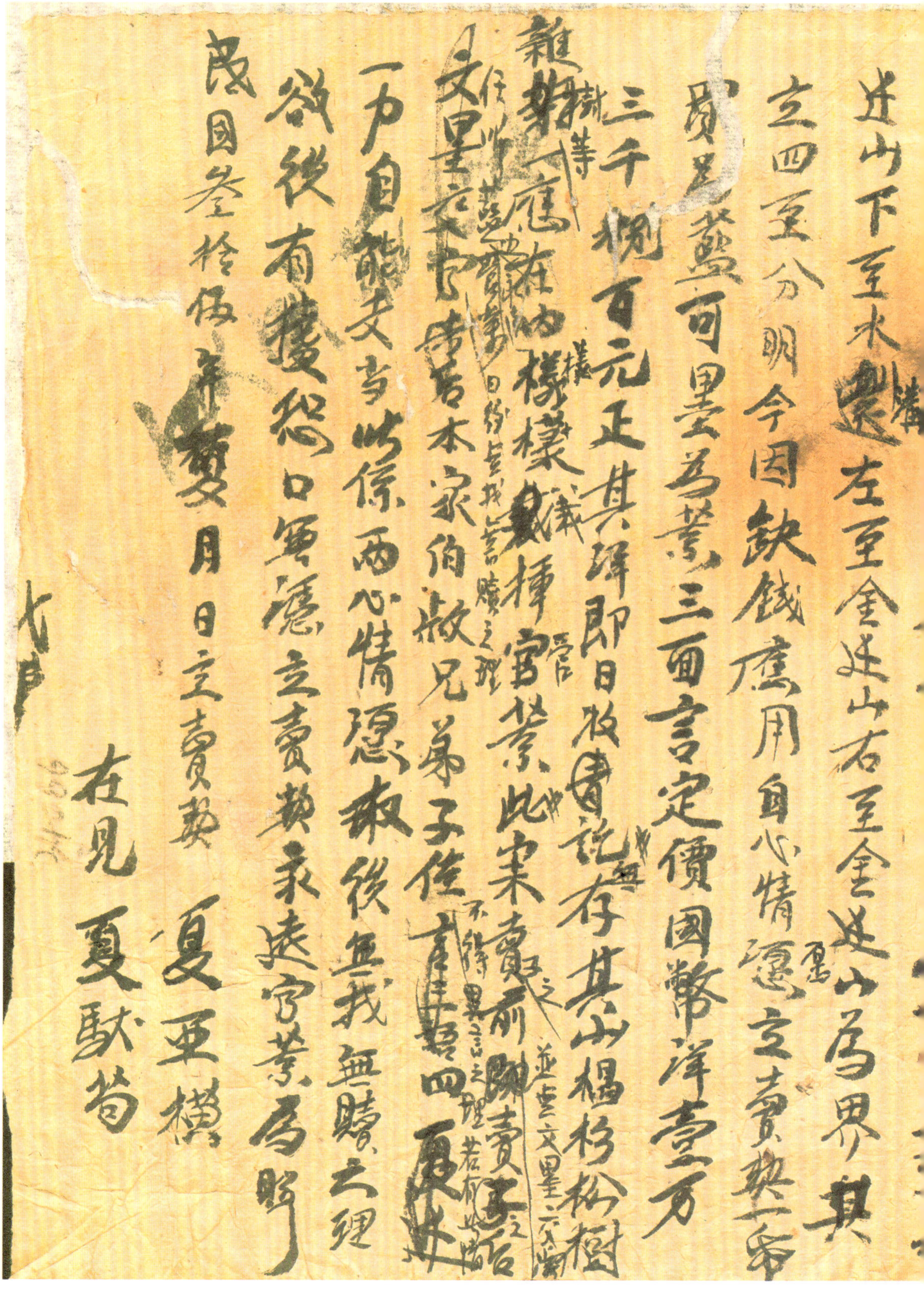

迭山下至水[illegible]左至金廷山右至金廷山為界其
立四至分明今因缺錢應用自心情愿立賣契一紙
賣與出藍可墨為業三面言定價國幣洋壹万
三千捌百元正其洋即日收清訖存其山楊杉松樹
雜樹等應在內[illegible]管業此業賣之前[illegible]
文墨交清當者本家伯叔兄弟子侄[illegible]
一力自能支當此係兩心情愿永後無找無贖之理
欲後有據恐口無憑立賣契永遠管業為照
民國叁拾伍年[illegible]月日立賣契　夏亞樸
在見　夏馱苟

(前頁)>>>>

立賣契夏亞横，有山塲壹片，坐落八都五源駄垟安着，上至山等分水，下至水园路，左至吴邊山，右至周邊中山爲界，又一号坐落領豆亭外塆園坪，合分一古[股]，上至吴邊山，下至水溝，左至金邊山，右至金邊山爲界，具立四至分明，今因缺錢應用，自心情愿，憑立賣契一紙，買爲藍可墨爲業，三面言定，價國幣洋壹万三千捌百元正，其洋即日收訖無存，其山榅、杉、松樹、雜樹等一應在内，樣樸栽插管業，此山未賣之前，並無文墨交關，既賣之后，任听藍边永遠管業，日後無找無贖之理，本家伯叔兄弟子侄不得異言之理，若有此情，一力自能支当，此係兩心情愿，取[去]後無找無贖之理，欲後有摅[據]，恐口無憑，立賣契永遠官[管]業爲照。

民國叁拾伍年夏月日立賣契　夏亞横

在見　夏駄苟

代筆

葉松發收字

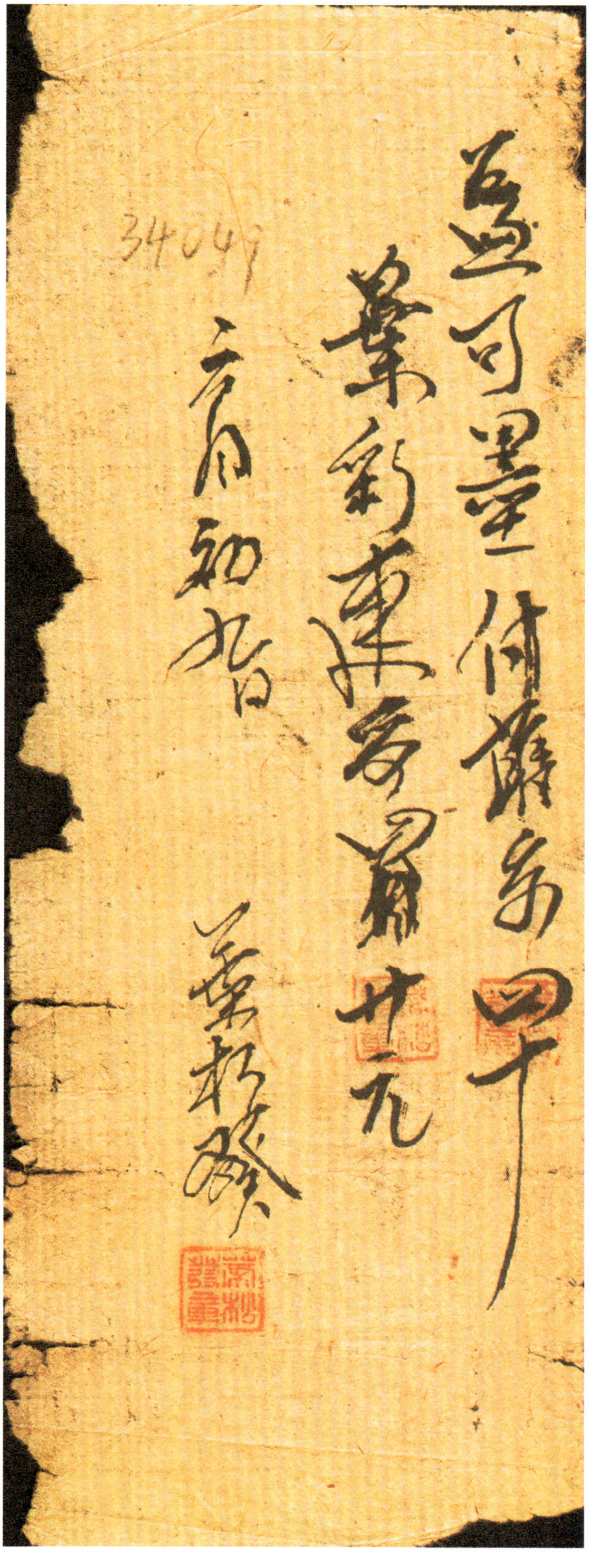

藍可墨付蒔系[絲]四十(印)
葉彩連□□四廿元(印)
二月初九日　葉松發(印)

西坑畲族鎮江山民族村降户寮藍碎多户

光緒十三年周足選等立賣契

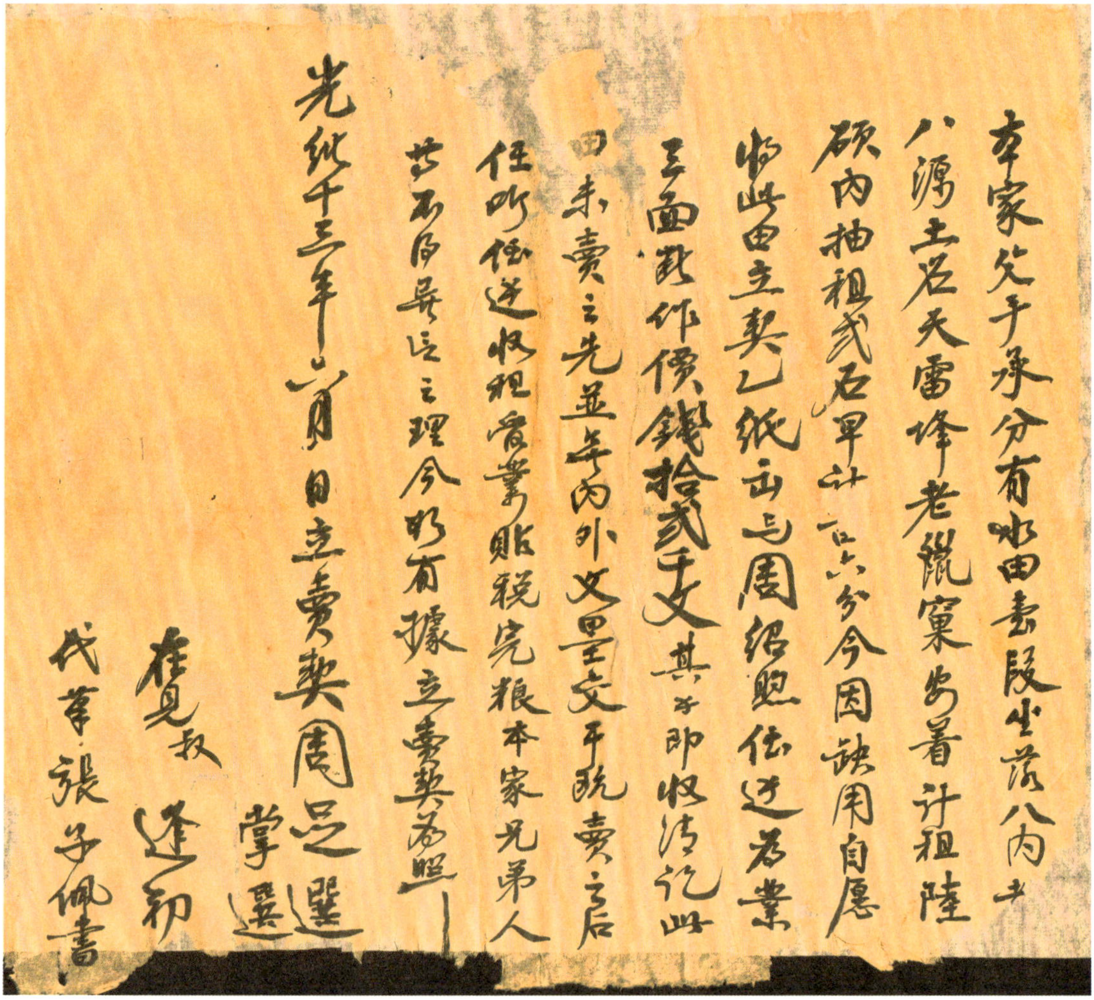

本家父手承分有水田壹段，坐落八内都八源，土名天雷垟老鼠窠安着，计租陸硕，内抽租弍石早，计亩六分，今因缺用，自愿將此田立契一紙，出與周紹煦侄邊爲業，三面断作價錢拾弍千文，其錢即收清訖，此田未賣之先，並無内外文墨交干，既賣之后，任听侄邊收租管業，貼税完粮，本家兄弟人等不得异言之理，今欲有據，立賣契爲照。

光緒十三年六月日立賣契周足選

掌選

在見叔逢初

代筆張子佩書

民國二年王步雲立當字

立當字本家有水田一段坐落八都八源南坑
夾䭾坟領頭自屋門前下安着計租壹照本家
上手原契所數今因缺用自愿立字一紙當与
周宅高選親边当出英洋拾元正其洋即日收
訖無滯既當之後面斷逓年完納租谷弍石
為利如若欠租并作價錢起田耕種為業本
家伯叔兄弟子侄不得異言之理如有色自一
能支解不涉周边之事恐口無凭立当字為照
中華民國弍年歲次癸丑十二月　日立当字王步雲〇

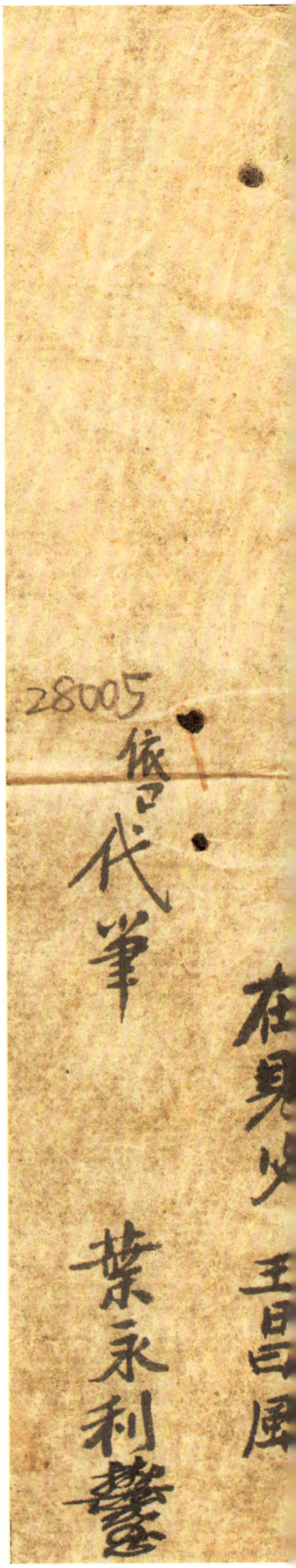

（前頁）>>>>

立當字，本家有水田一段，坐落八都八源南坑
洯馱坄［臽］領頭自屋門前下安着，计租亩一照，本家
上手原契听数，今因缺用，自愿立字一紙，当與
周宅京選親邊，当出英洋拾元正，其洋即日收
訖無滯，既當之後，面断遞年完納租谷弍石
爲利，如若欠租，並作價錢，起田耕種爲業，本
家伯叔兄弟子侄不得異言之理，如有（此）色，自
能支解，不涉周邊之事，恐口無憑，立当爲照。

中華民國弍年歲次癸丑十二月日立当契王步雲（押）

在見父王昌風

依口代筆　葉永利（押）

民國二年傅沛前立找退字

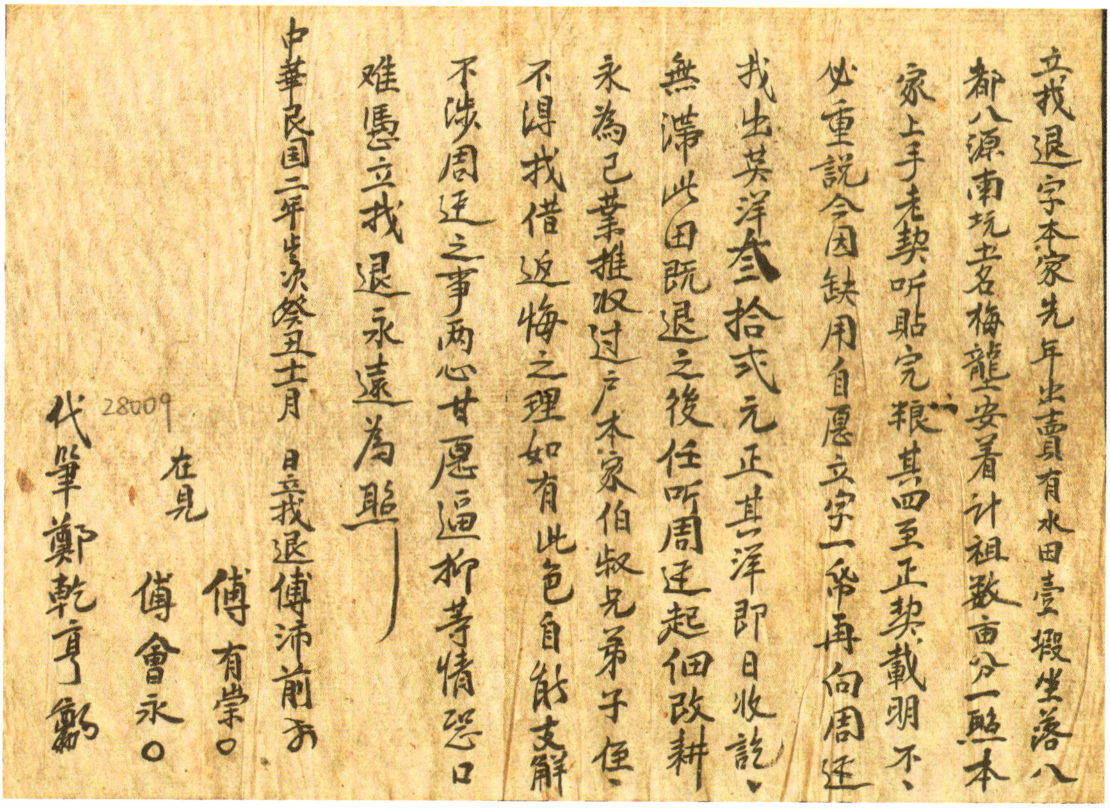

立找退字，本家先年出賣有水田壹塅，坐落八都八源南坑，土名梅壟安着，计租数、亩分一照本家上手老契，听貼完粮，其四至正契載明，不必重説，今因缺用，自愿立字一紙，再向周邊找出英洋叁拾弍元正，其洋即日收訖無滞，此田既退之後，任听周邊起佃改耕，永爲己業，推收过户，本家伯叔兄弟子侄不得找借返悔之理，如有此色，自能支解，不涉周邊之事，兩心甘愿，（並無）逼抑等情，恐口难憑，立找退永遠爲照。

中華民国二年歲次癸丑十一月　日立找退傅沛前（押）

在見　傅有崇（押）

傅會永（押）

代筆鄭乾亨（押）

民國二十三年葉光秦立便契

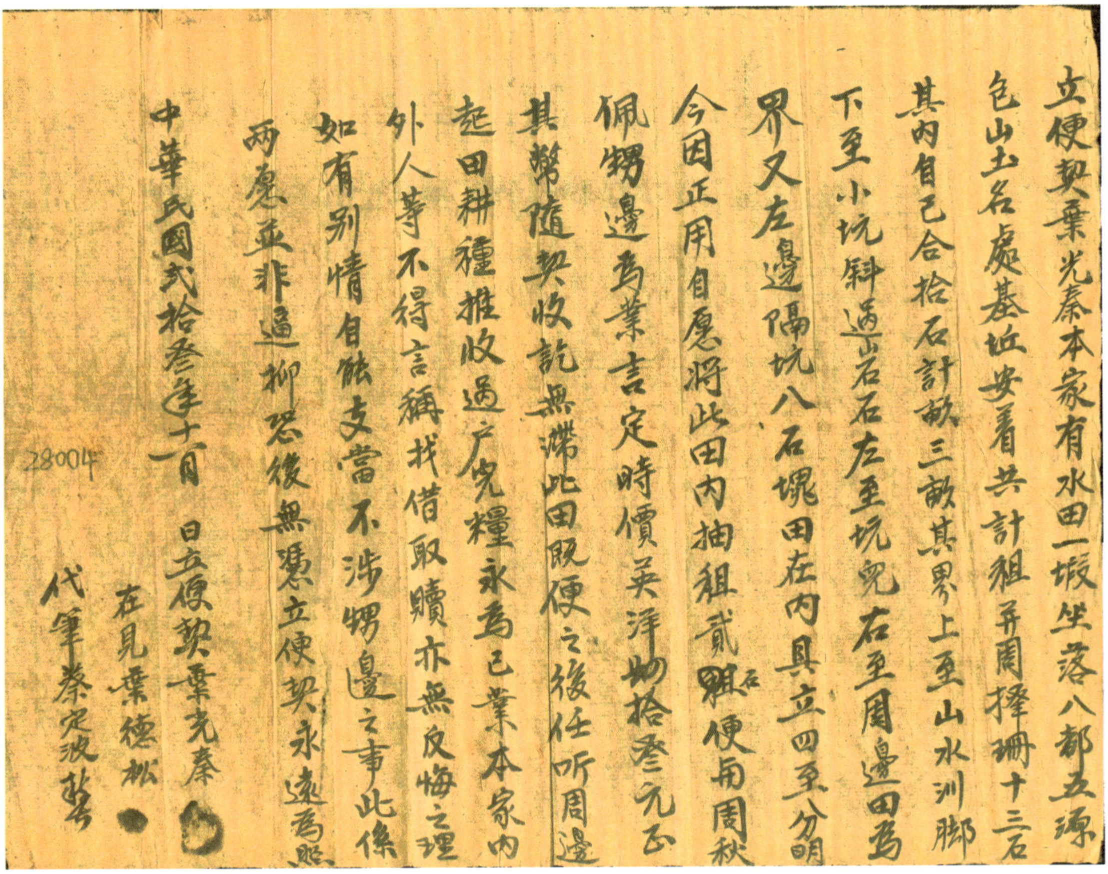

立便契葉光秦，本家有水田一坵，坐落八都五源包山，土名處基坵安着，共計租並周择珊十三石，其内自己合拾石，計畝三畝，其界上至山水汌脚，下至小坑斜過岩石，左至坑兒，右至周邊田爲界，又左邊隔坑八石堺田在内，具立四至分明，今因正用，自愿将此田内抽租貳石，便與周秋佩甥邊爲業，言定時價英洋肆拾叁元正，其幣隨契收訖無滯，此田既便之後，任听周邊起田耕種，推收過户完糧，永爲己業，本家内外人等不得言稱找借取贖，亦無反悔之理，如有别情，自能支當，不涉甥邊之事，此係兩愿，並非逼抑，恐後無憑，立便契永遠爲照。

中華民國弍拾叁年十一月　日立便契葉光秦（押）

在見葉德松（押）

代筆秦定波（押）

民國二十五年葉德風立賣契

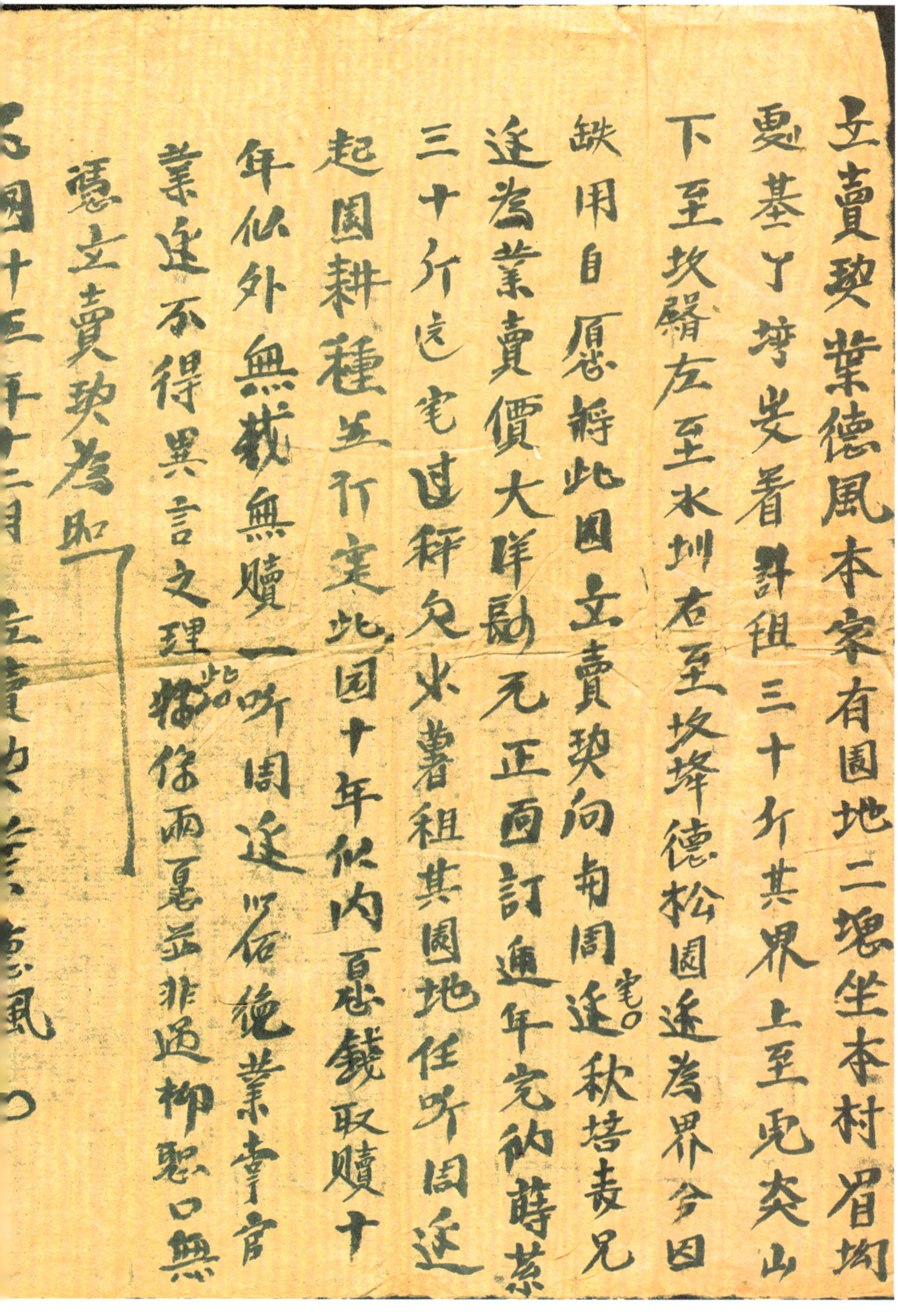

立賣契葉德風本家有園地二塊坐本村眉坳
㘭基丁坪安着計租三十斤其界上至兜㘭山
下至坟臂左至水圳右至坟葉德松園迭為界今因
缺用自愿將此園立賣契向爾周送宅秋培表兄
送為業賣價大洋肆元正面訂逐年完納薯絲
三十斤送宅過秤兌米薯租其園地任听周送
起園耕種並行定此园十年仍内原錢取贖十
年似外無找無贖一听周送以后絕業壹管
葉送不得異言之理此係兩愿並非逼抑恐口無
憑立賣契為照
民國廿五年十二月 立賣契 葉德風 ○

（前頁）>>>>

立賣契葉德風，本家有園地二塊，坐本村眉坳處基丁塆安着，計租三十斤，其界上至□炎山，下至坟臂，左至水圳，右至坟垟德松園邊爲界，今因缺用，自愿將此園立賣契，向與周宅邊秋培表兄邊爲業，賣價大洋肆元正，面訂遞年完納蒔菍［絲］三十斤，送宅［宅］过秤，欠少蕃租，其園地任听周邊起園耕種，並订寔此园十年以内愿［原］錢取贖，十年以外，無找無贖，一听周邊以后德業掌官［管］，業［葉］邊不得異言之理，此係兩愿，並非逼抑［抑］，恐口無憑，立賣契爲照。

民國廿五年十二月　立賣契葉德楓（押）

伐［代］笔葉德松（押）

民國二十七年藍銀生立賣草屋契

立賣草屋契藍銀生草屋壹所坐著本都五源村山外坑
老屋基坐著右手頭後哦地基并欄基式古今壹分
因缺銀應用自心情愿立賣草契一紙向爲兄邊藍
岳靈兄邊出屋三面言定斷作價銀式洋柒元伍角
角正其銀即日收訖分文無滯本家伯叔兄弟子
侄不得言三語四本家自能支當又連抗此基
未應在內立賣草屋契其收楚作用永遠爲照
中華民國念柒年三月吉立　藍銀生○
在見　藍必出
場中　鍾發里○
依口代筆　鍾貴征養

28007

（前頁）>>>>

立賣草屋契藍銀生，草屋壹□，坐落八都五源林山外垟老屋基，坐落右手頭後□，地基、牛欄基弍古［股］合壹，今因缺銀應用，自心情愿，立賣草契一紙，向爲兄邊藍步靈兄邊管屋，三面言定，断作價銀大洋柒元伍角正，其銀即日收訖，分文無滯，本家伯叔兄弟子侄不得言三語四，本家自能支当，又連坑，此基壹應在内，立賣草屋壹去收整作用，永遠爲照。

中華民國念柒（年）三月吉立　藍銀生（押）

在見藍必旦（押）

憑中鍾發里（押）

衣［依］口代筆鍾贵仁（押）

民國二十九年黃孟珍立賣契

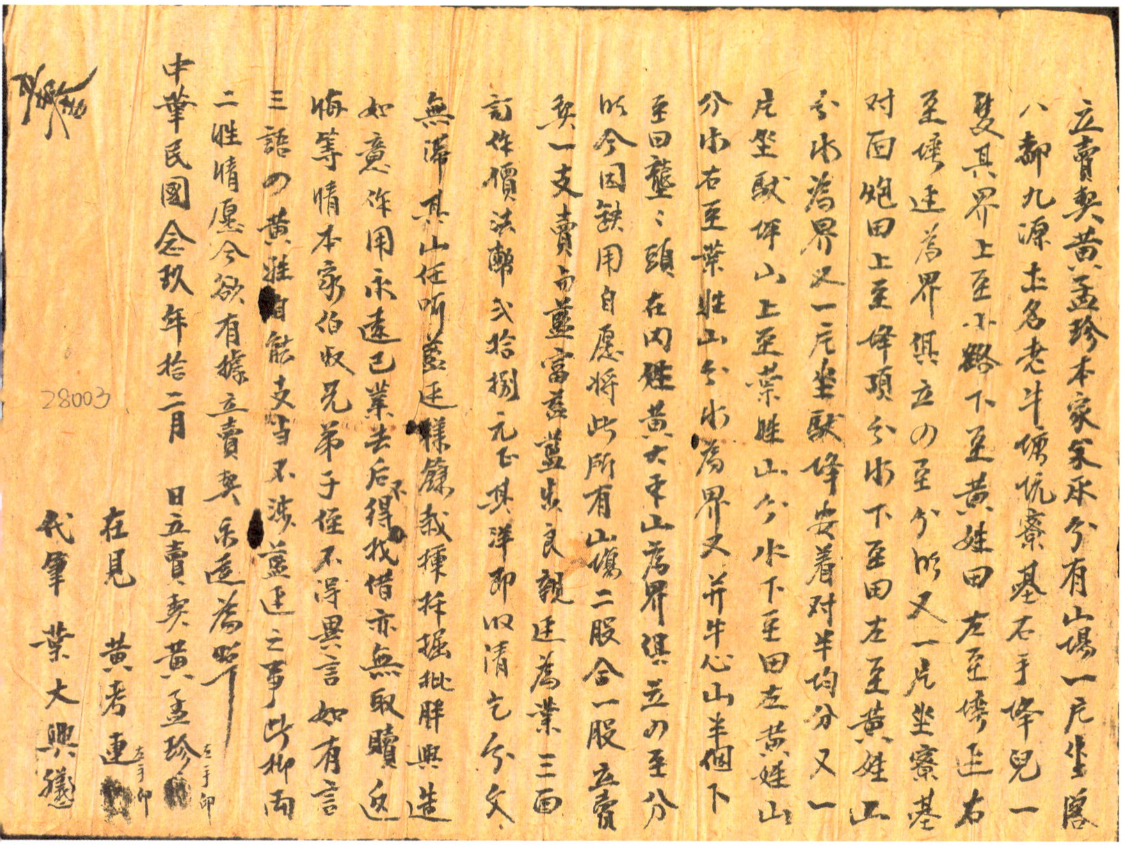

立賣契黃孟珍，本家□承分有山場一片，坐落八都九源，土名老牛塘坑寮基右手埄兒一隻，其界上至小路，下至黃姓田，左至塆邊，右至塆邊爲界，俱立四至分明，又一片坐寮基对面炮田，上至埄頂分水，下至田，左至黃姓山分水爲界，又一片坐馱埄安着，对半均分，又一片坐馱坪山，上至葉胜山分水，下至田，左黃姓山分水，右至葉姓山分水爲界，又並牛心山半個，下至田壟，壟頭在内，姓黃大衆山爲界，俱立四至分明，今因缺用，自愿將此所有山場二股合一股，立賣契一支[紙]，賣與藍富益、藍步良親邊爲業，三面訂作價法幣弍拾捌元正，其洋即收清乞[訖]，分文無滯，其山任听藍邊樣簶栽插，扦掘批胖[判]興造，如意作用，永遠己業，去后不得找借，亦無取贖返悔等情，本家伯叔兄弟子侄不得異言，如有言三語四，黃姓自能支当，不涉藍邊之事，此抑兩二姓情愿，今欲有據，立賣契永遠爲照。

中華民國念玖年拾二月　日立賣契黃孟珍右手印(押)

在見　黃考連左手印(押)

代筆　葉大興(押)

民國三十四年葉萬春立賣找截斷契

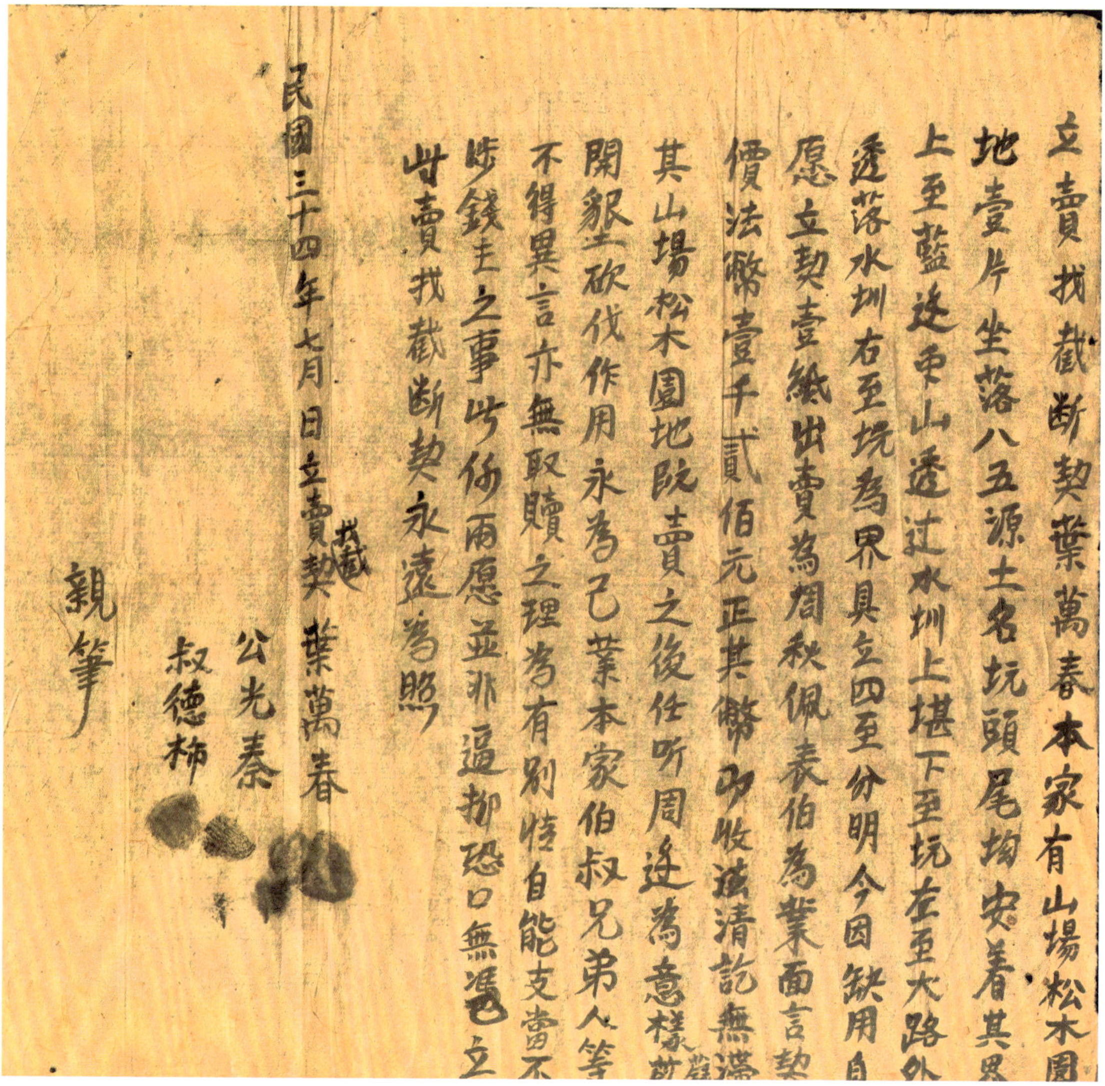

立賣找截斷契葉萬春本家有山場松木園
地壹片坐落八五源土名坑頭尾均安着其界
上至藍迭乘山透过水圳上堪下至坑左至大路外
透落水圳右至坑為界具立四至分明今因缺用自
愿立契壹紙出賣為胡秋佩表伯為業面言契
價法幣壹千貳佰元正其幣即收清訖無滯
其山場松木園地既賣之後任听周边為意掌管
開墾砍伐作用永為己業本家伯叔兄弟人等
不得異言亦無取贖之理為有別情自能支當不
涉錢主之事此係兩愿並非逼抑恐口無憑立
此賣找截斷契永遠為照

民國三十四年七月　日立賣找截契　葉萬春
公　光泰
叔　德柿
親筆

（前頁）>>>>

立賣找截断契葉萬春，本家有山場、松木、園地壹片，坐落八（都）五源，土名坑頭尾坳安着，其界上至藍邊衆山透过水圳上堪，下至坑，左至大路外透落水圳，右至坑爲界，具立四至分明，今因缺用，自愿立契壹紙，出賣爲周秋佩表伯爲業，面言契價法幣壹千貳佰元正，其幣即收清訖無滯，其山場、松木、園地既賣之後，任听周邊爲意樣籙，開墾砍伐作用，永爲己業，本家伯叔兄弟人等不得異言，亦無取贖之理，爲有别情，自能支當，不涉錢主之事，此係兩愿，並非逼抑，恐口無憑，立此賣找截断契永遠爲照。

民國三十四年七月日立賣找截契葉萬春（押）

公光秦（押）

叔德柿（押）

親筆

民國三十五年葉萬久立找截契

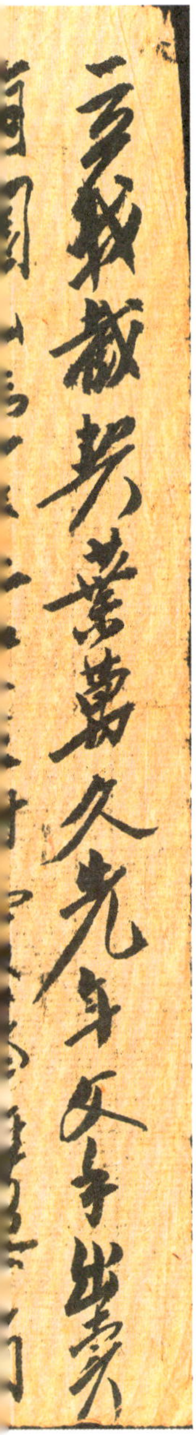

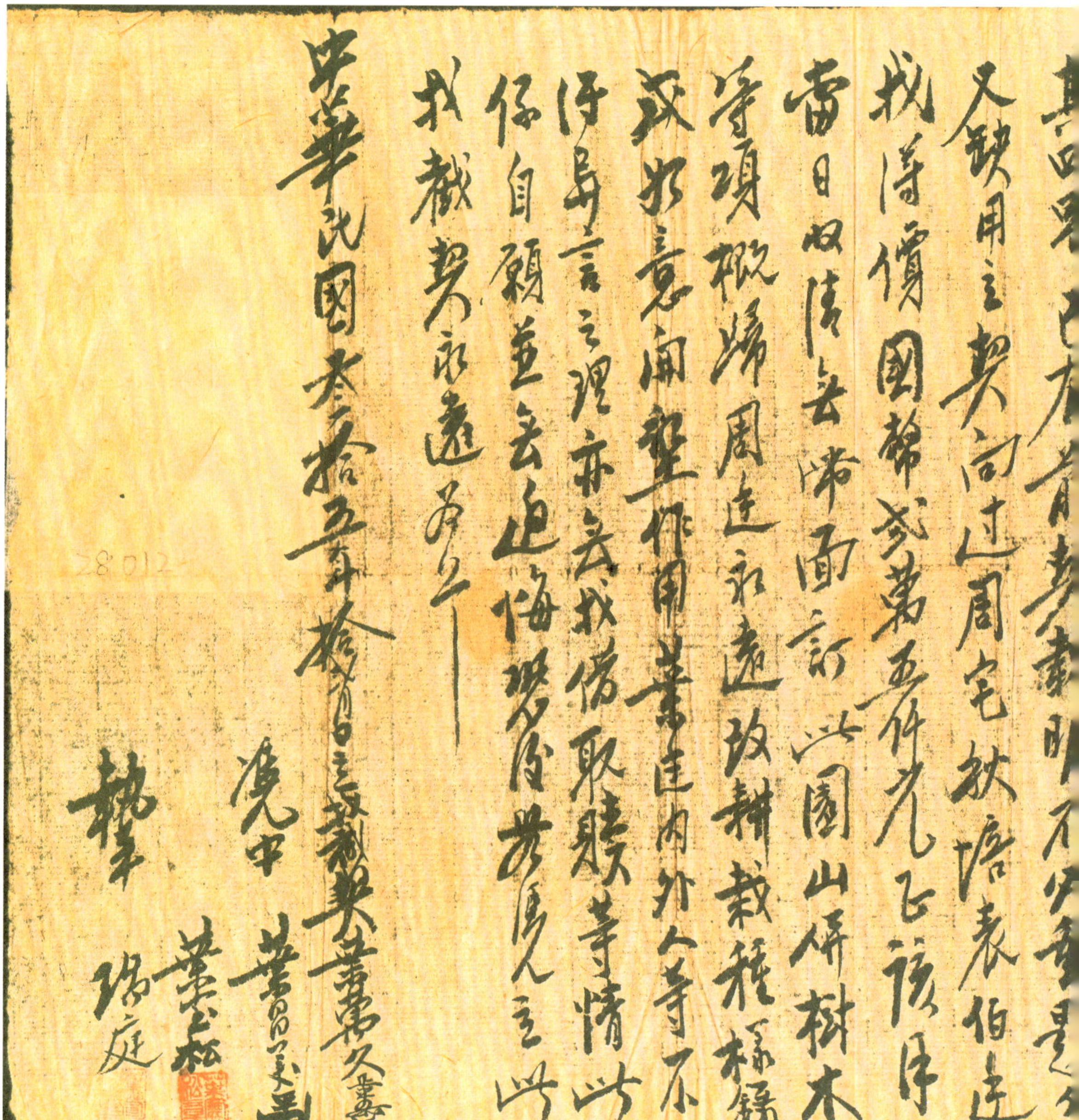

又缺用立契向过周宅秋培表伯边
找得价国币叁万五仟元正，该价
当日收清无滞，面订此园山併树木
等项概归周边永远收耕栽种掌管
或非意向翟姓用业主内外人等不
得异言之理，亦无找价取赎等情。此
係自愿并无返悔，恐后无凭，立此
找截契永远为照——
中华民国叁拾五年拾月　日立找截契　叶荣久（押）
凭中　叶[illegible]（押）
叶[illegible]松
执笔　张庭

(前頁)>>>>

立找截契葉萬久，先年父手出卖有園山壹片，土(名)坐(落)本村處基塆安着，其四界已有前契載明，不必重題，今又缺用，立契向过周宅秋培表伯邊找得價國幣弍萬五仟元正，該錢當日收清無滯，面訂此園山並樹木等項概歸周邊永遠改耕，栽種樣籙，或如意開墾作用，葉邊内外人等不得异言之理，亦無找借取贖等情，此係自願，並無返[反]悔，恐後無憑，立此找截契永遠爲照。

中華民國叁拾五年拾弍月日立找截契葉萬久(押)

憑中　葉昌美(押)

葉玉松(印)

執筆　瑞庭(印)

民國三十五年、三十六年葉光仁立收字

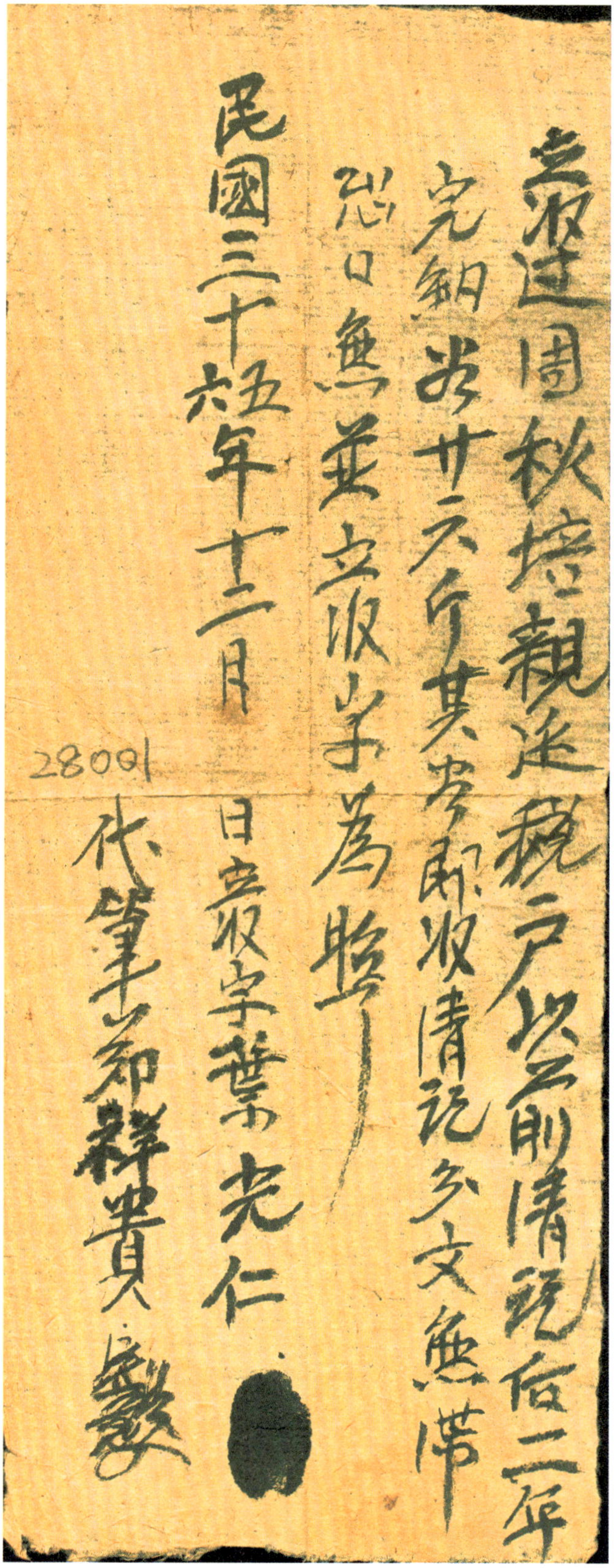

立收过周秋培親邊税户以前清訖，后二年完納谷廿六斤，其谷即收清訖，分文無滯，恐口無並[憑]，立收字爲照。

民國三十五、三十六年十二月　日立收字葉光仁（押）

代筆鄭祥貴（押）

西坑畲族镇江山民族村降户寮雷品元户

民國二十六年葉喜連立賣契

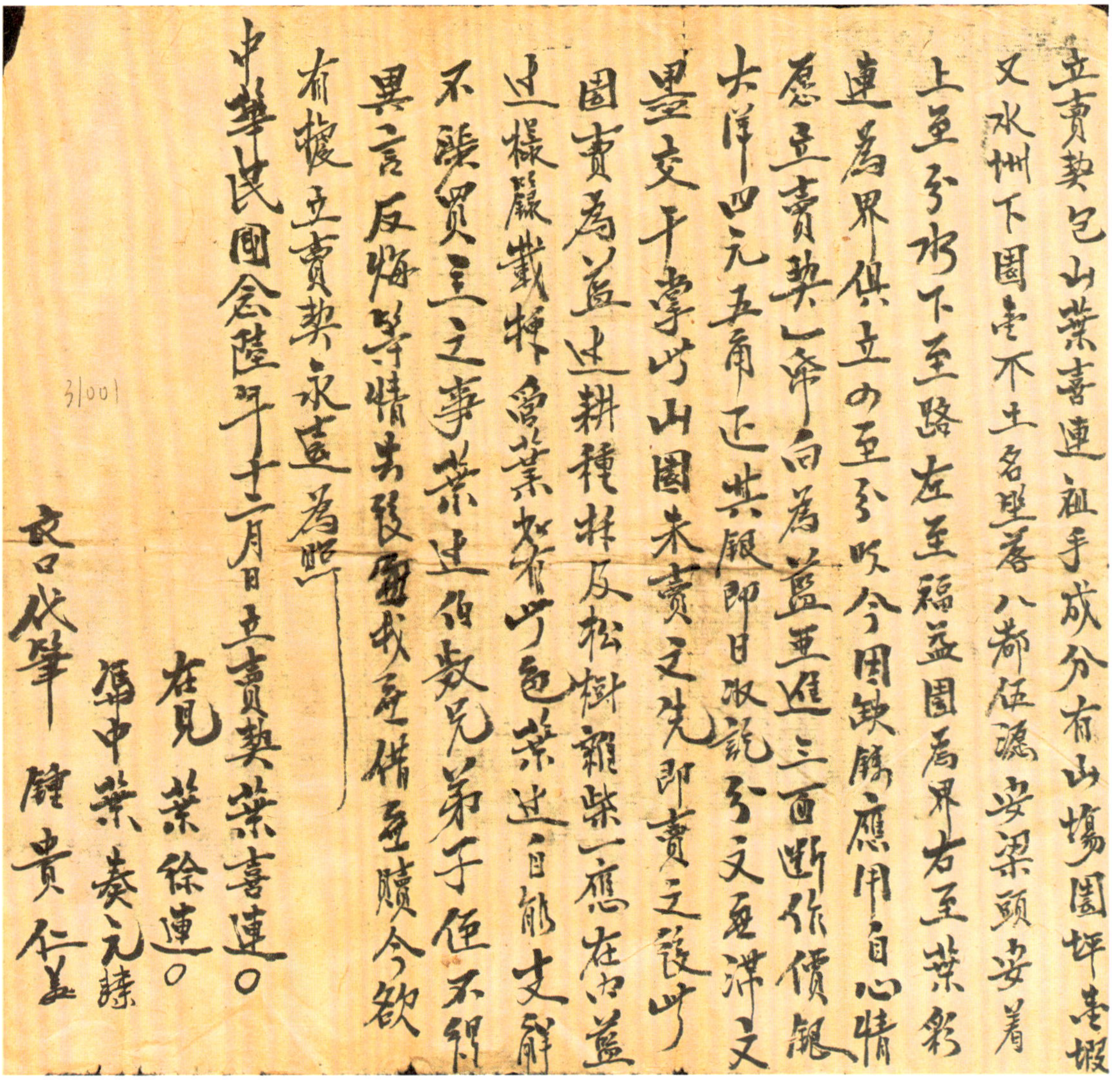

立賣契包山葉喜連祖手成分有山場園坪壹坵
又水州下園壹不土名坐落八都伍源安梁頭安着
上至分水下至路左至福益園為界右至葉彩
連為界俱立四至分明今因缺銀應用自心情
愿立賣契一紙向為葉亞進三面斷作價銀
大洋四元五角正其銀即日收訖分文無滯文
墨交于掌山園未賣之先即賣之後此
園賣為益進耕種雜及松樹雜柴一應在內益
進樣嚴戴樺會葉姓有此色葉進自能支解
不涉買主之事葉進伯叔兄弟子侄不得
異言反悔等情共段我無借無贖今欲
有憑立賣契永遠為照
中華民國念陸年十二月日立賣契葉喜連〇
在見　葉徐連〇
邀中　葉奏元
代筆　鍾貴仁

31001

（前頁）>>>>

立賣契包山葉喜連，祖手成［承］分有山塲、園坪壹塅，又水圳下園壹不，土名坐落八都伍源安梁頭安着，上至分水，下至路，左至福益園爲界，右至葉彩連爲界，俱立四至分明，今因缺錢應用，自心情愿，立賣契一紙，向爲藍亞進三面断作價銀大洋四元五角正，其銀即日收訖，分文無滞，（並無）文墨交干，掌此山園未賣之先，即［既］賣之後，此園賣爲藍邊耕種扦及，松樹、雜柴一應在内，藍邊樣籙載［栽］插管業，如有此色，葉邊自能支解，不涉買主之事，葉邊伯叔兄弟子侄不得異言反悔等情，去後無找無借無贖，今欲有據，立賣契永遠爲照。

中華民國念陸年十二月日立賣契葉喜連（押）

在見　葉徐連（押）

憑中　葉奏元（押）

衣［依］口代筆　鍾贵仁（押）

民國二十六年葉凑元立賣契

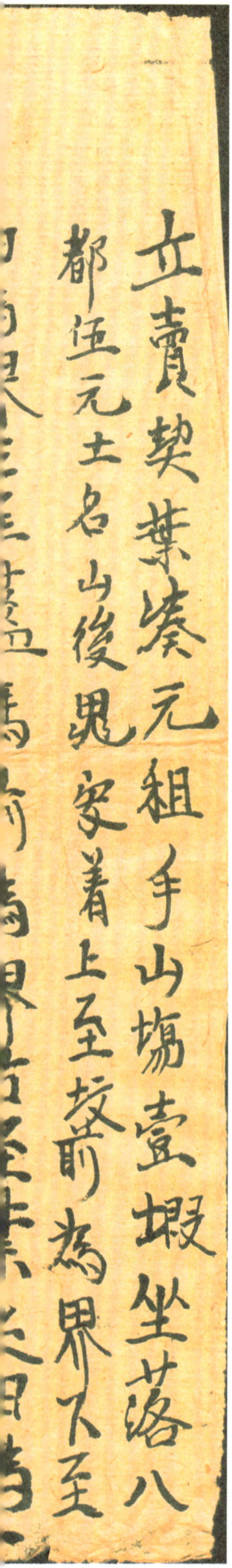

界俱[illegible]
契乙併賣與藍亜進三面言定斷作價銀
大洋柒元任角正其銀即日收訖分文無滞
未賣之前即賣之後此山園買為藍述
耕種扦反杉樹雜柴一應在内藍述樣錄一
載抻曾葉如有此色葉述自能支当不涉
買主之事葉述伯叔兄弟子侄不得一
異言反悔等情去後無找無借無贖今
欲有據立賣契永遠為照

3/006

中華民國念陸年十二月　日立賣契　葉湊元（押）

在見　葉徐連〇

媒中　葉喜連〇

親筆

（前頁）>>>>

立賣契葉凑元，租［祖］手山塲壹坶，坐落八都伍元［源］，土名山後眺安着，上至坟前爲界，下至田爲界，左至藍馬前爲界，右至葉邊田爲界，俱立四至分明，今銀［因］缺錢應用，自愿立賣契一紙，賣與藍亞進，三面言定，斷作價銀大洋柒元伍角正，其銀即日收訖，分文無滯，未賣之前，即［既］賣之後，此山園買爲藍邊耕種扦及，松樹、雜柴一應在内，藍邊樣籙載［栽］插管業，如有此色，葉邊自能支当，不涉買主之事，葉邊伯叔兄弟子侄不得異言反悔等情，去後無找無借無贖，今欲有據，立賣契永遠爲照。

中華民國念陸年十二月　日立賣契　葉凑元（押）

在見　葉徐連（押）

憑中　葉喜連（押）

親筆

民國二十七年葉益桃等立承劄

计回数愧俱立の並分所两造商议立字一帋
刘□南　蓝亚珍将會面言力年完薪不拾斤不
欺实小一所蓝迷摽苏栽种榔枝杭下杂柴。
将刘租竹松木桐子山茶蓝迷合三叶迷合七柴
身不許乱砍日從照批均分此抑两心情愿今欲
有据立字刘　為照

中華民國二十七年　拾一月　日立　蓝兆绍
仝业　蓝默○
蓝生婆
親笔　彭兆○

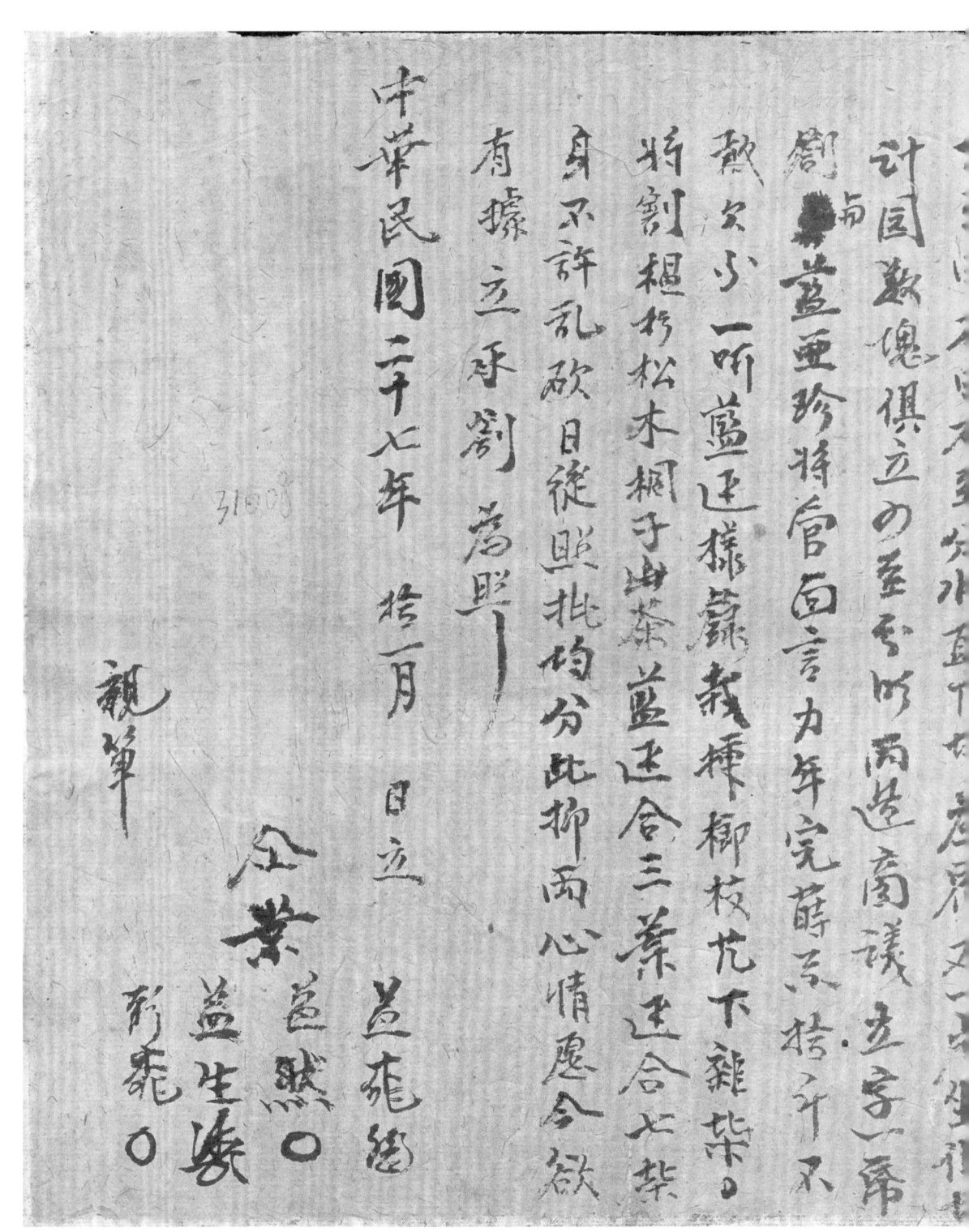

（前頁）>>>>

立承劄葉益桃、益生、益然、彩桃，祖手承分有山塲数片，坐落八都五源垟後寮，土名底垟安着，上至塆邊，下至田，左田，右至分水直下塆爲界，又一片坐個□，计园数塊，俱立四至分明，兩邊商議，立字一紙，劄與藍亞珍將管，面言力[歷]年完蒔系[絲]拾斤，不敢欠少，一听藍邊樣籙栽插楖枝，芃下雜柴將割，榅、杉、松木、桐子、山茶藍邊合三，葉邊合七，柴身不許乱砍，日後照批均分，此抑兩心情愿，今欲有據，立承劄爲照。

中華民國二十七年　拾一月　日立　益桃（押）

仝葉　益然（押）

益生（押）

彩桃（押）

親筆

民國二十八年葉治連立賣契

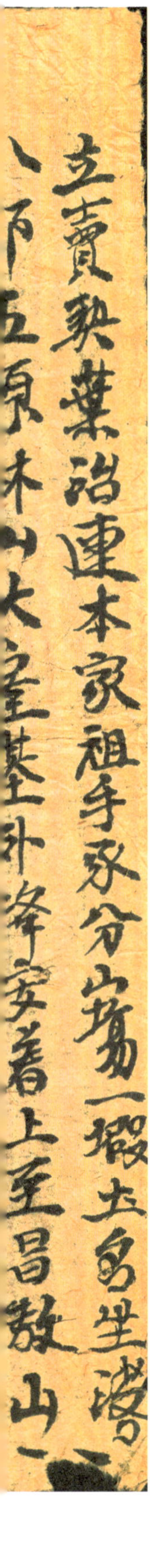
立賣契葉治連本家祖手承分山塲一塅土名坐

下至田左至穆連垄界右至田…

明今銀缺錢應用自愿立契出賣爲藍亜進一

三面言定断作價銀大洋四元正其銀即日收訖、

分文無滯此山未賣之前即賣之後此山園賣爲藍迷

耕種扦及松樹雜柴一應在内藍迷樣蘇栽種官

業如有此色葉迷自能支当不涉買主之事葉、

迷伯叔兄弟之侄不得異言反悔等情去後無

找無借無贖今欲有據立賣契永遠爲照

民国二十八年二月日立賣契 葉治連○

在見曉申 葉森兆○

代筆 藍富仁書

存

（前頁）>>>>

立賣契葉治連，本家祖手承分山塲一塅，土名坐落八都五源林山大屋基外垟安着，上至昌敖山，下至田，左至彩連爲界，右至田爲界，具立四至分明，今銀［因］缺錢應用，自愿立契一紙，賣爲藍亞進，三面言定，断作價銀大洋四元正，其銀即日收訖，分文無滯，此山未買之前，即［既］賣之後，此山園買爲藍邊耕種扦及，松樹、雜柴一應在内，藍邊樣籙載［栽］插官［管］業，如有此色，葉邊自能支当，不涉買主之事，葉邊伯叔兄弟之［子］侄不得冀［異］言反悔等情，去後無找無借無贖，今欲有據，立賣契永遠爲照。

民國二十八年二月　日立賣契　葉治連（押）

在見憑衆　葉彩桃（押）

代筆　藍富仁（押）

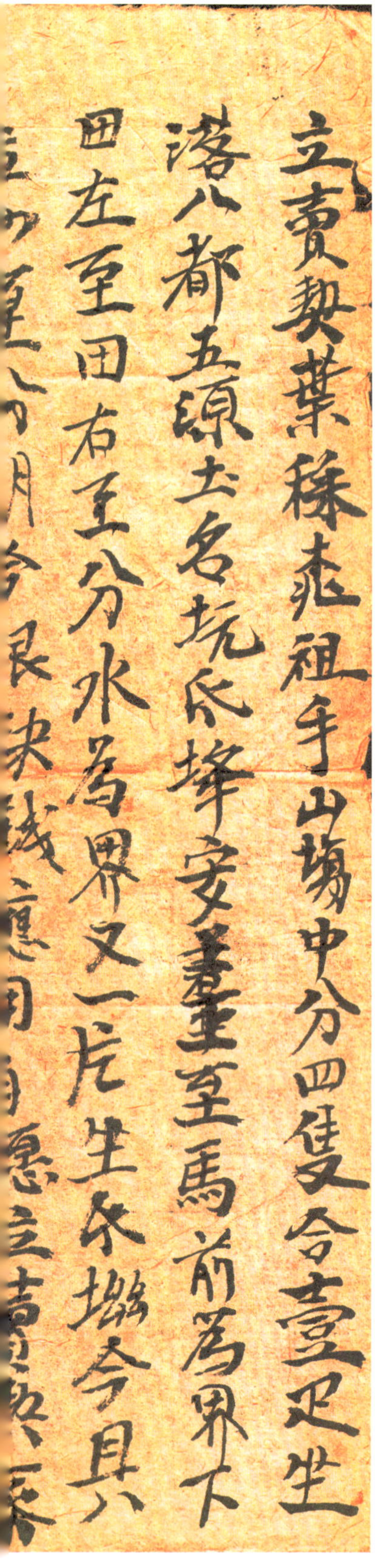

民國二十八年葉彩桃立賣契

賣與藍[illegible]三面言定[illegible]價大洋參[illegible]
正其價即日收訖分文無滞此山未前即賣
之後此山園買為藍迓耕種扦及松樹雜柴一
應在內藍迓樣籙載種官業如有此色葉迓
自能支当不涉買主之事葉迓伯叔兄弟子
侄不得異言反悔等情去後無找無借無贖
今欲有據立賣契永遠為照

民国二十八年　二月　日立賣契　葉祿喜〇
在見兄中　葉治運〇
代筆　藍富作書

3/011

(前頁)>>>>

立賣契葉彩桃，祖手山塲中分四隻合壹疋，坐落八都五源，土名坑氏[底]垟安着，上至馬前爲界，下田，左至田，右至分水爲界，又一片坐氏[底]坳，今具立四至分明，今銀[因]缺錢應用，自愿立賣契一紙，賣爲藍亞進，三面言定，断作價銀大洋叁元正，其銀即日收訖，分文無滯，此山未(賣之)前，即[既]賣之後，此山園買爲藍邊耕種扦及，松樹、雜柴一應在内，藍邊樣簶載[栽]插官[管]業，如有此色，葉邊自能支当，不涉買主之事，葉邊伯叔兄弟子侄不得異言反悔等情，去後無找無借無贖，今欲有據，立賣契永遠爲照。

民国二十八年　二月　日立賣契　葉彩桃(押)

在見憑衆　葉治連(押)

代筆　藍富仁(押)

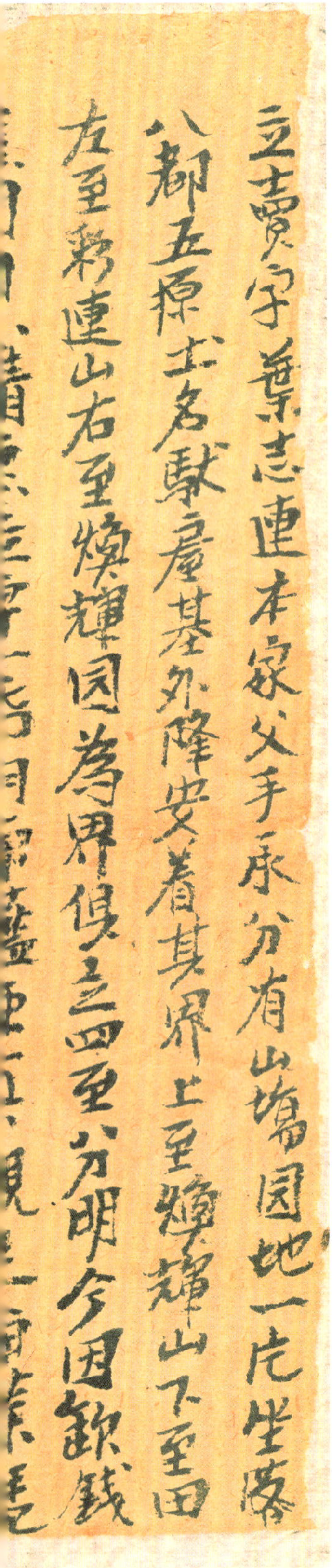
立賣字葉志連本家父手承分有山塲园地一片坐落
八都五源土名馱屋基外降安着其界上至煥輝山下至田
左至彩連山右至煥輝园為界俱立四至分明今因缺錢

民國三十一年葉志連立賣字

中面言斷定價洋國幣并首契洋壹萬貳拾元正其洋
即日收訖分文無滯此山塲园地概杉松木茶樹崩下雜柴一
應在内所由蓋迳樣〻栽插及種如意作用取后無我〻
無借無贖之理伯叔兄弟子侄言三二語母自能支解不涉錢
主之事此係兩心甘愿並非逼抑反悔等情今欲有據〻
立賣字永遠為照

民國叁拾壹年正月日　立賣字　葉志連
在見憑中　葉彩忝
代筆　徐益生

（前頁）>>>>

立賣字葉志連，本家父手承分有山塲、园地一片，坐落八都五源，土名馱屋基外降安着，其界上至焕輝山，下至田，左至彩連山，右至焕輝园爲界，俱立四至分明，今因缺錢應用，自心情愿，立字一紙，向與藍亞真親邊與業，憑衆面言，断定價洋國幣並前契国幣貳拾元正，其洋即日收訖，分文無（滯），將此山塲、园地、楹、杉、松木、茶樹、荫下、雜柴一應在内，听與藍邊樣禄載［栽］插及種，如意作用，取［去］后無找無借無贖之理，伯叔兄弟子侄言三語四，自能支解，不涉錢主之事，此仰［抑］兩心甘愿，並非逼仰［抑］反悔等情，今欲有據，立賣字永遠爲照。

民國叁拾壹年正月日立賣字　葉志連（押）

在見憑衆　葉彩桃（押）

代筆　徐益生（押）

一九五〇年葉光仁立贖回契並充字

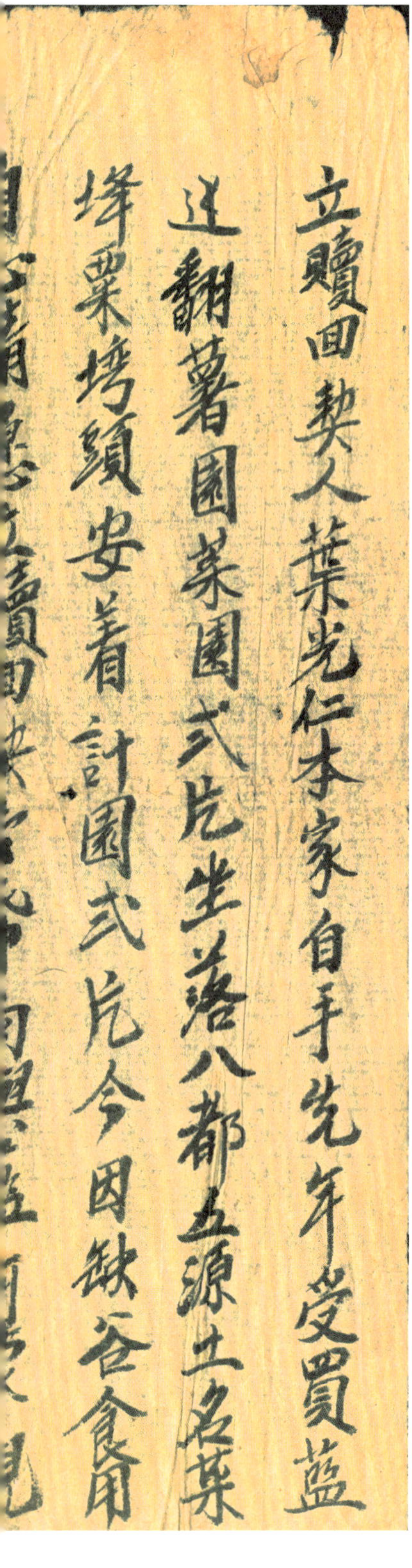

送回贖[illegible]藍送贖谷叁石正當收足訖此園

既贖之後任听藍送起園耕種永遠管業本

家伯叔兄弟子侄等人不得言稱有分亦

毋返悔等情恐口無憑立贖回契永遠為

照

公元一九五〇年十二月日立贖回契人葉光仁

立充字葉光仁有藍送上手賣契未能檢

回去後檢着充作廢紙永不通行用立充

字為據

執筆雷伯侃押

3100?

（前頁）>>>>

立贖回契人葉光仁，本家自手先年受買藍邊翻［番］薯園、菜園弍片，坐落八都五源，土名菜垺粟垮頭安着，計園弍片，今因缺谷食用，自心情愿，立贖回契壹紙，向與藍阿蒙親邊回贖，即收藍邊贖谷叁石正，當收足訖，此園既贖之後，任听藍邊起園耕種，永遠管業，本家伯叔兄弟子侄等人，不得言称有分，亦毋返悔等情，恐口無憑，立贖回契永遠爲照。

公元一九五〇年十二月日立贖回契人葉光仁（押）

立充字葉光仁，有藍邊上手賣契未能檢回，去後檢着，充作廢紙，永不通行用，立充字爲據。

執筆雷伯侃（押）

一九五〇年葉德松立賣契

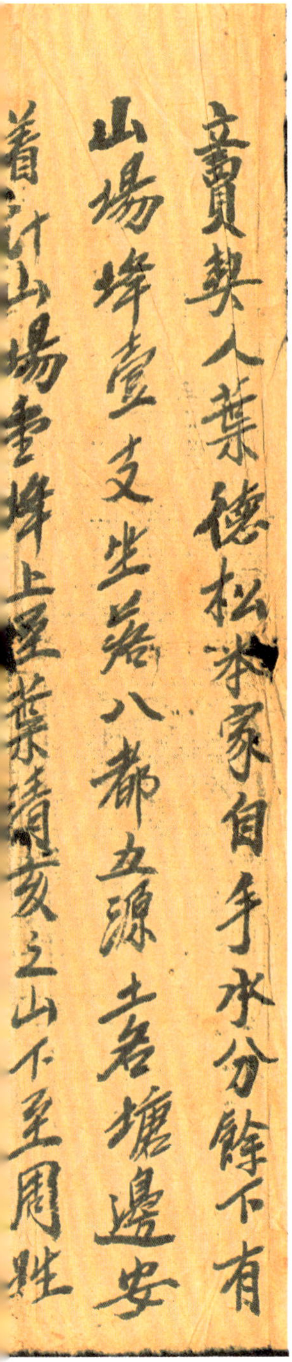

為界具立四至今明外今因缺吝食用自心情
愿將此山立買契壹帋賣與藍氏親邊即收
藍氏買吝壹石伍方当收清訖此山既賣之後
任听藍氏起山開墾种插山茶揾杉松木等樹秩
緣永遠管業本家伯叔兄弟子侄內外之人
等不得異言如有外人言称一力葉邊自能
支當不若藍邊之事即賣之後亦毋追悔之理
恐口無憑立賣契永遠為照——
公元一九五〇年十二月日立賣契人葉德松
在見葉越發
執筆雷伯侃押

（前頁）>>>>

立賣契人葉德松，本家自手承分餘下有山場垥壹支，坐落八都五源，土名塘邊安着，计山場壹垥，上至葉清亥之山，下至周姓之田爲界，左至劉新土之園，右至自藍邊之山爲界，具立四至分明外，今因缺谷食用，自心情愿，将此山立買契（印）壹紙，賣與藍氏親邊，即收藍氏買谷壹石伍方，当收清訖，此山既賣之後，任听藍氏起山開墾，种插山茶、榅、杉、松木等樹，秧［様］綠［籙］永遠管業，本家伯叔兄弟子侄内外人等不得異言，如有外人言称，一力葉邊自能支當，不若藍邊之事，即［既］賣之後，亦毋返悔之理，恐口無憑，立賣契永遠爲照。

公元一九五〇年十二月　日　立賣契人葉德松（印）

在見葉越發

執筆雷伯侃（押）

一九五二年葉聖沛立賣條

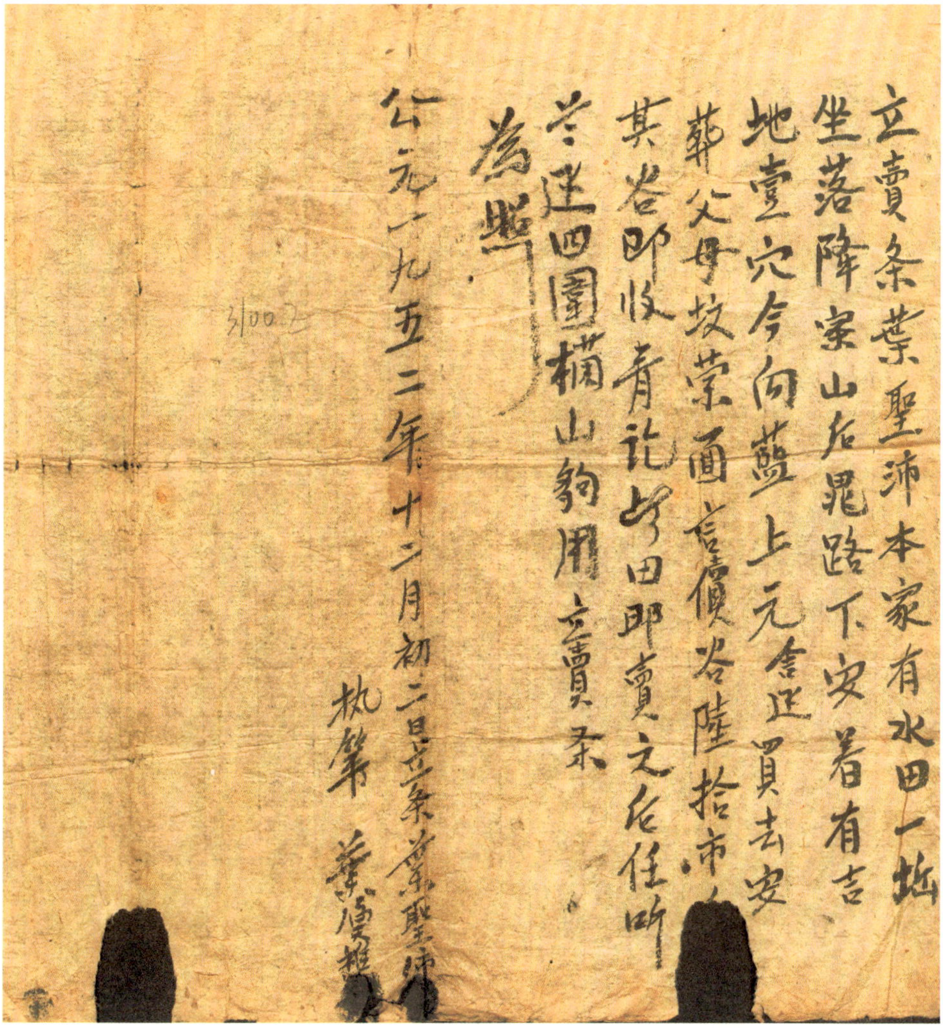

立賣条葉聖沛，本家有水田一坵，
坐落降案山后晁路下安着，有吉
地壹穴，今向藍上元舍邊買去安
葬父母坟萦［茔］，面言價谷陸拾市斤，
其谷即收青［清］訖，此田即［既］賣之后，任听
兰邊四圍欗山够用，立賣条
爲照。

公元一九五二年十二月初二日立条葉聖沛（押）
執筆　葉原椎（押）

葉婇桃立賣契

立賣契葉婇桃祖手山塲中四隻合壹足坐
八都五源落坑尾峰安着上至藍屋前山下至
田左至田水右至分水為界又壹片坐氏地李
具立四至分明今銀缺錢應用自愿立賣契
壹紙賣與藍垂進三面言定斷作價銀大洋
叁元正其銀即日收訖分文無滯未賣之前
即賣之後此山園買爲藍廷耕種扦杉松樹
雜柴一應在内藍廷樣籙栽種官業如
有此色葉廷能支當不涉買主之事無葉主伯

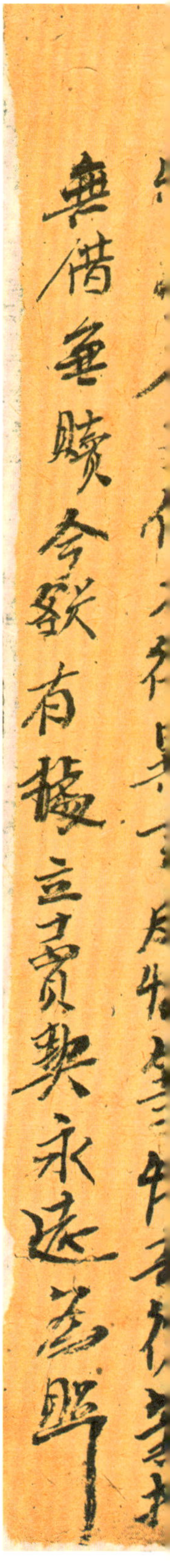
無借無贖今欲有據立賣契永遠爲照

（前頁）>>>>

立賣契葉娒桃，祖手山塲中四隻合壹疋，坐
八都五源，土名坑氏［底］垟安着，上至藍馬前山，下至
田，左至分水，右至分水爲界，又壹片坐氏［底］□，今
具立四至分明，今銀［因］缺錢應用，自愿立賣契
壹紙，賣爲藍亞進，三面言定，断作價銀大洋
叁元正，其銀即日收訖，分文無滯，未買之前，
即［既］賣之後，此山園買爲藍邊耕種扦及，松樹、
雜柴一應在内，藍邊樣箓載［栽］插官［管］業，如
有此色，葉邊能支当，不涉買主之事，葉邊伯
叔兄弟子侄不得異言反悔等情，去後無找
無借無贖，今欲有據，立賣契永遠爲照。

二源鎮陳鍾民族村東山雷本寬户

咸豐八年邢碎妹立生票

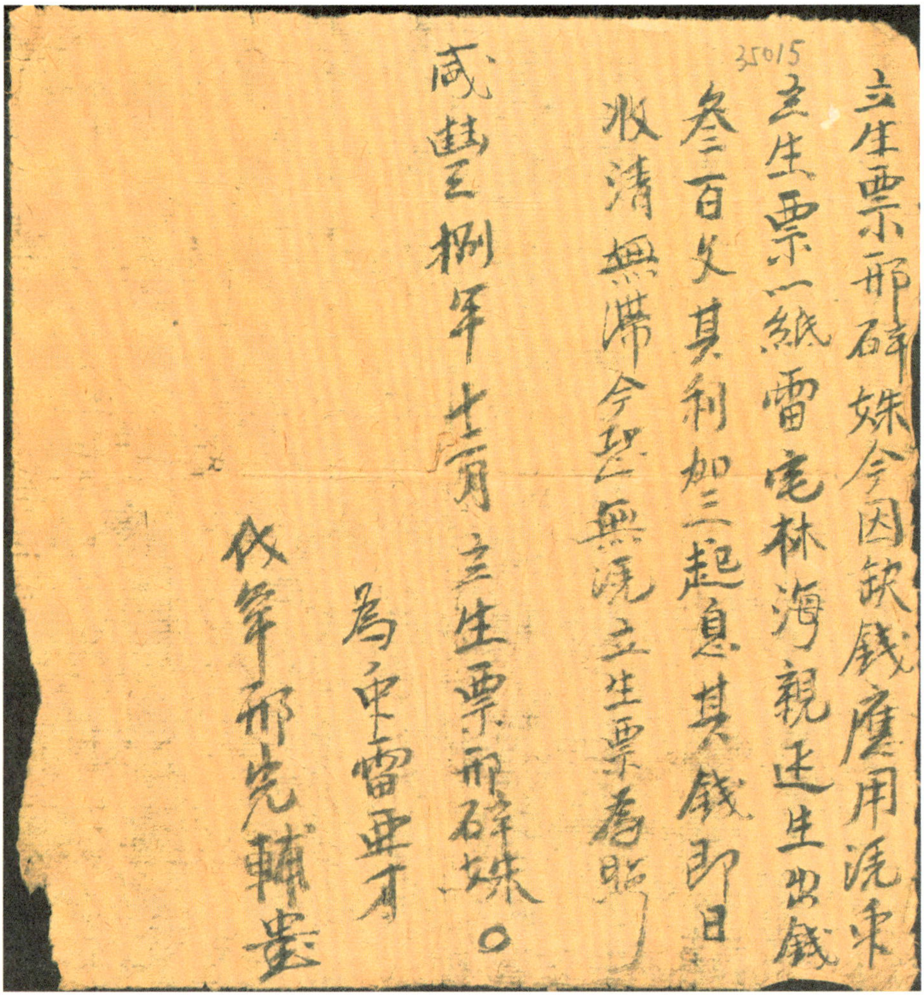

立生票邢碎妹，今因缺錢應用，憑衆立生票一紙，雷宅林海親邊生出錢叁百文，其利加三起息，其錢即日收清無滯，今恐無憑，立生票爲照。

咸豐捌年十二月　立生票邢碎妹（押）

爲衆雷亞才（押）

代筆邢先輔（押）

同治十年厲運玉等立賣契

35009

本家有山塲壹片坐落八都八源上村後坑陽邊
安着計糸壹伯斤其山上至新海園下至田外至
岩皮直落底至六壽園邊小坑為界 具立四至分明今
因鈌用自愿將此山立賣與葉宅訓直親邊為業三
面斷定山價錢捌千伍百文其錢即収清訖無滞其山并
及麻園寮基一聽親邊収祖管業本家内外人等不得
言三語四如有此色自能支解不涉親邊之事今欲有據
立賣契為照

同治拾年拾弍月　日立賣契仝厲運玉（押）

玉枝（押）
玉豊（押）
玉其（押）
玉根（押）

書翟

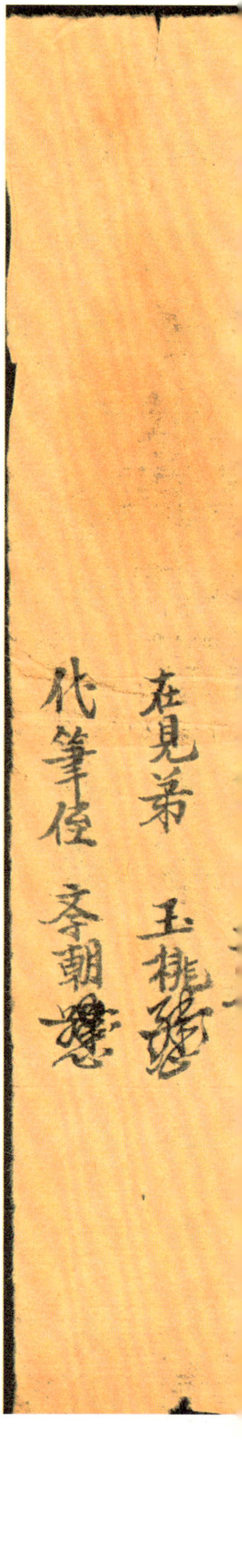

（前頁）>>>>

本家有山塲壹片，坐落八都八源上村後坑陽邊安着，計系［絲］壹伯［佰］斤，其山上至新海園，下至田，外至岩皮直落，底至六壽園邊小坑爲界，具立四至分明，今因缺用，自愿將此山出賣與葉宅訓直親邊爲業，三面断定，出價錢捌千伍百文，其錢即收清訖無滯，其山並及麻園、寮基一聽親邊收租管業，本家内外人等不得言三語四，如有此色，自能支解，不涉親邊之事，今欲有據，立賣契爲照。

玉枝（押）

玉豊（押）

同治拾年拾弍月　日立賣契仝屬運玉（押）

玉其（押）

仝　玉根（押）

清耀（押）

亞省（押）

在見弟　玉桃（押）

代筆侄　學朝（押）

同治十二年雷創財立當字

立當字雷創財本家自手承分有菜园五林坐落八都二
源五色山屋對面山壇坪安着又菜园三林坐双陽田塅
下安着又菜园二林又菜园二林坐双陽對面安着安
着又菜园二林坐屋邊左手凸田後塅安着又菜园壹
林坐凸田前塆安着又有屋壹塆上瓦片下地基屋柱
在内屋坐落五色山右手頭外塆安着今因缺錢應用
慿中立當字一紙出當與鍾宅丣叁兄邊為業面断当
出價錢伍仟伍百文正納利谷壹石又壹方不敢欠
少如若欠鍾邊屋菜园曾業去後年深月久鍾邊
不得执留雷邊办原錢取贖恐口無憑立当字為照
同治拾貳年癸酉十二月　日　立当字雷創財　○

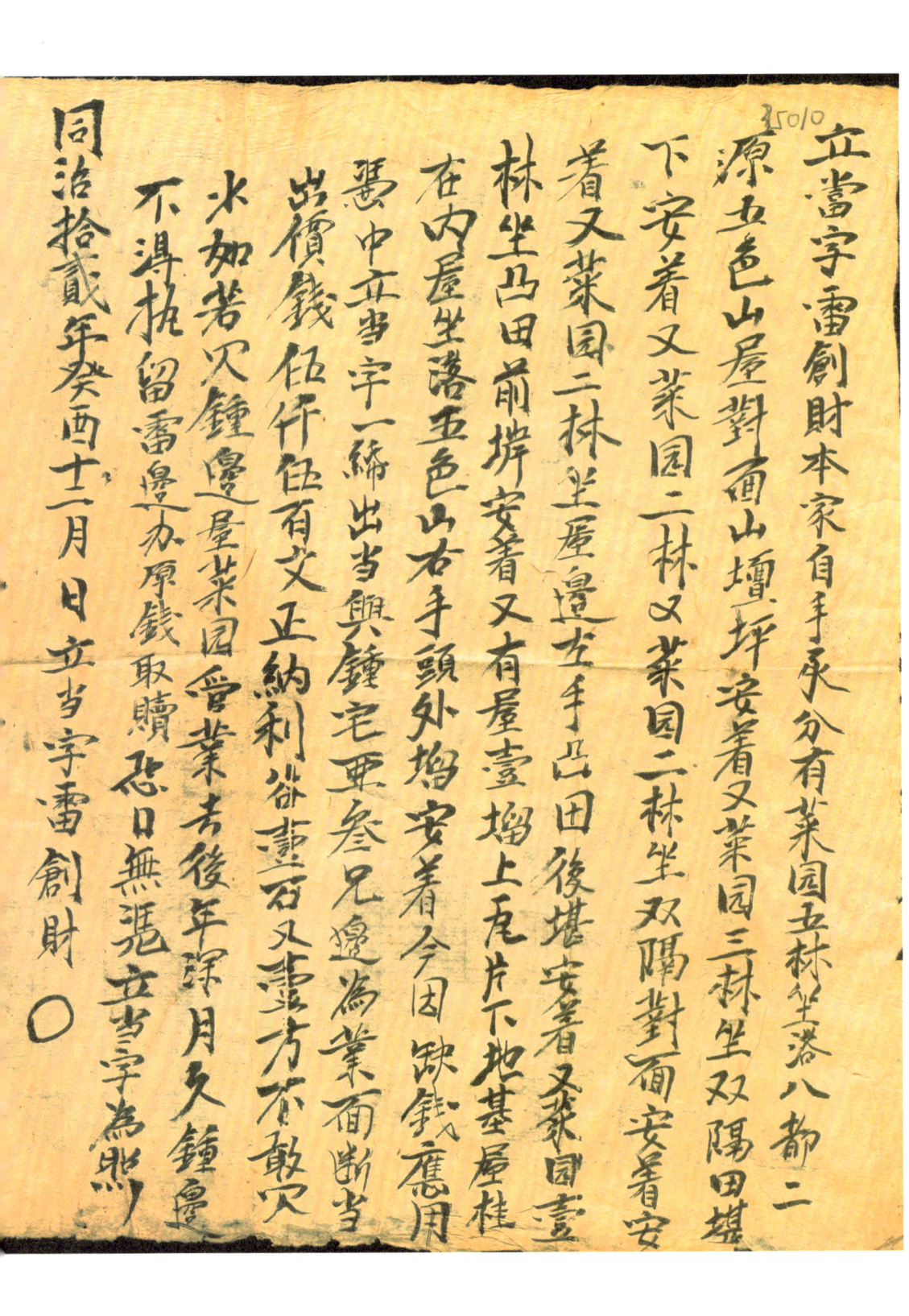

（前頁）>>>>>

立當字雷創財，本家自手承分有菜园五林，坐落八都二源五色山屋對面山壇坪安着，又菜园三林，坐双隔田堪下安着，又菜园二林，又菜园二林，坐双隔對面安着安着，又菜园二林，坐屋邊左手凸田後堪安着，又菜园壹林，坐凸田前塝安着，又有屋壹瑠，上瓦片、下地基、屋柱在内，屋坐落五色山右手頭外瑠安着，今因缺錢應用，憑中立当字一紙，出当與鍾宅亞叁兄邊爲業，面断当出價錢伍仟伍百文正，納利谷壹石又壹方，不敢欠少，如若欠，鍾邊屋、菜园管業，去後年深月久，鍾邊不得执留，雷邊办原錢取贖，恐口無憑，立当字爲照。

同治拾貳年癸酉十二月日立当字雷創財（押）

在見　雷春盛

雷亞對（押）

代筆　趙榮焙（押）

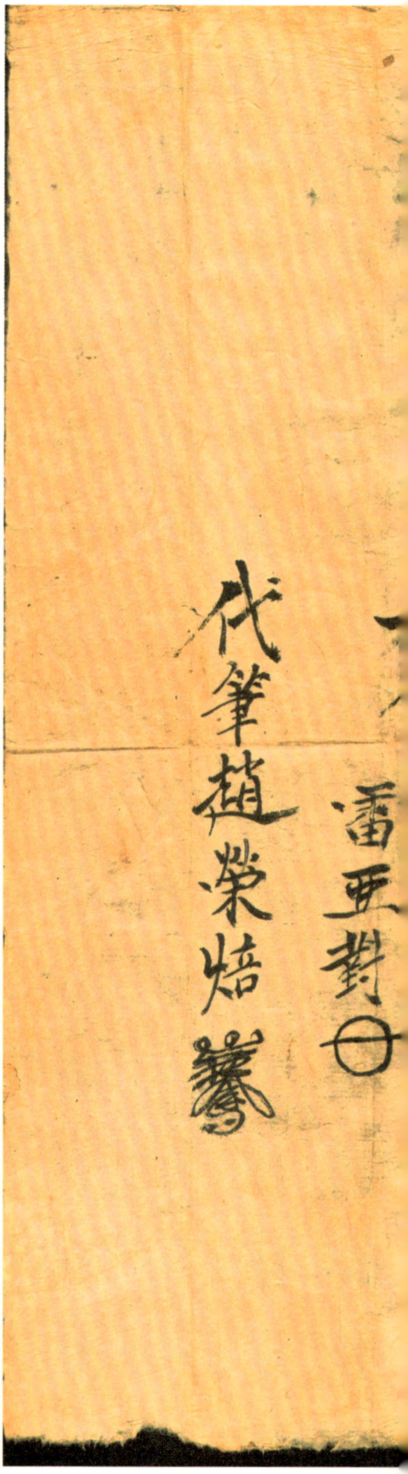

同治十二年厲昌耀仝弟亞燈立賣字

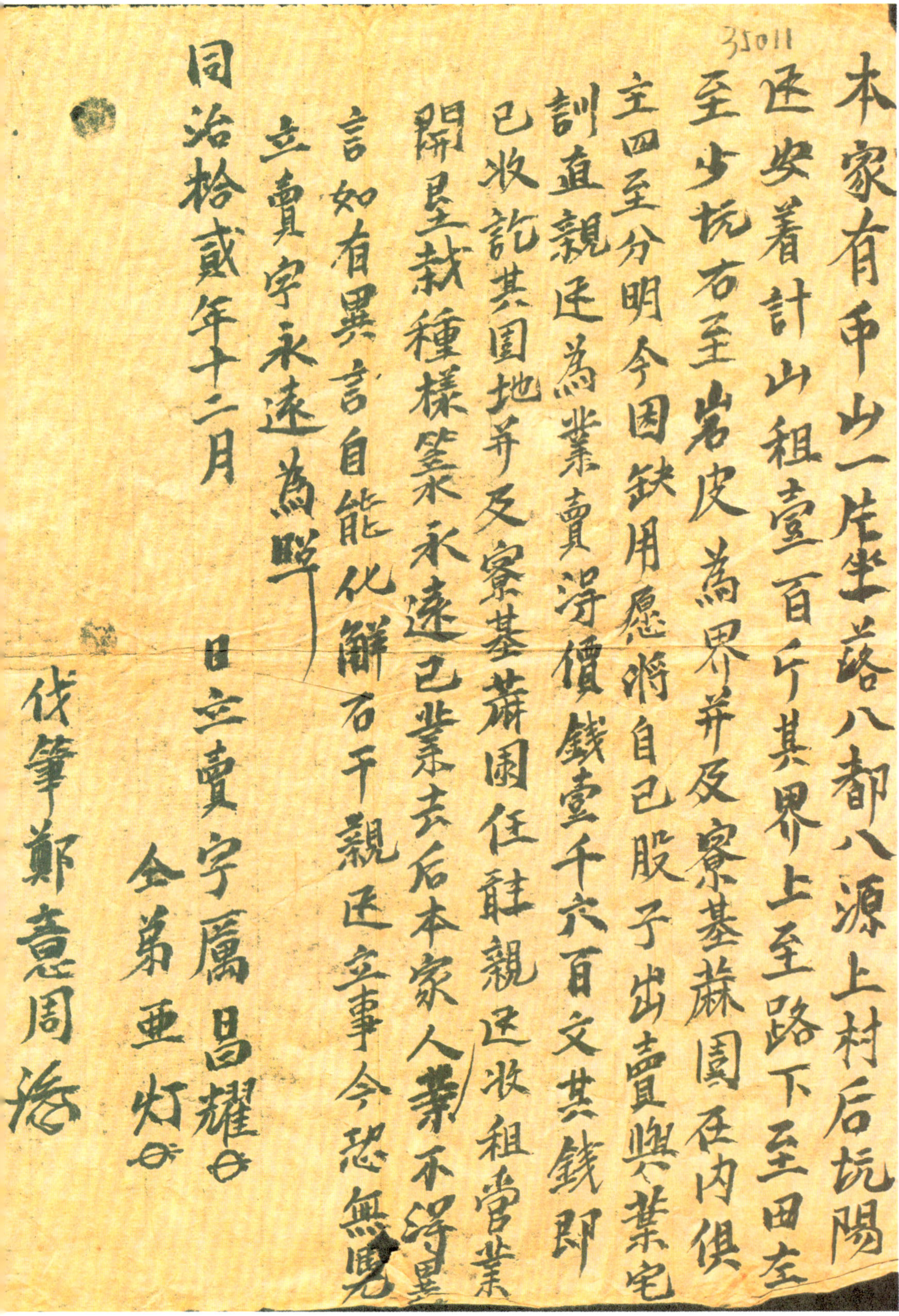
本家有手山一片坐落八都八源上村后坑陽邊安着計山租壹百斤其界上至路下至田左至小坑右至岩皮為界并及寮基蘇園邊内俱全四至分明今因缺用愿將自己股子出賣與葉宅訓直親邊為業賣得價錢壹千六百文其錢即已收訖其園地并及寮基蔴園任就親邊收租管業開墾栽種樣篆永遠已業去后本家人等不得異言如有異言自能化解不干親邊之事今恐無憑立賣字永遠為照

同治拾貳年十二月　日立賣字厲昌耀（押）

仝弟亞灯（押）

代筆鄭意周（押）

（前頁）>>>>

本家有衆山一片，坐落八都八源上村后坑陽邊安着，計山租壹百斤，其界上至路，下至田，左至少坑，右至岩皮爲界，並及寮基、蔴園在內，俱立四至分明，今因缺用，愿將自己股子出賣與葉宅訓直親邊爲業，賣得價錢壹千六百文，其錢即已收訖，其園地並及寮基、蔴園任聽親邊收租管業，開墾栽種樣筞，永遠己業，去后本家人葉不得異言，如有異言，自能化解，石[不]干親邊立事，今恐無憑，立賣字永遠爲照。

同治拾貳年十二月　　日立賣字厲昌耀（押）

仝弟亞灯（押）

伐[代]筆鄭意周（押）

光緒元年雷倉財立當契

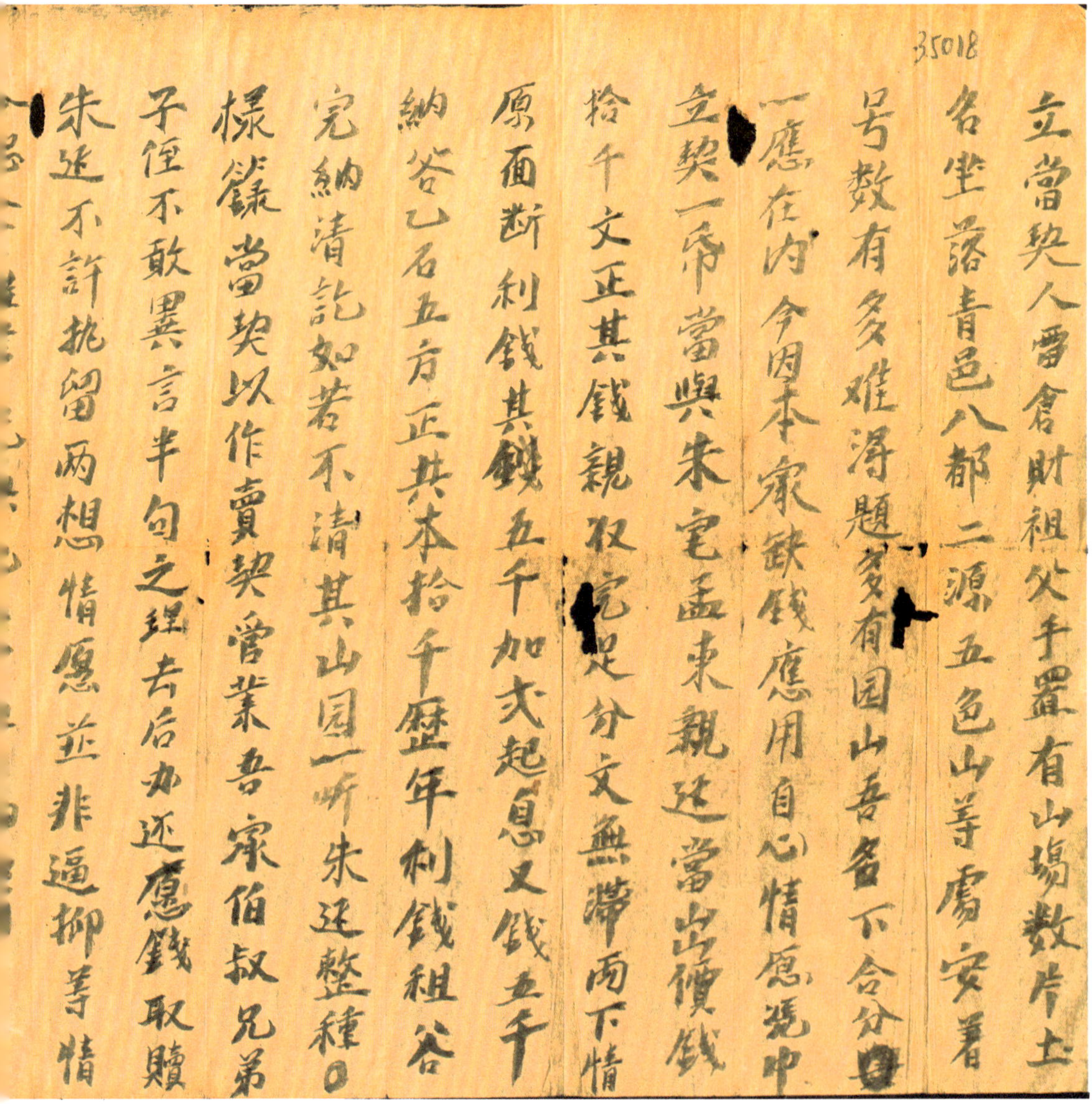

35018

立當契人雷倉財祖父手置有山塲數片土
名坐落青邑八都二源五色山等處安着
号數有多難得題叅有園山吾备下合分□
一應在内今因本家缺錢應用自心情愿憑中
立契一帋當與朱宅孟東親边當出價錢
拾千文正其錢親收完足分文無滯兩下情
原面斷利錢其錢五千加弍起息又錢五千
納谷乙石五方正其本拾千歷年利錢租谷
完納清訖如若不清其山園一听朱廷整種□
様犹當契以作賣契曾業吾家伯叔兄弟
子侄不敢異言半句之理去后办还愿錢取贖
朱廷不許抛留兩想情愿並非逼抑等情

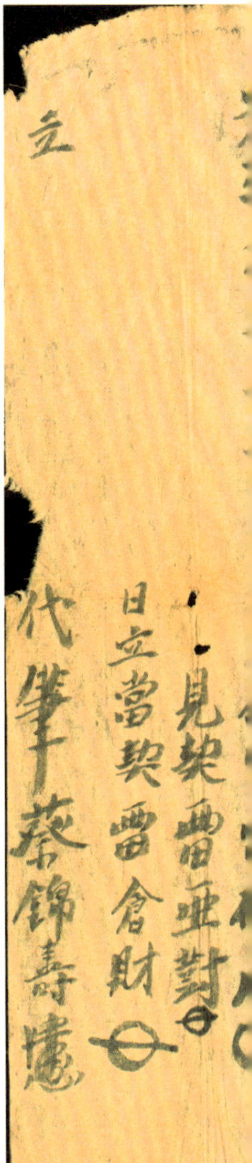

（前頁）>>>>

立當契人雷倉財，祖父手置有山塲数片，土名坐落青邑八都一源五色山等處安着，号数有多难浔題多有园山吾名下合分一應在内，今因本家缺錢應用，自心情愿，憑中立契一紙，當與朱宅［宅］孟東親邊，當出價錢拾千文正，其錢親收完足，分文無滯，兩下情原［願］，面断利錢，其錢五千加弍起息，又錢五千納谷一石五方正，共本拾千，歷年利錢、租谷完納清訖，如若不清，其山园一听朱邊整種樣籙，當契以作賣契管業，吾家伯叔兄弟子侄不敢異言半句之理，去后办还愿［原］錢取贖，朱邊不許执留，兩想［相］情愿，並非逼抑等情，今恐人言难信，口説無憑，立當契爲照。

光緒元年十二月日　爲中雷碎朋（押）

見契雷亞對（押）

日立當契雷倉財（押）

代筆蔡錦壽（押）

立

光緒六年雷碎糟立當契

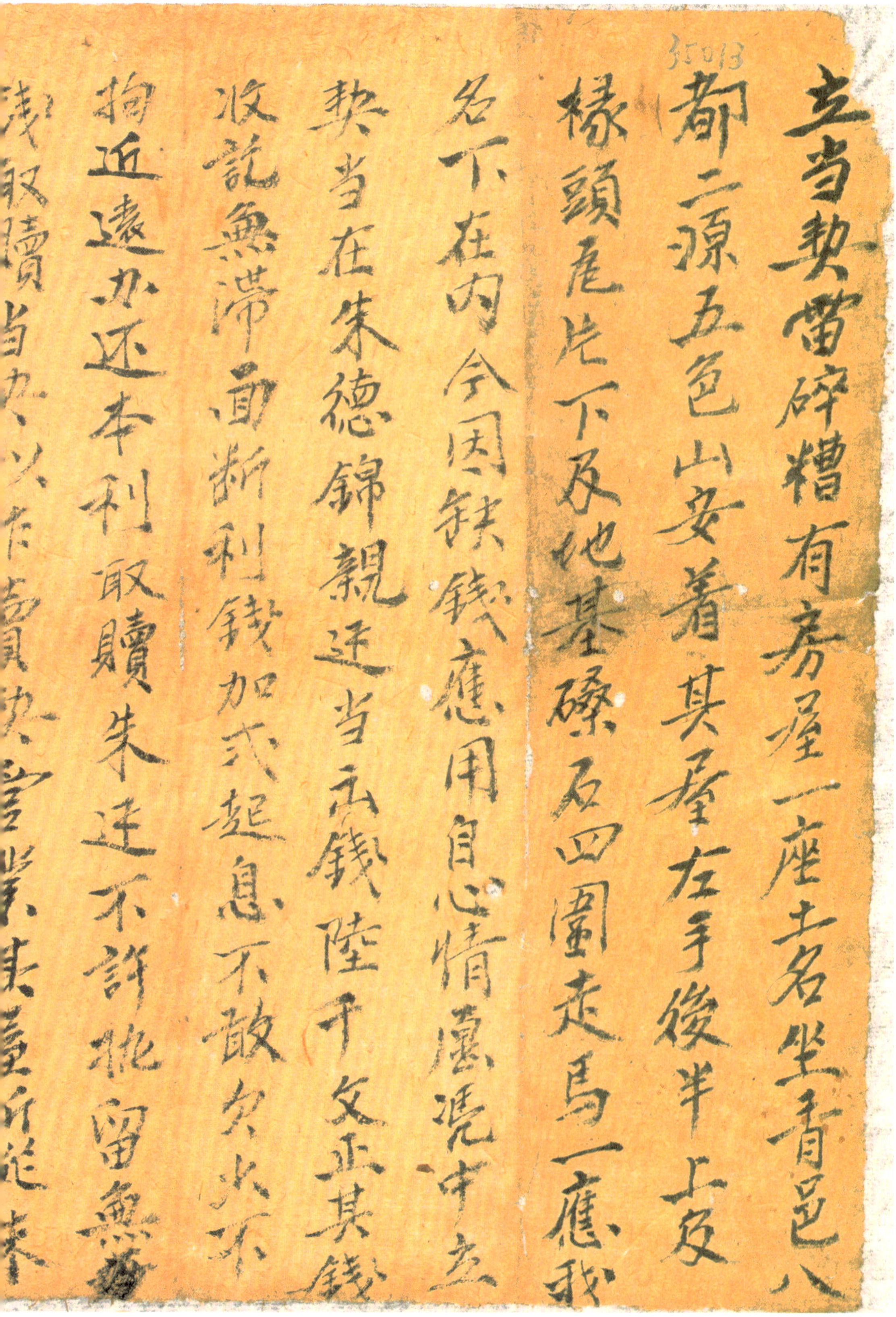
立当契雷碎糟有房屋一座土名坐青邑八
都二源五色山安着其屋左手後半上安
椽頭尾片下及地基磉石四圍走馬一應我
名下在内今因缺錢應用自心情愿凭中立
契当在朱德錦親边当出錢陸千文正其錢
收訖無滞面断利錢加弍起息不敢欠少不
拘近遠办还本利取贖朱边不許抛留無
浅取贖当契以作贖契當業来歴所從来

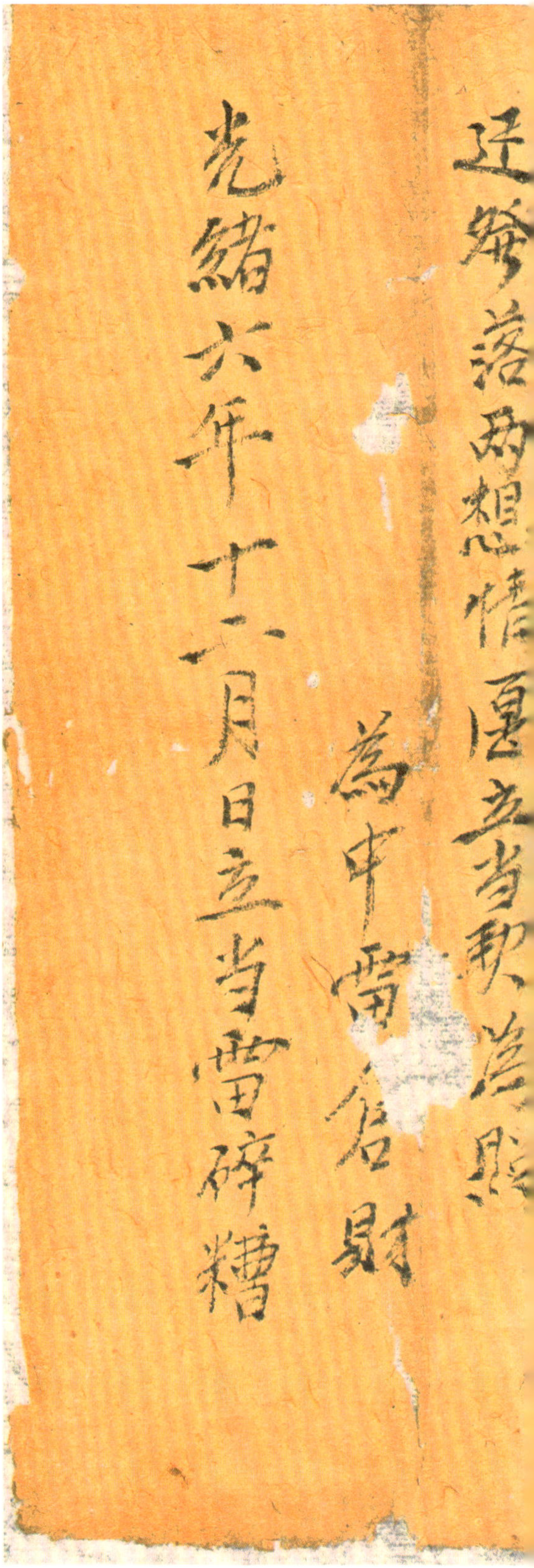

（前頁）>>>>

立当契雷碎糟，有房屋一座，土名坐青邑八都二源五色山安着，其屋左手後半上及椂［椽］頭、瓦片，下及地基、磉石、四圍走馬一應我名下在内，今因缺錢應用，自心情愿，憑中立契，当在朱德錦親邊，当出錢陸千文正，其錢收訖無滯，面断利錢加式起息，不敢欠少，不拘近遠，办还本利取贖，朱邊不許执留，無錢取贖，当契以作賣契管業，其屋听從朱邊發落，兩想［相］情愿，立当契爲照。

爲中雷倉財

光緒六年十二月日立当雷碎糟

光緒八年雷碎灶立賣山契

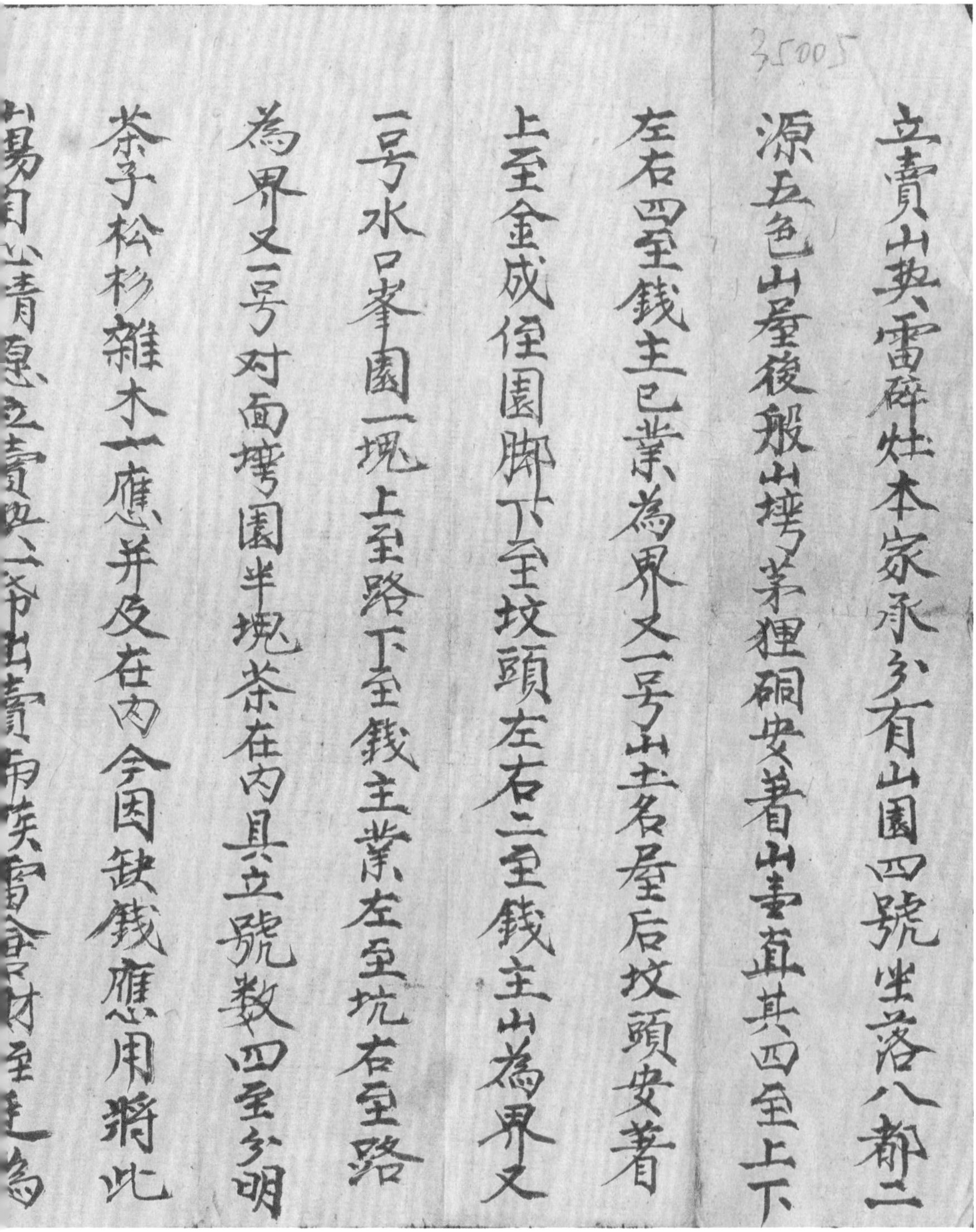

立賣山契人雷碎灶，本家承分有山園四號，坐落八都二

源五色山屋後般山塆茅狸硐安着，山土直其四至上下

左右四至錢主已業為界；又一号山土名屋后坟頭安著，

上至金成侄園脚，下至坟頭，左右二至錢主山為界；又

一号水口峯園一塊，上至路，下至錢主業，左至坑，右至路

為界；又一号对面塆園半塊，茶在内，具立號数四至分明，

茶子松杉雜木一應并及在内。今因缺錢應用，將此

山場自心情愿立賣與二爷出賣與族雷金財至邊為

業面訂出得時價錢肋仟伍百五十文正其錢即收清
訖分文無滯其山未賣之先並無內外人等文墨交關既
賣之后任听侄逹自行起種栽揷樣籙永為己業去后伯
叔兄弟子侄不得異言之理亦無取贖字樣此係如有此
色自能支當不涉侄逹之事此係兩相甘愿並非逼抑返
悔等情今欲有據立賣山契永遠為照
光緒捌年十二月　日立賣山契雷碎灶〇
在見侄　金成〇
執筆　鍾學敏书

（前頁）>>>>

立賣山契雷碎灶，本家承分有山園四號，坐落八都二源五色山屋後般山塆茅狸硐安着，山壹直，其四至上、下、左、右四至錢主已業爲界，又一号山土名屋后坟頭安着，又上至金成侄園脚，下至坟頭，左、右二至錢主山爲界，又一号水口峰園一塊，上至路，下至錢主業，左至坑，右至路爲界，又一号对面塆園半塊，茶在内，具立號数、四至分明，茶子、松、杉、雜木一應並及在内，今因缺錢應用，將此山場自心情愿立賣契一紙，出賣與族雷倉財侄邊爲業，面訂出得時價錢肆仟伍百五十文正，其錢即收清訖，分文無滯，其山未賣之先，並無内外人等文墨交關，既賣之后，任听侄邊自行起種，栽插樣籙，永爲已業，去后伯叔兄弟子侄不得異言之理，亦無取贖字樣，此係如有此色，自能支當，不涉侄邊之事，此係兩相甘愿，並非逼抑返悔等情，今欲有據，立賣山契永遠爲照。

光緒捌年十二月　日立賣山契雷碎灶（押）

在見侄　金成（押）

执筆　鍾學敏（押）

光緒八年雷倉財立生票

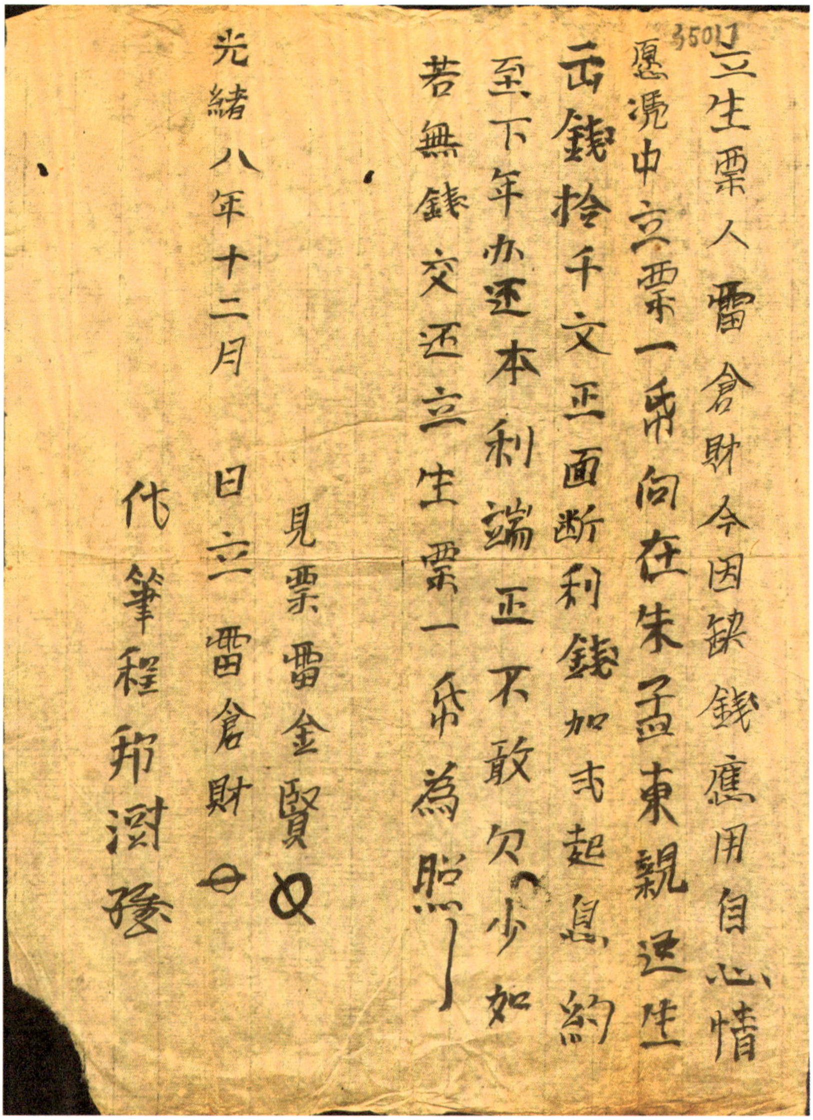

立生票人雷倉財，今因缺錢應用，自心情愿，憑中立票一紙，向在朱孟東親邊生出錢拾千文正，面断利錢加弍起息，約至下年办还本利端正，不敢欠少，如若無錢交还，立生票一紙爲照。

見票雷金賢（押）

光緒八年十二月　日立雷倉財（押）

代筆程邦澍（押）

光緒十三年李養生立借字

立借字人李養生本家父承分合分有园
山塲一片坐落本都二源土名五色山合分园
山塲一片先年立賣與雷宅倉財金成金
賢親廷全買李廷自心情愿今因缺錢
應用再向雷宅借出錢山干捌百文正其
錢親收完足收訖無滯分文其园山塲
樹木未借之先内外人等文墨交関
既借之后其园山塲樹木合分一听雷上
永遠掘種椽椽管業李廷不敢重借
之理契應斷絶無找無借無贖李廷伯
叔兄弟子侄自能支解不涉

憑立借字永遠為照

光緒十三年十二月　日立借字李養生

見借　父紹豊

為中　邢福行

代筆　李孔桂

（前頁）>>>>

立借字人李養生，本家父承分合分有园山塲一片，坐落本都二源，土名五色山，合分园山塲一片，先年出賣與雷宅倉財、金成、金賢親邊仝買，李邊自心情愿，今因缺錢應用，再向雷宅借出錢一千捌百文正，其錢親收完足，收訖無滯分文，其园山塲樹木未借之先，（並無）内外人等文墨交關，既借之后，其园山塲樹木合分一听雷邊永遠掘種樣禄管業，李邊不敢重借之理，契應断絶，無找無借無贖，李邊伯叔兄弟子侄自能支解，不涉雷邊之事，此係兩下情愿，並非逼抑返悔等，今恐無憑，立借字永遠爲照。

光緒十三年十二月日立借字李養生（押）

見借父紹豊（押）

爲中邢福行

代筆李孔桂（押）

光緒十七年李福行立找契

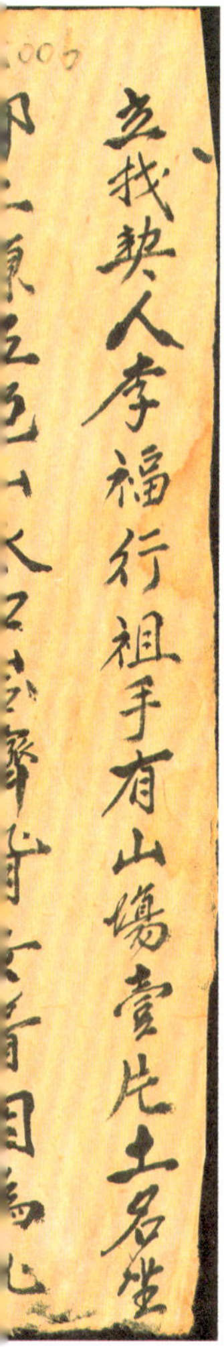

亜財陽碎官等迸找出錢文亜財名下出錢五
百文面斷歷年完納潞蔣系拾五斤清訖
無有欠少今因本家缺錢應用自心情愿
再立找契就在當倉財親迸找出錢五百
文正其錢無滯未找之先並無文墨交關既
找之後其山場愿听當迸整種栽揀樣篠管
業吾家伯叔兄弟子侄永無異言悔未找
如有此色自能支解不涉當迸之事兩想
情愿並非逼抑等情今恐人言難信口說
無憑立找契久遠為照

光緒拾柒年十二月　日立找契李福行中

依口代筆朱德錦

（前頁）>>>>

立找契人李福行，祖手有山塲壹片，土名坐都二源五色山水口岩嶆背安着，因爲此山先年我祖手情愿立找契一紙，向在雷宅亞鼎、亞財、碎官等邊找出錢文，亞財名下少錢五百文，面断歷年完納藩［番］莳系［絲］拾五斤，清訖無有欠少，今因本家缺錢應用，自心情愿，再立找契，就在雷倉財親邊找出錢五百文正，其錢無滞，未找之先，並無文墨交關，既找之後，其山塲愿听雷邊整種栽插樣籙管業，吾家伯叔兄弟子侄永無異言恢［反］悔未找，如有此色，自能支解，不涉雷邊之事，兩想［相］情愿，並非逼抑等情，今恐人言难信，口説無凴，立找契久遠爲照。

光緒拾柒年十二月　　日立找契李福行（押）

依口代筆朱德錦

光緒十九年鍾蘇文立送契

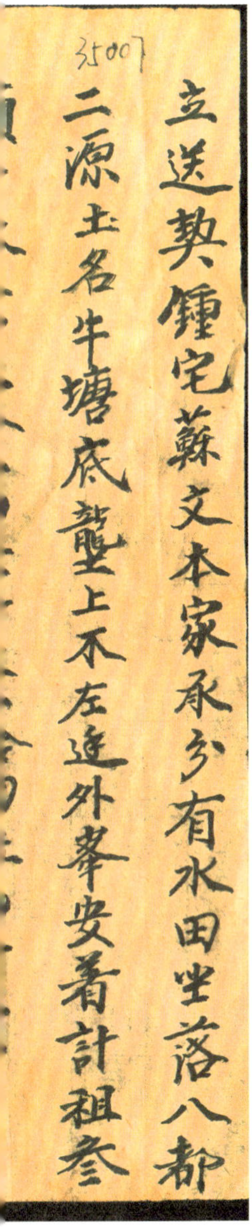
立送契鍾宅蘇文本家承分有水田坐落八都
二源土名牛塘底壟上不左邊外峯安着計租叁

行路坵為界 其四至鍾廷正我二契載明不具 今因
将此田立送契壹帋送與雷宅女婿大生親廷掌
管為業 其田既送之後一听雷廷起作耕種管
業 其粮送过鍾廷完納 吾廷伯叔兄弟子侄不得
言三語四之理 不若雷廷之事 此係自心情愿 並非
逼抑返悔等情 今欲有據 立送契永遠為照

光緒拾久十二月　日立送契鍾蘇文

在見兄 蘇員

弟 蘇佐

侄 碎賣

執筆侄孫 學敏

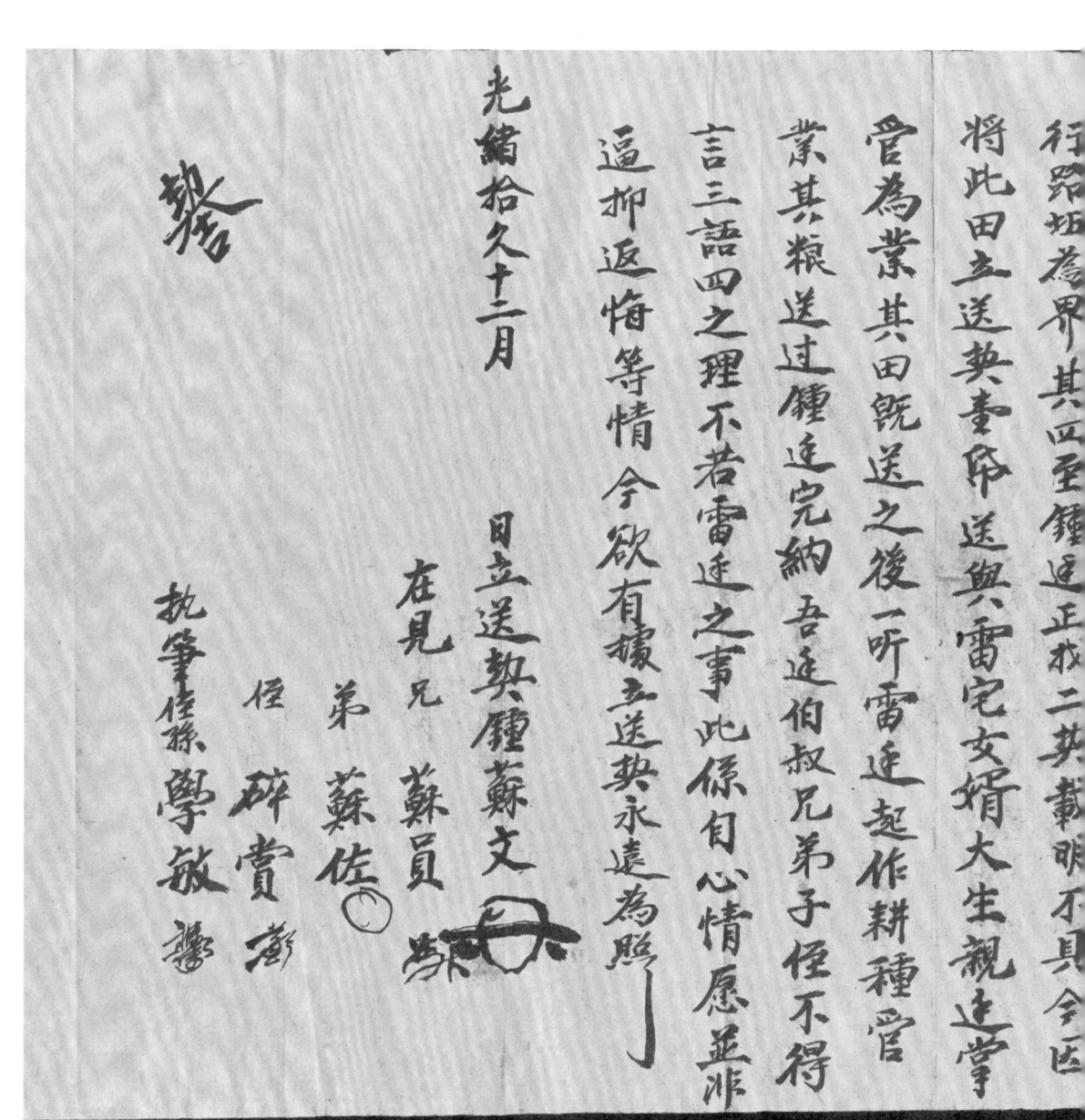

（前頁）>>>>

立送契鍾宅蘇文，本家承分有水田，坐落八都二源，土名牛塘底壟上不左邊外峯安着，計租叁碩，計畝久［玖］分正，合分田共計大小拾肆坵，面断照分下至行路坵爲界，其四至鍾邊正、找二契載明，不具，今因將此田立送契壹紙，送與雷宅女婿大生親邊掌管爲業，其田既送之後，一听雷邊起作耕種管業，其粮送过鍾邊完納，吾邊伯叔兄弟子侄不得言三語四之理，不若雷邊之事，此係自心情愿，並非逼抑返悔等情，今欲有據，立送契永遠爲照。

光緒拾久［玖］（年）十二月　日立送契鍾蘇文（押）

在見兄　蘇員（押）

弟　蘇佐（押）

侄　碎賞（押）

执筆侄孫學敏（押）

光緒二十年蔡培生立賣契

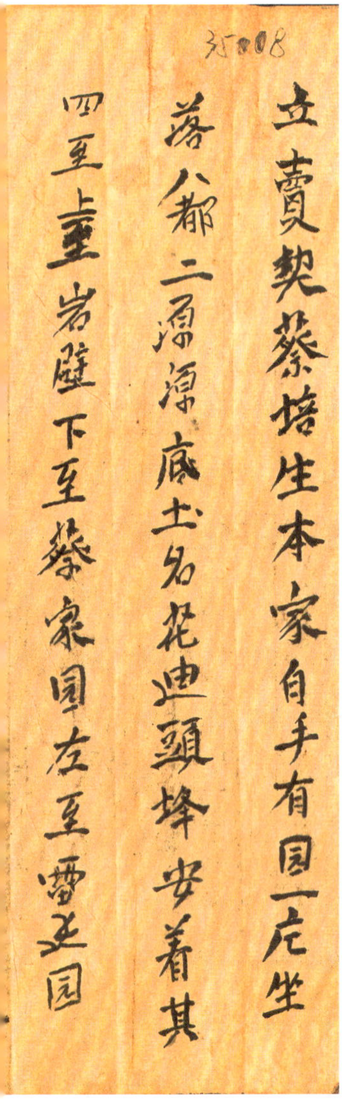
立賣契蔡培生本家自手有園一片坐
落八都二源源底土名花迪頭埄安着其
四至上至岩壁下至蔡家園左至雷廷園

月自心情愿少此国立賣契一紙賣契
壘宅大生親手為業賣時價錢英洋九元正
其英洋即日親收完訖無滯分文契盡價足
理以敢當此国未賣之先並無內外人等文墨
交干既賣之后其国任听壘並栽種葉落承為
已業吾並伯叔兄弟子侄不得言三語四去后
不得找借亦無贖之理如有此色自能支當不
若壘並之事此係兩相情愿並無逼抑返悔等
情今欲有據立賣契永遠為照

光緒二十年　十一月日立賣契蔡培生〇

憑中王進生押

見契李傳生〇

代筆王進生押

(前頁)>>>>

立賣契蔡培生，本家自手有园一片，坐落八都二源源底，土名花迪頭垟安着，其四至上至岩壁，下至蔡家园，左至雷邊园，右至蔡宅园爲界，俱立四至分明，今因缺錢應用，自心情原[願]，將此园立賣契一紙，賣與雷宅大生親邊爲業，賣時價錢英洋九元正，其英洋即日親收完訖，無滯分文，契盡價足，理以敢當，此园未賣之先，並無内外人等文墨交干，既賣之后，其园任听雷邊栽種葉落，承爲己業，吾邊伯叔兄弟子侄不得言三語四，去后不得找借，亦無贖之理，如有此色，自能支當，不若雷邊之事，此係兩相情愿，並無逼柳[抑]返悔等情，今欲有據，立賣契永遠爲照。

光緒二十年　十一　月日立賣契蔡培生(押)

憑衆王進生(押)

見契李厚生(押)

代筆王進生(押)

光緒二十四年鍾蘇文立賣契

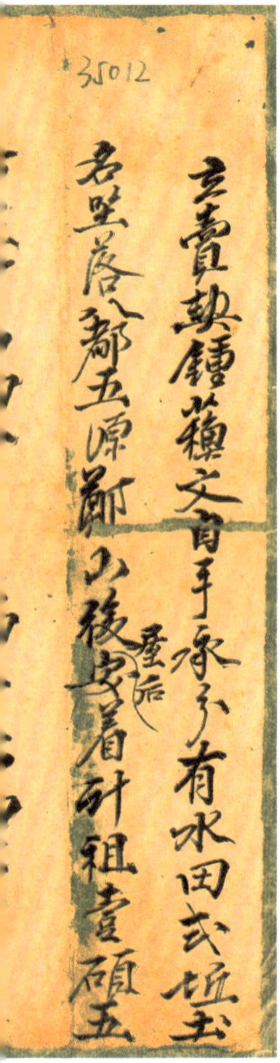
35012
立賣契鍾蘇文自手承分有水田弍坵坐
落八都五源鄉山後安着計租壹碩五

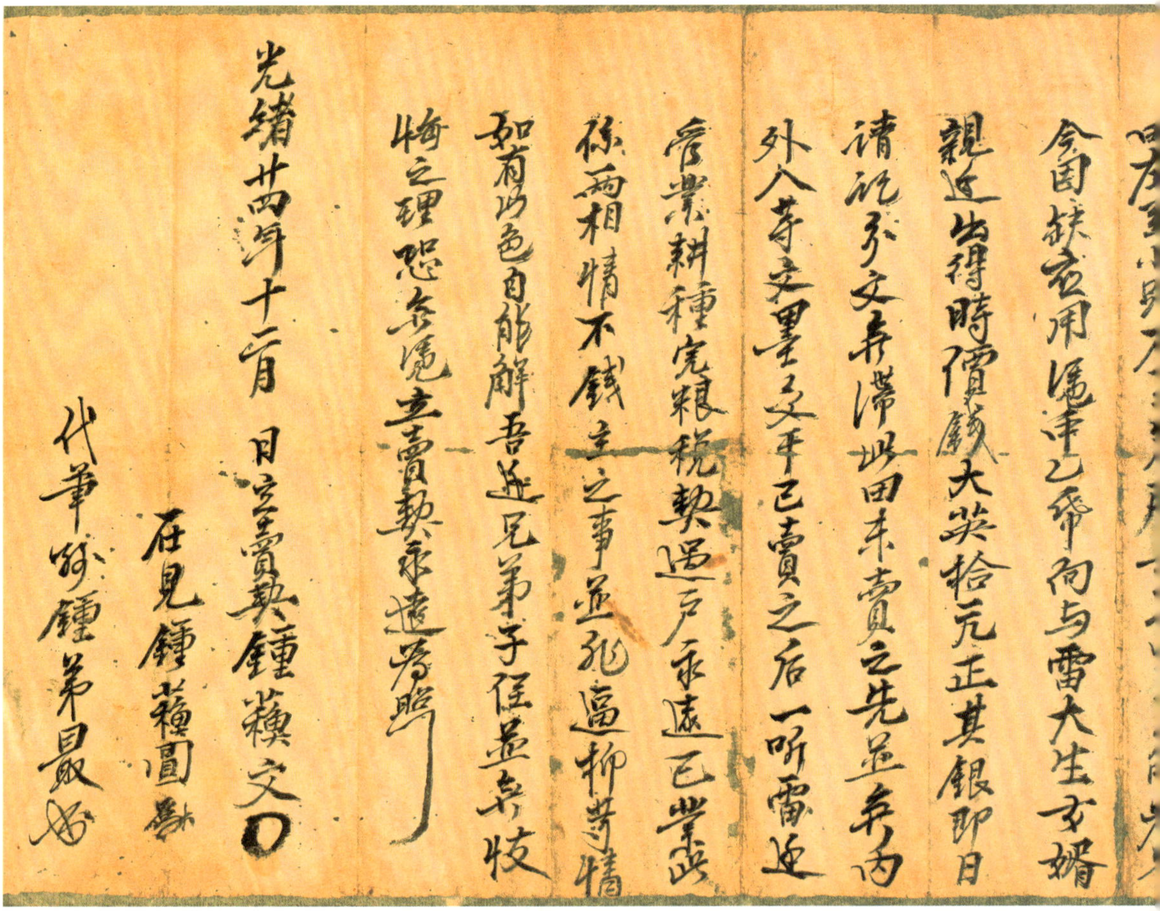

立賣契鍾蘇文，自手承分有水田弍坵，土名坐落八都五源鄭山後屋后安着，计租壹碩五方正，计亩四分半，其田上至中田，下至碎賞田，左至小路，右至岸唐，具立四至分明爲界，今因缺应用，憑衆一紙，向与雷大生女婿親邊出得時價錢大英拾元正，其銀即日清訖，分文無滯，此田未賣之先，並無内外人等文墨交干，已賣之后，一听雷邊管業耕種，完粮税契過户，永遠己業，此係兩相情（願），不（涉）錢主之事，並非逼抑等情，如有此色，自能（支）解，吾邊兄弟子侄並無仮[反]悔之理，恐無憑，立賣契永遠爲照。

光緒廿四年十二月　　日立賣契鍾蘇文（押）

在見鍾蘇圓（押）

代筆孫鍾弟最（押）

宣統二年趙廷廩立賣盡契

立賣尽契趙廷廪本家自父手之有茶
園山一塊坐落八都二原五色山土名坐落塆垟
下上至石壁下至廷加園左至迪行山右至小
坑為界其立山至分明之有宦業番步珍
買山價錢英洋山元小洋式角文正兮山錢
員來應用自心情原自能發解良年
耕種為力無滯分文來買之後無找借
無原取贖文墨家官不敢分文憑公無

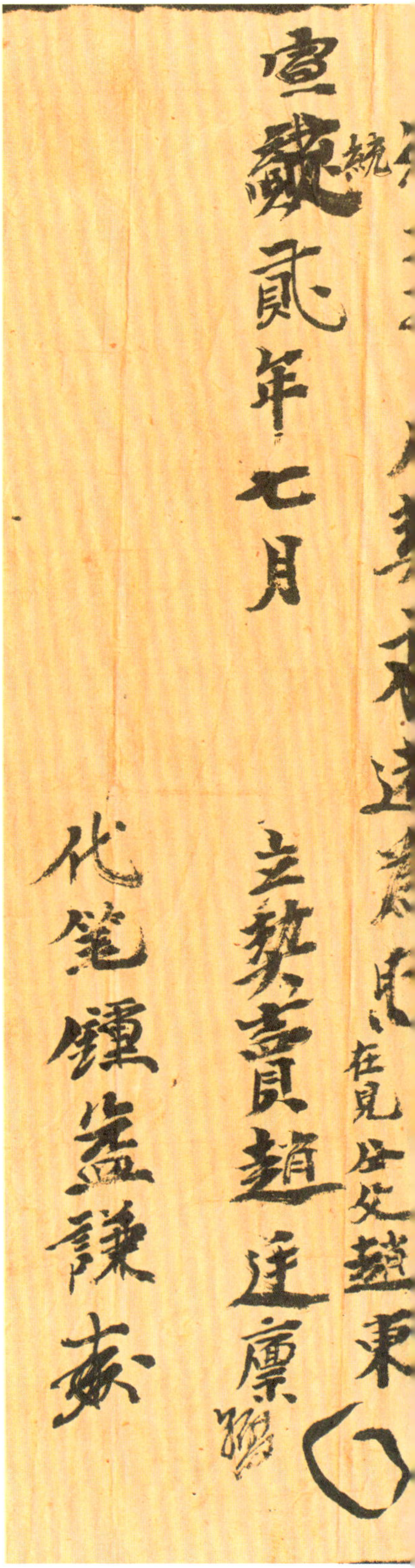

（前頁）>>>>

立賣尽契趙廷廪，本家自父手之［置］有茶园一塊，坐落八都二原［源］五色山，土名坐落坳坵下，上至石壁，下至廷加园，左至迪行山，右至小坑爲界，其立四至分明，之［己］有官［管］業，雷步珍買出價錢英洋一元小洋弍角文正，今出［缺］錢，員［賣］來應用，自心情原［願］，自能祭［支］解，良年耕種爲力［利］，無滞分文，未買之後，無找借，無原取贖，（並無）文墨家［交］官［關］，不敢分文，恐口無憑，立賣尽契永遠爲照。

宣統貳年七月　　立契賣趙廷廪（押）

在見仝父趙東（押）

代笔鍾益謙（押）

宣統二年李蒲叨立賣契

35020

立賣契李蒲叨今將有水田壹号坐落本都弍
源土名牛塘獃龍頭安着計田坵計租壹碩計
畝叁分正其界上至橫路水圳墈下至邢边田左至水圳右至
李边田類為界俱立四至分明今因缺钱應用自心情
愿憑衆立賣山契向與雷宅步進親边為業三面討作
價钱英洋陸元正其洋即日親收清乞無滞分文此田
未賣之先並無內外人等交墨交干既賣之後任听雷
边有能推収过户税契完粮永為雷边已業去后李
边伯叔兄弟子侄不得找借不許取贖契明價足理
应劉截如有此色自能支解不涉雷边之事此係兩
相情愿並無逼迫抑返悔等情今欲有據立賣契永
遠為照

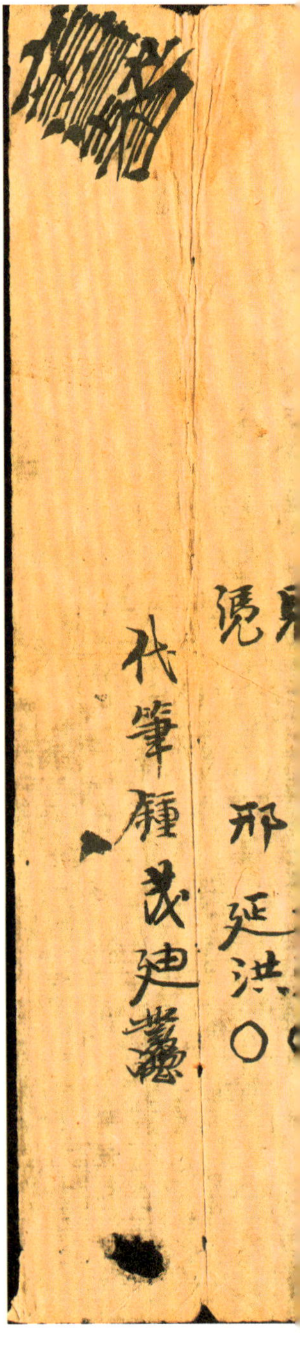

（前頁）>>>>>

立賣契李蒲叨，今將有水田壹号，坐落本都式源，土名牛塘馱壟頭安着，計田捌坵，計租壹碩，計畝叁分正，其界上至水圳横路，下至邢邊田，左至水圳，右至李邊田頭爲界，俱立四至分明，今因缺錢应用，自心情愿，憑衆立賣契一紙，向與雷宅步進親邊爲業，三面訂作價錢英洋陸元正，其洋即日親收清乞[訖]，無滯分文，此田未賣之先，並無内外人等文墨交干，既賣之後，任听雷邊自能推收过户，税契完粮，永爲雷邊己業，去后吾邊伯叔兄弟子侄不得找借，不許取贖，契明價足，理应割截，如有此色，自能支解，不涉雷邊之事，此係兩相情愿，並無逼抑返悔等情，今欲有據，立賣契永遠爲照。

宣統弍年拾弍月　日立賣契李蒲叨（押）

見　伯父　英財（押）

憑　邢延洪（押）

代筆鍾茂迪（押）

民國二十年鍾學行立點婚書

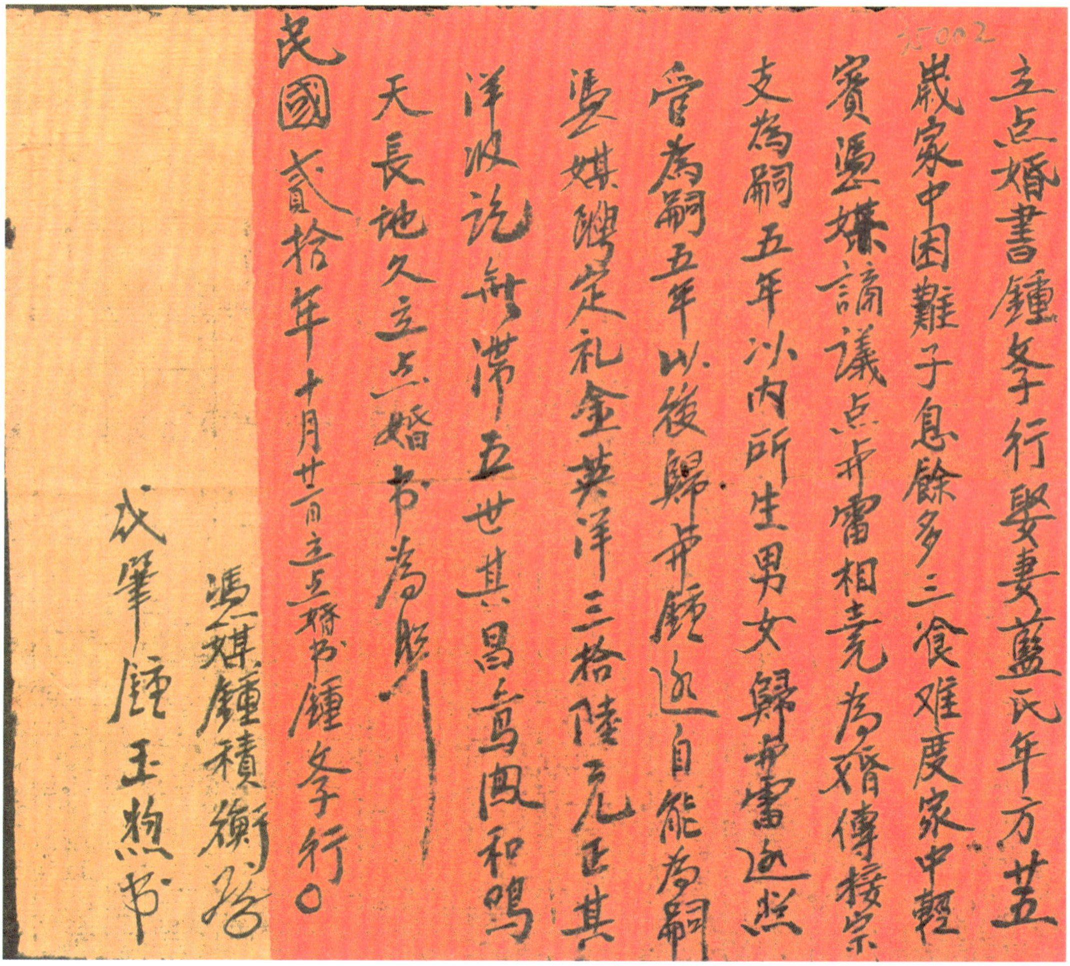

立点婚書鍾學行，娶妻藍氏，年方廿五歲，家中困難，子息餘多，三食难度，家中輕［清］賓［貧］，憑媒謫議，点與雷相堯爲婚，傳接宗支爲嗣，五年以内，所生男女歸與雷邊照管爲嗣，五年以後，歸與鍾邊自能爲嗣，憑媒聘定礼金英洋三拾陸元正，其洋收訖無滯，五世其昌，鸾鳳和鸣，天長地久，立点婚书爲照。

民國貳拾年十月廿二日立点婚书鍾學行（押）

憑媒鍾積衡（押）

代筆鍾玉煦（押）

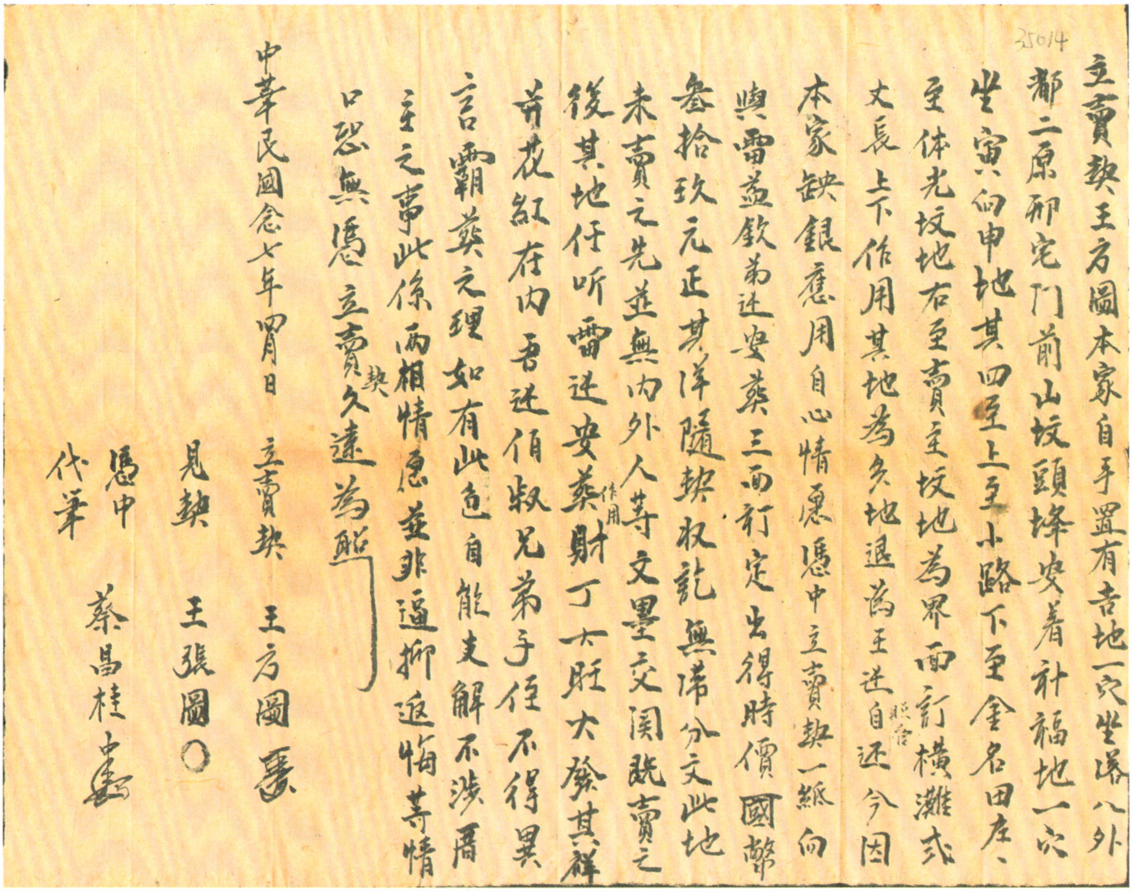

立賣契王方圖，本家自手置有吉地一穴，坐落八外都二原[源]邢宅门前山坟頭垮安着，計福地一穴，坐寅向申，地其四至上至小路，下至金名田，左至体光坟地，右至賣主坟地爲界，面訂横灘弍丈長，上下作用，其地爲多地，退爲王邊照管自还，今因本家缺銀應用，自心情愿，憑中立賣契一紙，向與雷益欽弟邊安葬，三面订定，出得時價國幣叁拾玖元正，其洋隨契收訖，無滯分文，此地未賣之先，並無内外人等文墨交關，既賣之後，其地任听雷邊安葬作用，財丁大旺，大發其祥，並花紅在内，吾邊伯叔兄弟子侄不得異言霸葬之理，如有此色，自能支解，不涉厝主之事，此係兩相情愿，並非逼抑返悔等情，口恐無憑，立賣契久遠爲照。

中華民國念七年四月日　立賣契　王方圖（押）

見契　王張圖（押）

憑中

代筆　蔡昌桂（押）

一九四九年邢孔弟立賣契

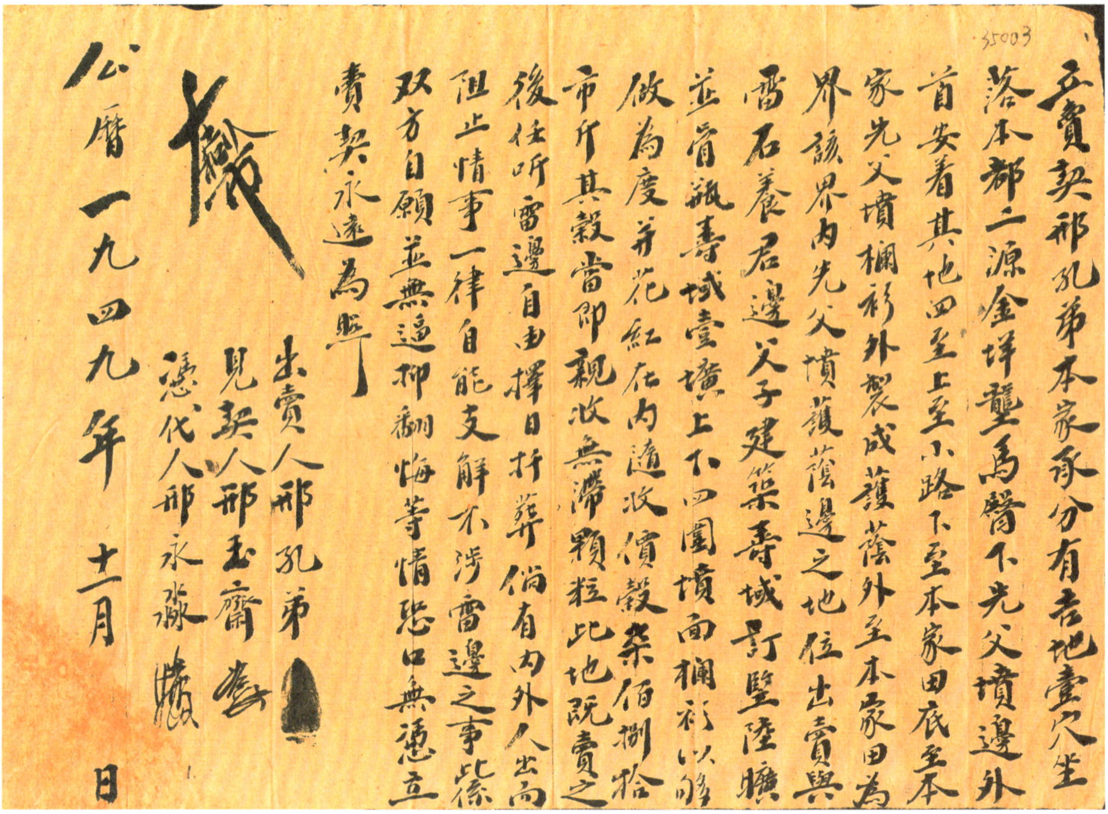

立賣契邢孔弟，本家承分有吉地壹穴，坐落本都二源金垟壟馬臀下先父墳邊外首安着，其地四至上至小路，下至本家田，底至本家先父墳，欄衫外製成護蔭，外至本家田爲界，該界内先父墳護蔭邊之地位出賣與雷石養君邊父子建築壽域，訂竪陸曠，並骨瓶壽域壹壙，上下四圍、墳面、欄衫以够做爲度，並花紅在内，隨收價穀柒佰捌拾市斤，其穀當即親收，無滯顆粒，此地既賣之後，任听雷邊自由擇日扦葬，倘有内外人出向阻止情事，一律自能支解，不涉雷邊之事，此係双方自願，並無逼抑翻悔等情，恐口無憑，立賣契永遠爲照。

出賣人邢孔弟（押）
見契人邢玉齋（押）
憑代人邢永淼（押）

公曆一九四九年　十一月　日

同治十年厲亞省等立賣契

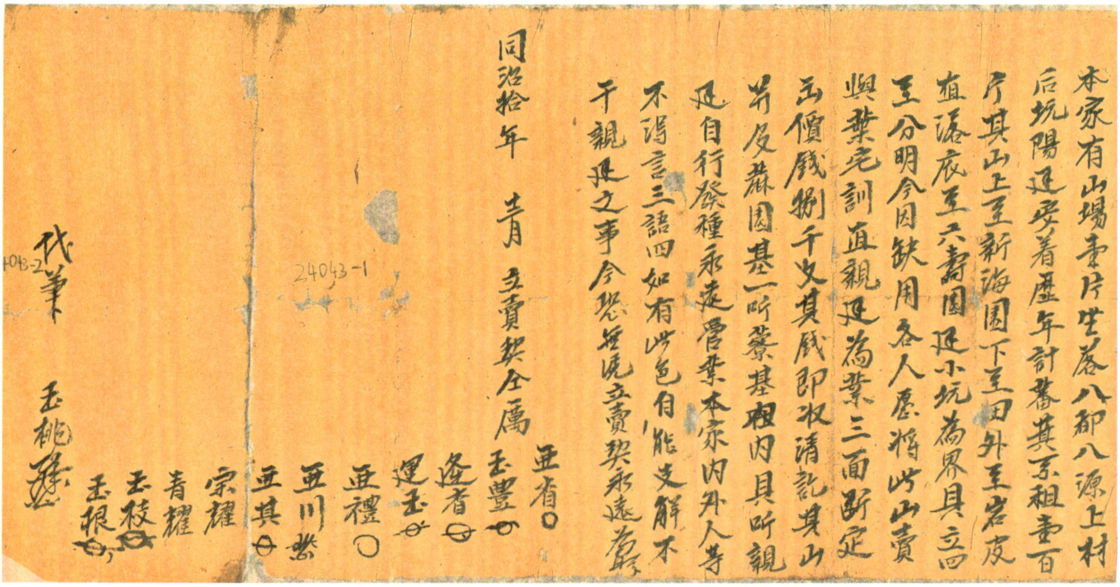

本家有山場壹片，坐落八都八源上村后坑陽邊安着，歷年計蕃其系[絲]租壹百斤，其山上至新海園，下至田，外至岩皮直落，底至六壽園邊小坑爲界，具立四至分明，今因缺用，各人愿將此山賣與葉宅訓直親邊爲業，三面断定，出價錢捌千文，其錢即收清訖，其山並及蕪園基一听蓉[寮]基在内，具听親邊自行發種，永遠管業，本家内外人等不得言三語四，如有此色，自能支解，不干親邊之事，今恐無憑，立賣契永遠爲照。

同治拾年　十二月　立賣契仝厲亞省（押）

玉豐（押）

逢省（押）

運玉（押）

亞禮（押）

亞川（押）

亞其（押）

宗耀

青耀

玉枝（押）

玉根（押）

代筆　玉桃（押）

光緒二年雷亞對立憑票

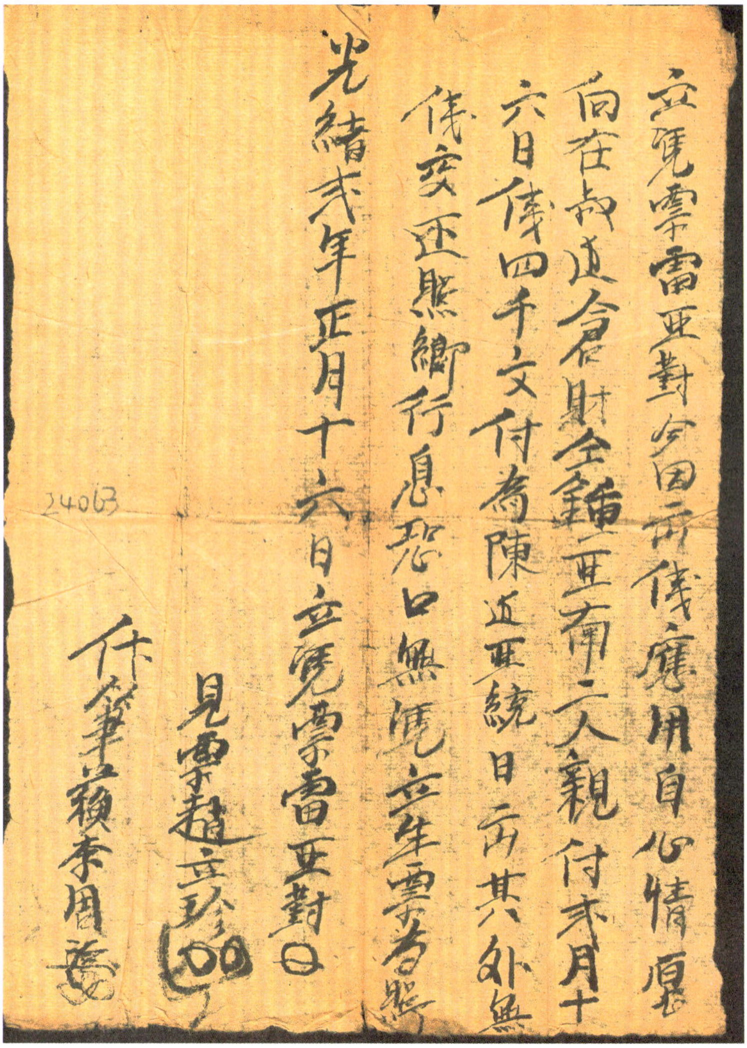

立憑票雷亞對，今因出［缺］錢應用，自心情愿，
向在叔邊倉財仝鍾亞南二人親付弍月十
六日錢四千文，付爲陳邊亞統，日出其外無
錢交还，照鄉行息，恐口無憑，立生票爲照。

光緒弍年正月十六日立憑票雷亞對（押）

見票趙立珍（押）

代筆蘇李周（押）

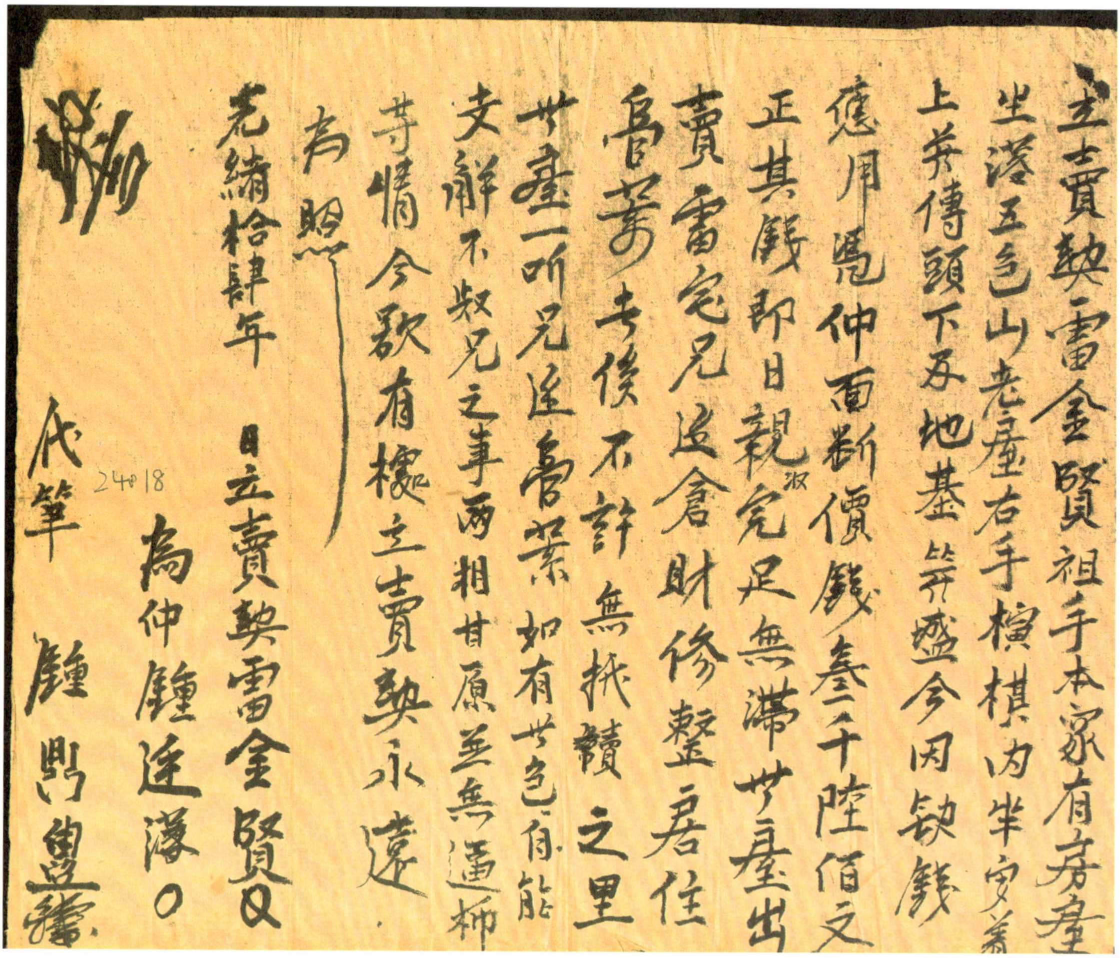

立賣契雷金賢，祖手本家有房屋
坐落五色山老屋右手樌棋内半安着，
上並傳[椽]頭，下及地基、笄墭，今因缺錢
應用，憑仲[衆]面断價錢叁千陸佰文
正，其錢即日親收完足無滯，此屋出
賣雷宅兄邊倉財修整居住
管業，去後不許無找續[贖]之里[理]，
此屋一听兄邊管業，如有此色，自能
支解，不(涉)叔兄之事，兩相甘原[願]，並無逼枊[抑]
等情，今欲有據，立賣契永遠
爲照。

光緒桧[拾]肆年　　日立賣契雷金賢(押)
爲仲[衆]鍾廷漢(押)
代筆　　鍾鼎豊(押)

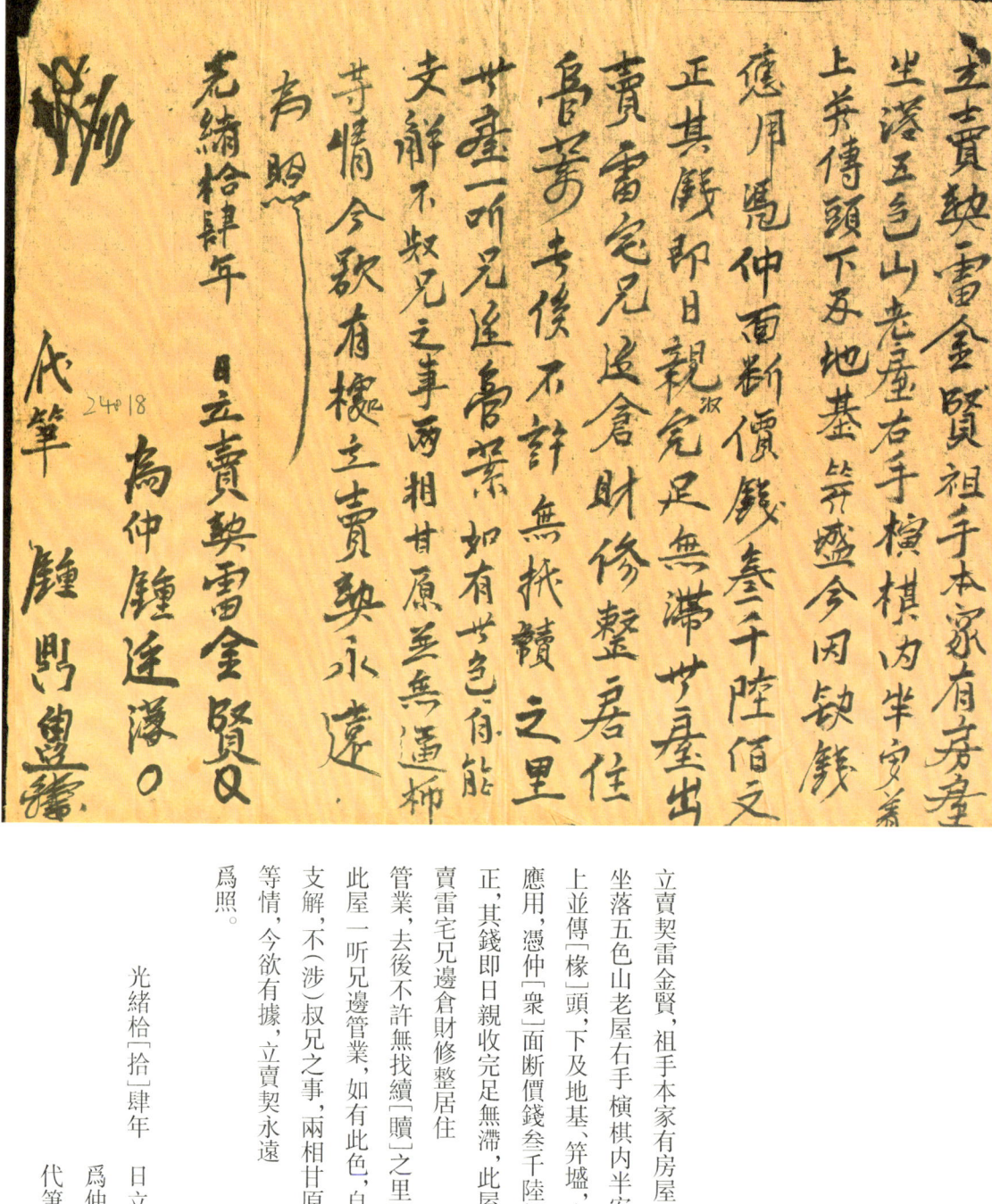

光緒二十四年鍾蘇文立找契

立找契鍾蘇文，自手承分有水田壹坵，土名
坐落八都五源庵山後，屋后安着，其租數
亩分前有正契，具以載明。今因缺錢应用，
憑中立找乙紙，向与雷大生女婿親邊出
得時價錢大洋六元正，其銀即收清訖，并文
無滯；此田無找無贖，此係兩情愿，並無內
外文墨交干。其找之后，一所雷邊收租完
粮，永遠管業，不钱生之事，並无逼抑
恨悔等情，如有自能支解，書进伯叔兄弟
子侄[illegible]

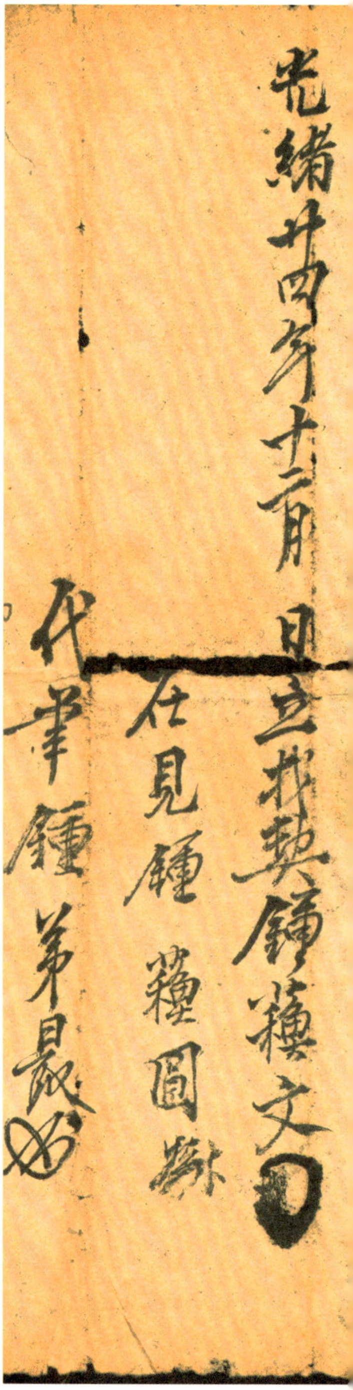

（前頁）>>>>

立找契鍾蘇文，自手承分有水弍坵，土名坐落八都五源鄭山後屋后安着，其租数、亩分前有正契具以載明，今因缺錢应用，憑衆立找一紙向与雷大生女婿親邊出得時價錢大英六元正，其銀即收清訖，分文無滯，此田無找無贖，此係兩情愿，並無内外文墨交干，其找之后，一听雷邊收租完粮，永遠管業，丕錢主之事，並非逼抑恢［反］悔等情，如有，自能支解吾邊伯叔兄弟子侄，恐口無憑，立找契永遠爲照。

光緒廿四年十二月　日立找契鍾蘇文（押）

在見鍾蘇圓（押）

代筆鍾弟最（押）

光緒二十五年鍾蘇文立借退佃字

立借退佃字鍾蘇文，今有承分有水田弍坵，土
名坐落八都五源都山後屋后安着，其田
至租數畝分正契具載明，今因缺錢应用，憑
中一（承）向與雷大生妹婿親邊出得時價錢
大洋拾元正，既銀即日清訖無滯分厘，既
田雷邊退水過户完粮税契，永遠已業，
此係兩相情愿，並非私借准債並非
逼抑等情，立借字退佃恐日無憑，立借

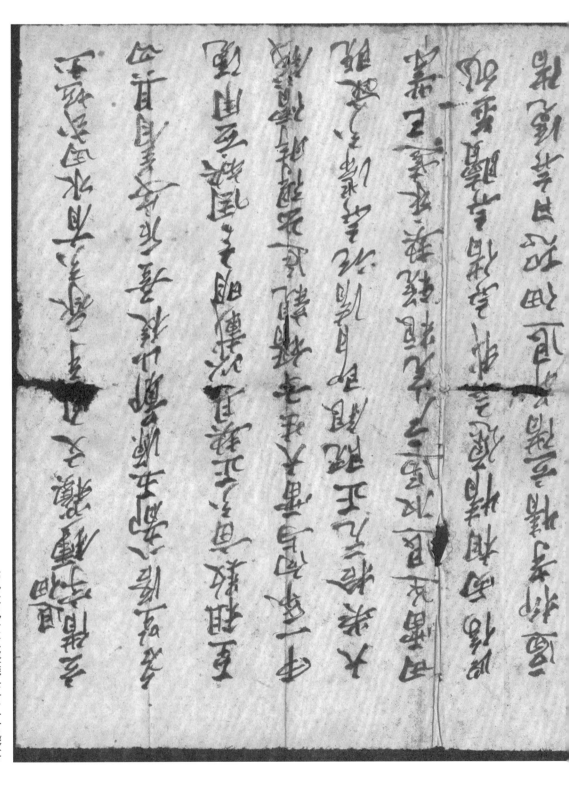

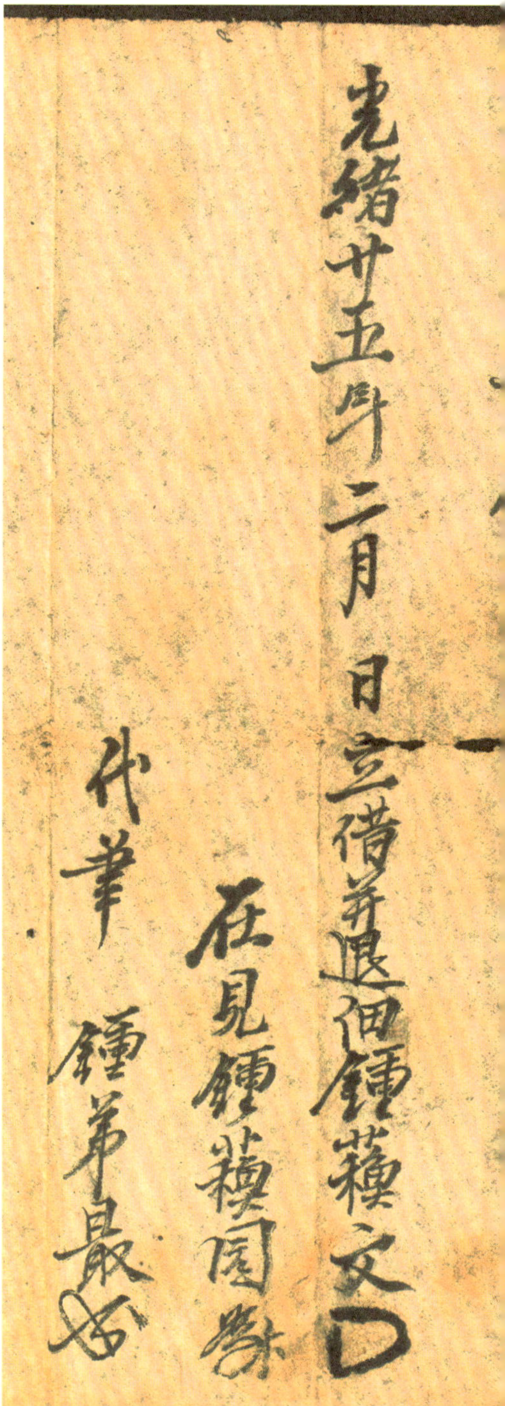

（前頁）>>>>

立借退佃字鍾蘇文，自手承分有水田弍坵，土名坐落八都五源鄭山後屋后安着，具四至、租数、亩分正契具以載明，今因缺应用，憑衆一紙，向与雷大生女婿親邊出得時價錢大英拾元正，既［其］銀即日清訖，無滯分文，既［其］田雷邊退收過户，完粮税契，永遠己業，此係兩相情愿，無找無借無贖，並非逼抑等情，立借並退佃，恐口無憑，借字永遠爲照。

光緒廿五年二月　　日立借並退佃鍾蘇文（押）

在見鍾蘇园（押）

代筆鍾弟最（押）

民國二年田價收據

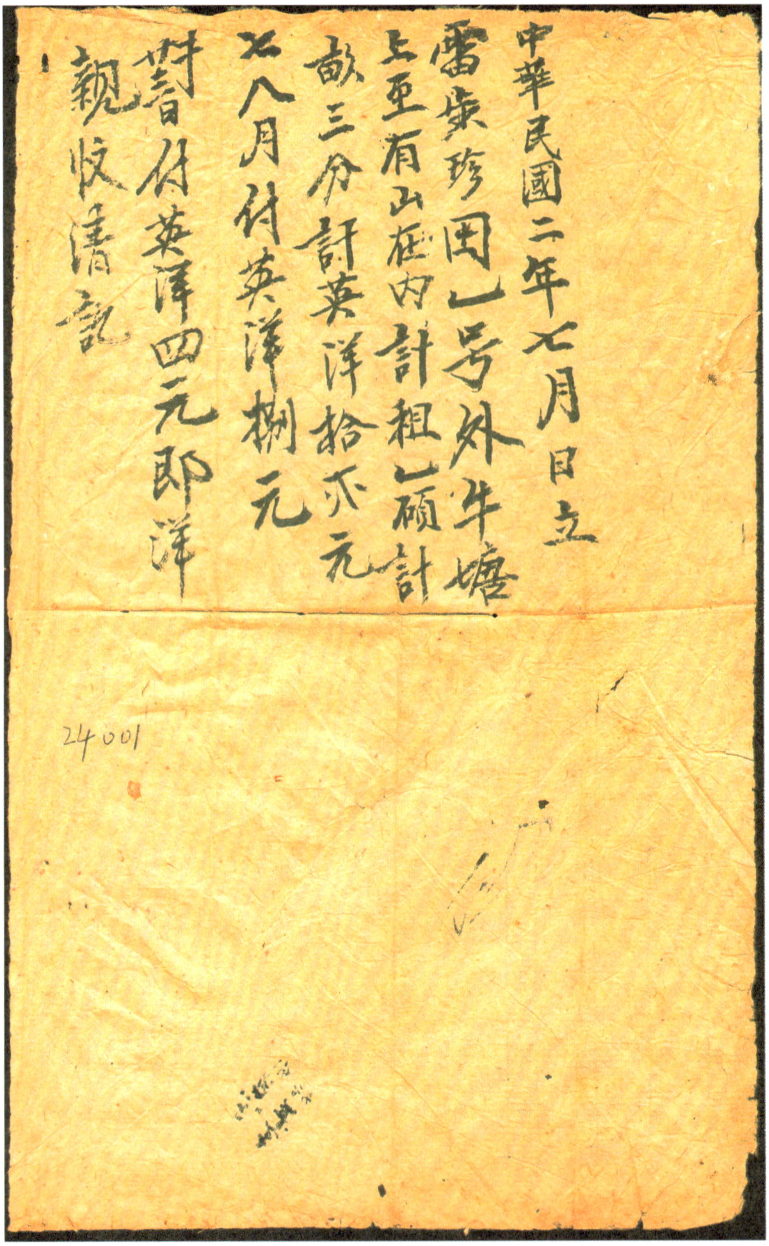

中華民國二年七月日立
雷步珍田一号，外牛塘，
上至有山在内，計租一碩，計
畝三分，計英洋拾弍元，
七、八月付英洋捌元，
廿三日付英洋四元，即[其]洋
親收清訖。

民國三年李分財立賣契

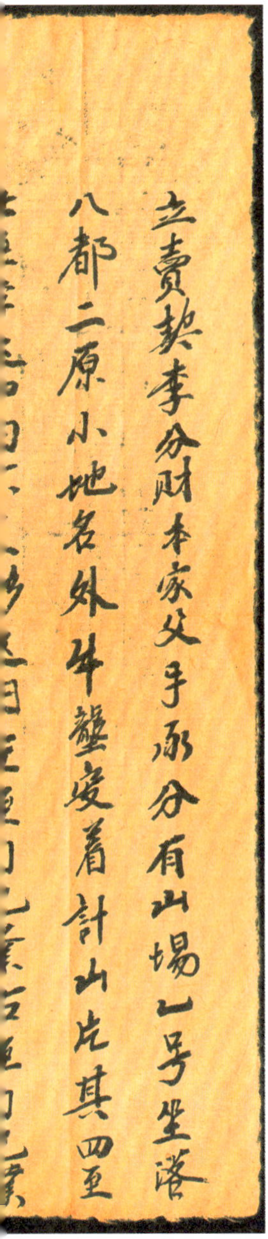

今因缺錢應用自心情愿立賣契一紙賣與親邊
雷宅大生爲業面訂出得時價銀英洋弍元大角文正
其洋即日親收足訖分文無滯契尽加足吾邊無
找借無取贖去後伯叔兄弟子侄不言三語四至之理
如有此色尽听雷邊蘇蘇栽插耕種作用永遠
官業自亊知解不湊錢主此亊之以三面断定兩
向情原憑無逼抑返悔等情今欲有具恐口無
憑立賣契永遠爲照

中華民國三年　七月日立賣契李分財（押）
仝子見李正餘（押）
憑衆代笔鍾益謙（押）

24052

（前頁）>>>>

立賣契李分财，本家父手承分有山場一号，坐落八都二原［源］，小地名外牛龔安着，計山片，其四至上至李邊中田，下至形［邢］邊田，左至自己業，右至自己業爲界，具立四（至）分明，有松樹畝、茶樹並及一應在内，今因缺錢應用，自心情愿，立賣契一紙，賣與親邊雷宅大生爲業，面訂出得時價銀英洋弍元六角文正，其洋即日親收足訖，分文無滯，契尽加［價］足，吾邊無找借，無取贖，去後伯叔兄弟子侄不言三語四至之理，如有此色，尽听雷邊蘇［樣］籙栽插耕種作用，永遠官［管］業，自寧知［支］解，不涉錢主此事，之以三面断定，兩向［相］情原［願］，憑［並］無逼抑返悔等情，今欲有具［據］，恐口無憑，立賣契永遠爲照。

全子見李正餘（押）

中華民國三年　七月日立賣契李分财（押）

憑衆代笔鍾益謙（押）

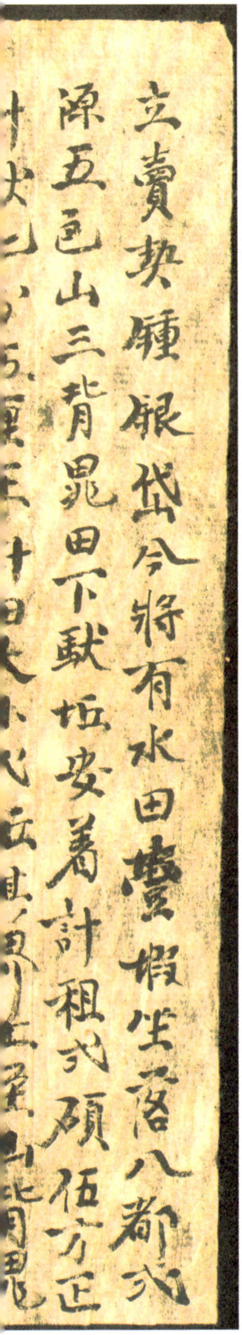

民國三年鍾銀岱立賣契

至分明今因缺洋應用自心情愿將此之賣契一
併向與雷宅大先親邊爲業面訂出時價賦莫
洋拾伍元正其洋即日親收清乞無滯分文此田未
賣之先並無內外人等文墨交關既賣之後其
田任所雷邊自能起耕之理推收过户税契完粮
永遠管業吾邊伯叔兄弟子侄不得異言如有此
色自能支当不涉雷邊之事此係兩相情愿並非
逼抑返悔情恐口無憑立賣永遠爲照

中華民国卅年拾月　日立賣契鍾銀岱（押）

在見族叔　大卜（押）

李秀美

憑　藍家泮〇

代筆　蔡建世（押）

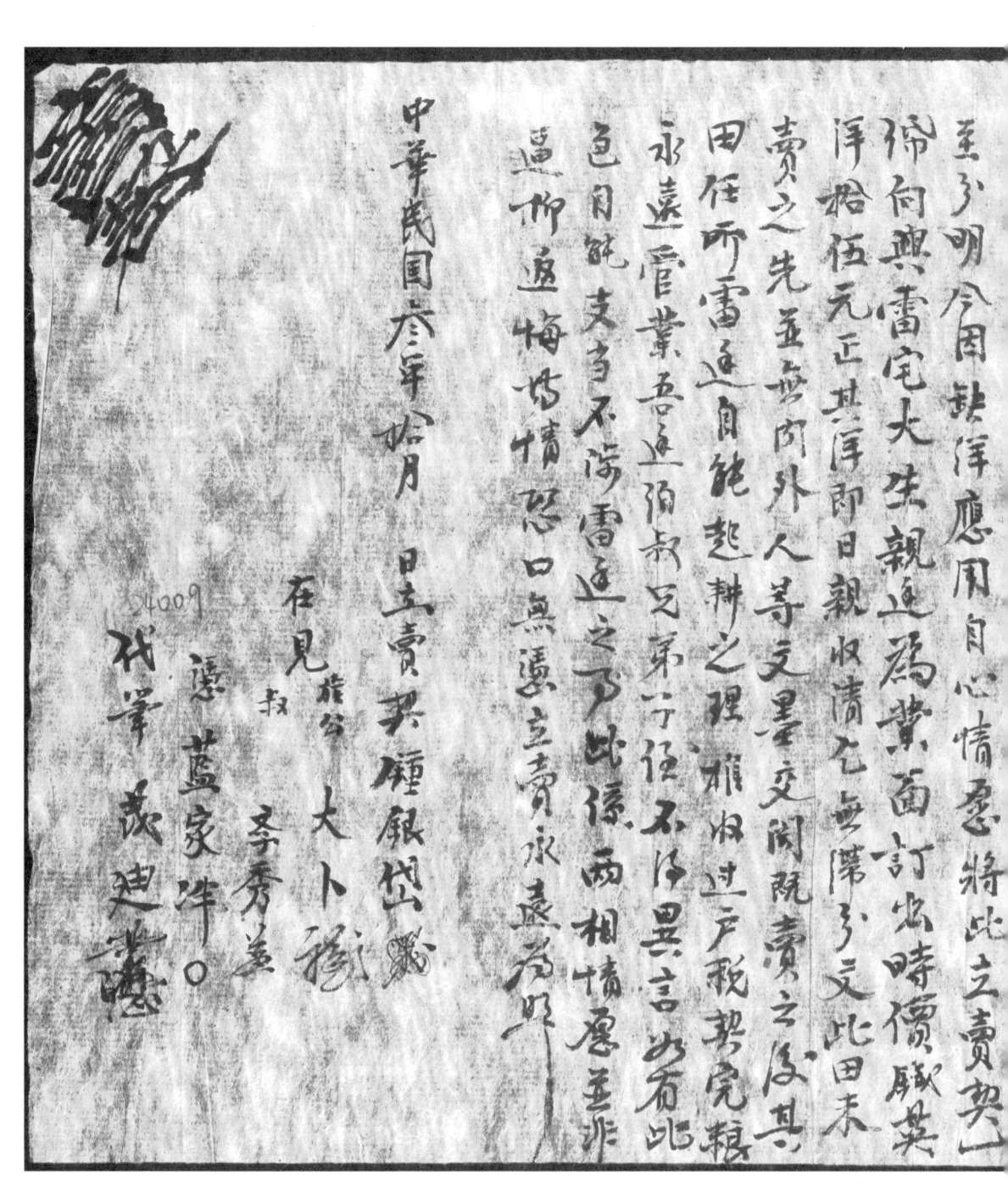

（前頁）>>>>

立賣契鍾銀岱，今將有水田壹塅，坐落八都弍源五色山三背晁田下馱坵安着，計租弍碩伍方正，計畝七分五厘正，計田大小弍坵，其界上至山背晁，下至大珍、亞寶園，左至小坑，右至主田爲界，俱立四至分明，今因缺洋應用，自心情愿，將此立賣契一紙，向與雷宅大生親邊爲業，面訂出時價錢英洋拾伍元正，其洋即日親收清乞[訖]，無滯分文，此田未賣之先，並無内外人等文墨交關，既賣之後，其田任听雷邊自能起耕之理，推收过户，税契完粮，永遠管業，吾邊伯叔兄弟子侄不得異言，如有此色，自能支当，不涉雷邊之事，此係兩相情愿，並非逼抑返悔等情，恐口無憑，立賣（契）永遠爲照。

中華民國叁年拾月　日立賣契鍾銀岱（押）

在見　族公　大卜（押）

　　　叔　學秀（押）

憑　藍家泮（押）

代筆　茂迪（押）

民國三年鍾銀岱立找借契

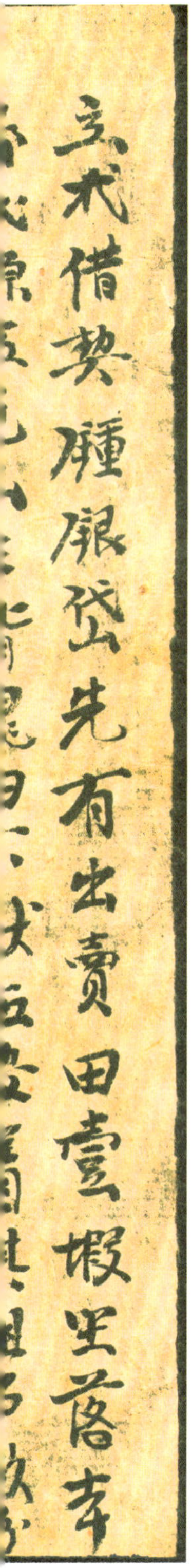

周再向與雷宅大生親邊找借出英洋拾壹元
其洋即日收乞無滯分文此田既找借之後永為
己業推收过户税契完納去后不得借找亦無贖
贖吾邊伯叔兄弟子侄不許言三語四如有此色自
能支当不涉雷邊之事此出兩姓情愿不得返悔
恐情口無有據立找借永遠為照

中華民国叁年拾弍月　日立找借契鍾銀岱（押）

在見　族公　大卜（押）
叔　李秀（押）
憑　蓝家洋〇
代筆　義廸（押）

24011

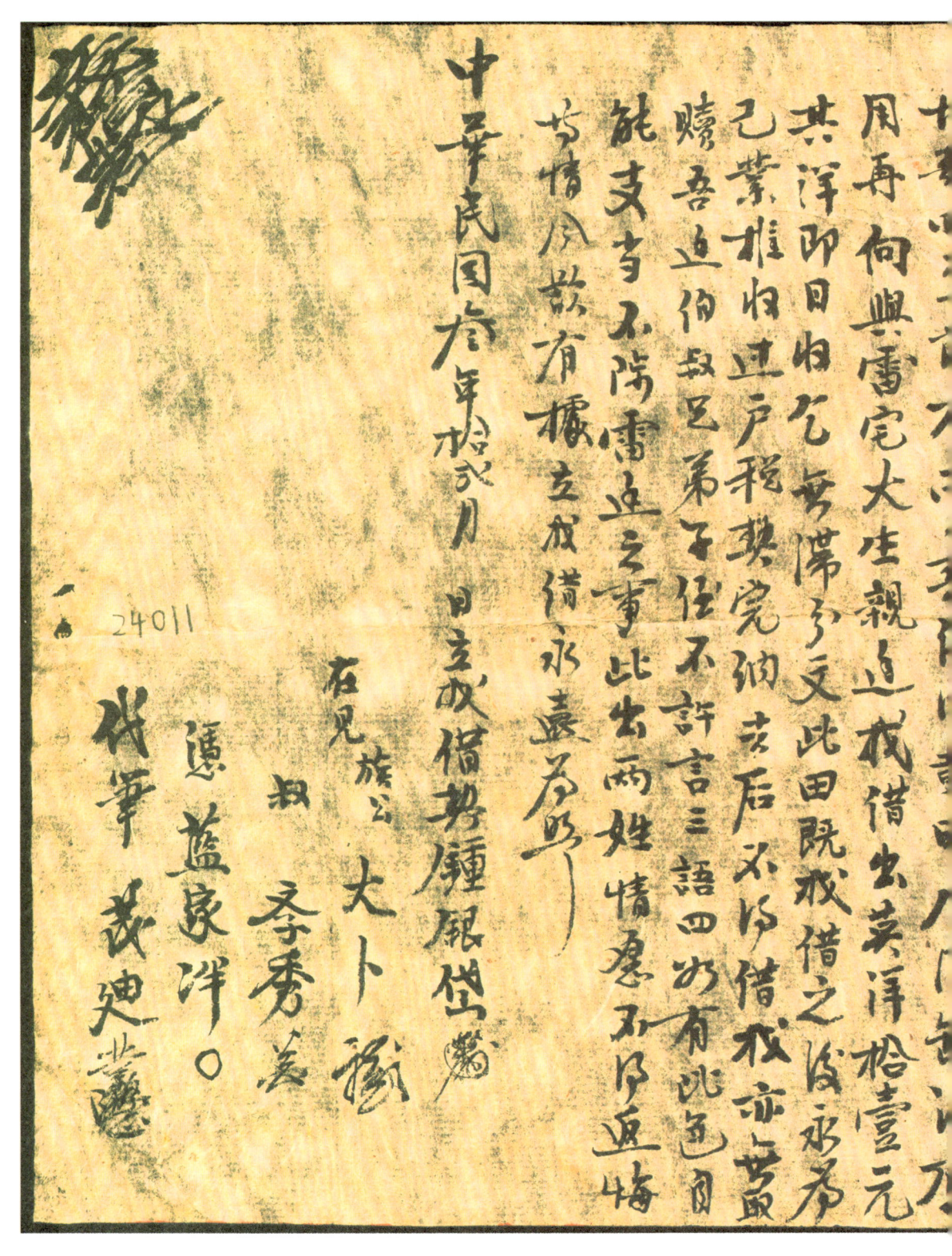

（前頁）>>>>

立找借契鍾銀岱，先有出賣田壹塅，坐落本都式源五色山三背晁田下馱坵安着，其租石、畝分、坵数、四至前有賣契俱以載明，今因缺洋應用，再向與雷宅大生親邊找借出英洋拾壹元，其洋即日收乞[訖]，無滞分文，此田既找借之後，永爲己業，推收过户，税契完納，去后不得借找，亦無取贖，吾邊伯叔兄弟子侄不許言三語四，如有此色，自能支当，不陟[涉]雷邊之事，此出兩姓情愿，不得返悔等情，今欲有據，立找借永遠爲照。

中華民國叁年拾弍月　　日立找借契鍾銀岱（押）

在見　族公　大卜（押）

叔　學秀（押）

憑　藍家泮（押）

代筆　茂迪（押）

民國四年李步叩立收字

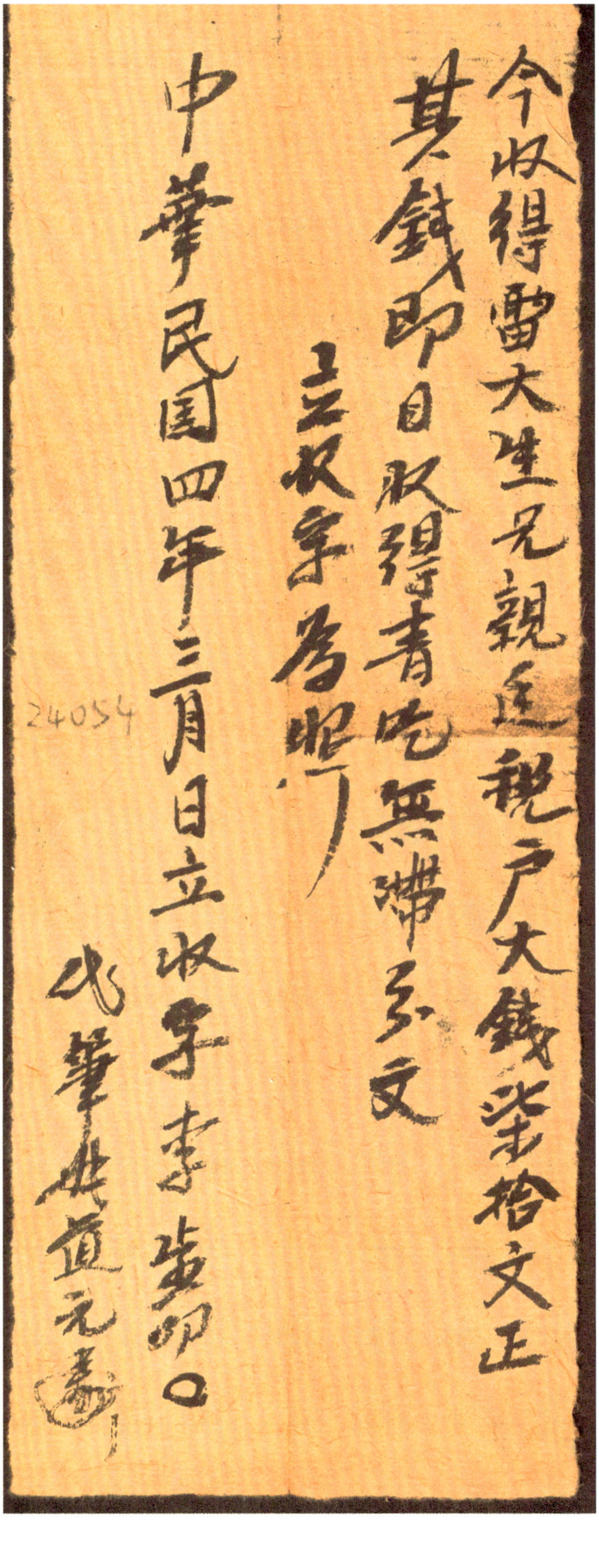

今收得雷大生兄親邊税户大錢柒拾文正，

其錢即日收得青［清］吃［訖］，無滯分文，

立收字爲照。

中華民国四年三月日立收字李步叩（押）

代筆□道元（押）

民國五年程邦清立賣契

立賣契人程邦清父手承分有園山壹坐落青
邑八外都二源原底安着其園山上至東進下至
德步園左至德步園山右至山河為界具立四至
分明本家缺銀應用自心情愿憑中立賣○
一紙向與程邦銓兄邊賣出時價英洋九元文
正其銀即日親收完足無滯分文其園未賣
之先並無文墨交關即賣之後一听兄邊○
栽種管業永遠無找無贖之理兩想情愿
並無逼抑恢悔等情口說無憑立賣契一紙○
永遠為照

見契弟土木○

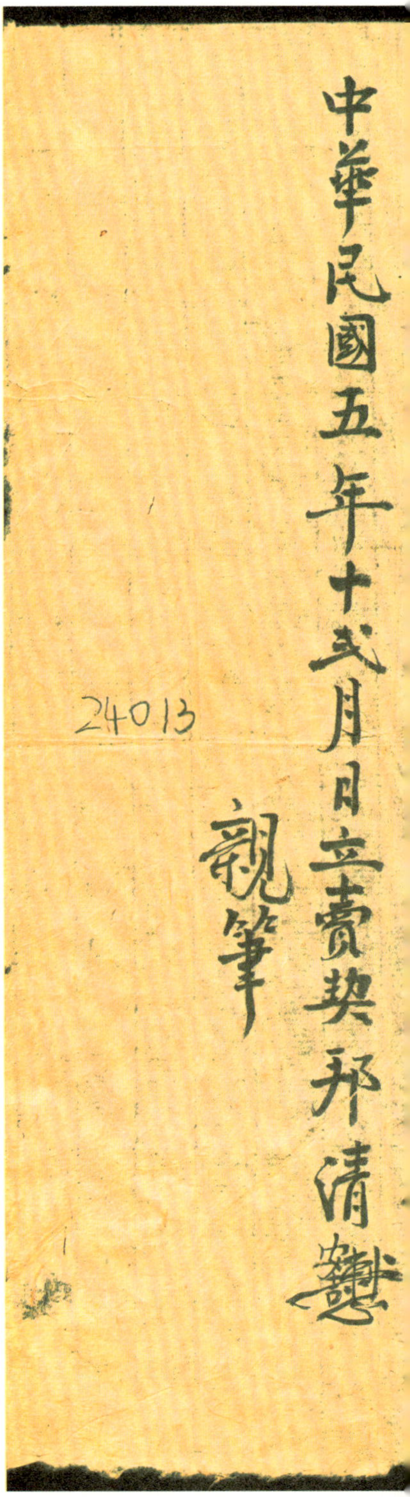
中華民國五年十弍月日立賣契邦清
親筆
24013

（前頁）>>>>>

立賣契人程邦清，父手承分有園山塲，坐落青邑八外都二源原［源］底安着，其園山上至東進，下至德步園，左至德步園山，右至山河爲界，具立四至分明，本家缺銀應用，自心情愿，憑衆立賣一紙，向與程邦銓兄邊賣出時價英洋九元文正，其銀即日親收完足，無滯分文，其園未賣之先，並無文墨交關，即［既］賣之後，一听兄邊栽種管業，永遠無找無贖之理，兩想［相］情原［願］，並無逼抑悔［反］悔等情，口說無憑，立賣契一紙永遠爲照。

見契弟土杰（押）

憑中　步學（押）

中華民國五年十弍月日立賣契　邦清（押）

親筆

民國五年程石瑄立賣契

立賣人程石瑄今將有園乙号坐落八都二原原夜後半山安

着其其乙片外山其四至上至東進園下至小坑左至程德英山右

至中坑為界具立四至分明雜柴薪草并及乙應在內立賣契

乙紙向與雷宅益欽親邊為業面訂出得時價銀英洋玖乙

角文正計洋即日親收完足分文無滯此園永賣之前憑無

內外人等文墨交關即賣之後尽听雷邊耕種栽插永遠管

業去後無找借無取贖之里吾邊伯叔兄弟子侄不得為言之里兩

相情原今欲有據恐口無憑立賣契永遠為昭

民国伍年十二月日立賣契　程石瑄（押）

（前頁）>>>>

立賣人程石瑄，今將有園一号，坐落八都二原［源］原［源］底後半山安着，其其一片外山，其四至上至東進園，下至小坑，左至程德步山，右至小坑爲界，具立四至分明，雜柴薪草並及一應在内，立賣契一紙，向與雷宅［宅］益欽親邊爲業，面訂出得時價銀英洋玖一角文正，計洋即日親收完足，分文無滯，此園未賣之前，憑［並］無内外人等文墨交闕［關］，即［既］賣之後，尽听雷邊耕種槭［栽］插，永遠官［管］業，去後無找借無取贖之里［理］，吾邊伯叔兄弟子侄不得爲言之里［理］，兩相情原［願］，今欲有據，恐口無憑，立賣契永遠爲照。

民国伍年十二月日立賣契　程石瑄（押）

在見　程日良（押）

親筆

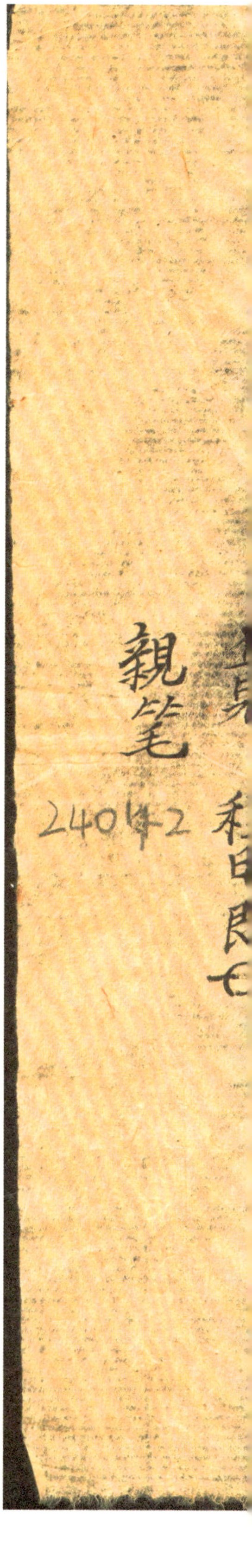

民國九年趙廷舜立賣契

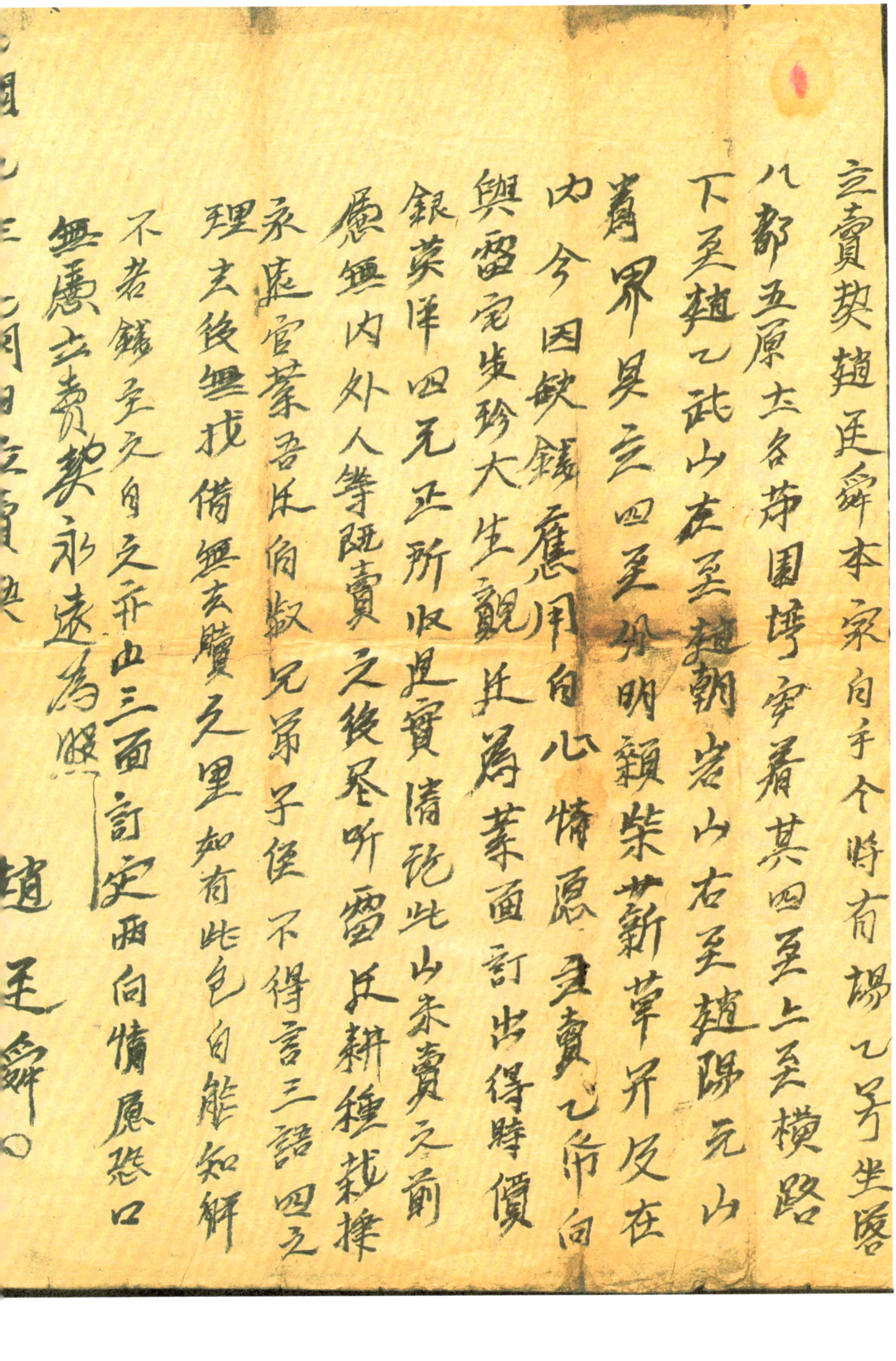

立賣契趙廷舜本家自手今將有場乙号坐落
八都五原土名茆園塆寮着其四至上至橫路
下至趙乙武山左至趙朝岩山右至趙阴元山
爲界其立四至分明類柴薪草并及在
内今因缺錢應用自心情愿立賣乙所向
與雷宅步珍大生親邊爲業面訂出得時價
銀英洋四元正所收足實清訖此山未賣之前
憂無内外人等既賣之後憑听雷邊耕種栽揷
家庭官業吾邊伯叔兄弟子侄不得言三語四之
理去後無找借無去贖之里知有此色自能知解
不若錢足之日之弃山三面訂定兩向情愿恐口
無憑立賣契永遠爲照
國九　三月　日立賣契　趙廷舜○

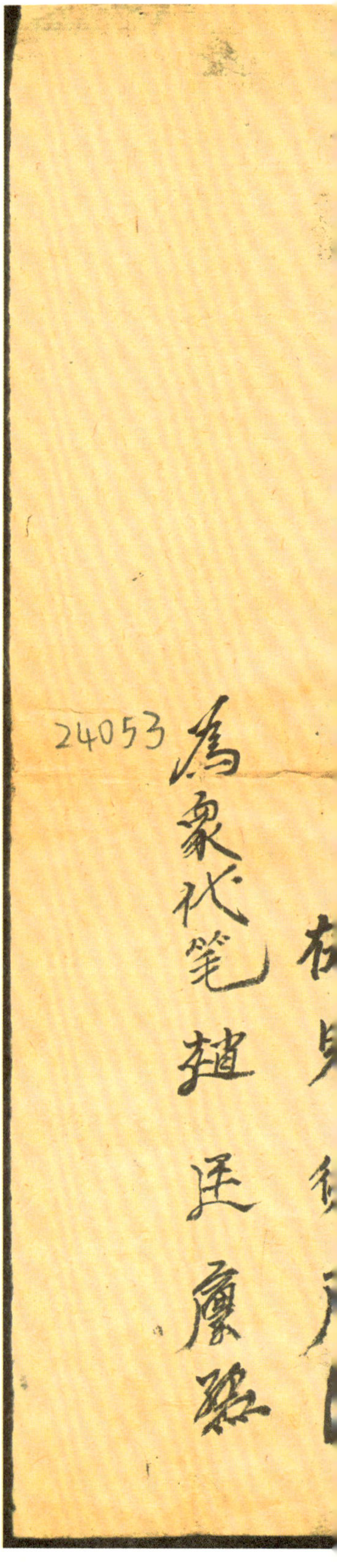

（前頁）>>>>

立賣契趙廷舜，本家自手今將有場一号，坐落八都五原［源］，土名苧園埼安着，其四至上至横路，下至趙一武山，左至趙朝岩山，右至趙陽元山爲界，具立四至分明，雜柴薪草並及在内，今因缺錢應用，自心情愿，立賣一紙，向與雷宅步珍、大生親邊爲業，面訂出得時價銀英洋四元正，所收是實清訖，此山未賣之前，憑［並］無内外人等，既賣之後，尽听雷邊耕種栽插，永遠官［管］業，吾邊伯叔兄弟子侄不得言三語四之理，去後無找借無去［取］贖之里［理］，如有此色，自能知［支］解，不若錢主之自之亦□，三面訂定，兩向［相］情愿，恐口無憑，立賣契永遠爲照。

民國九年七月日立賣契　趙廷舜（押）

在見德廩（押）

爲衆代笔趙廷廩（押）

民國十年葉嚴氏立賣契

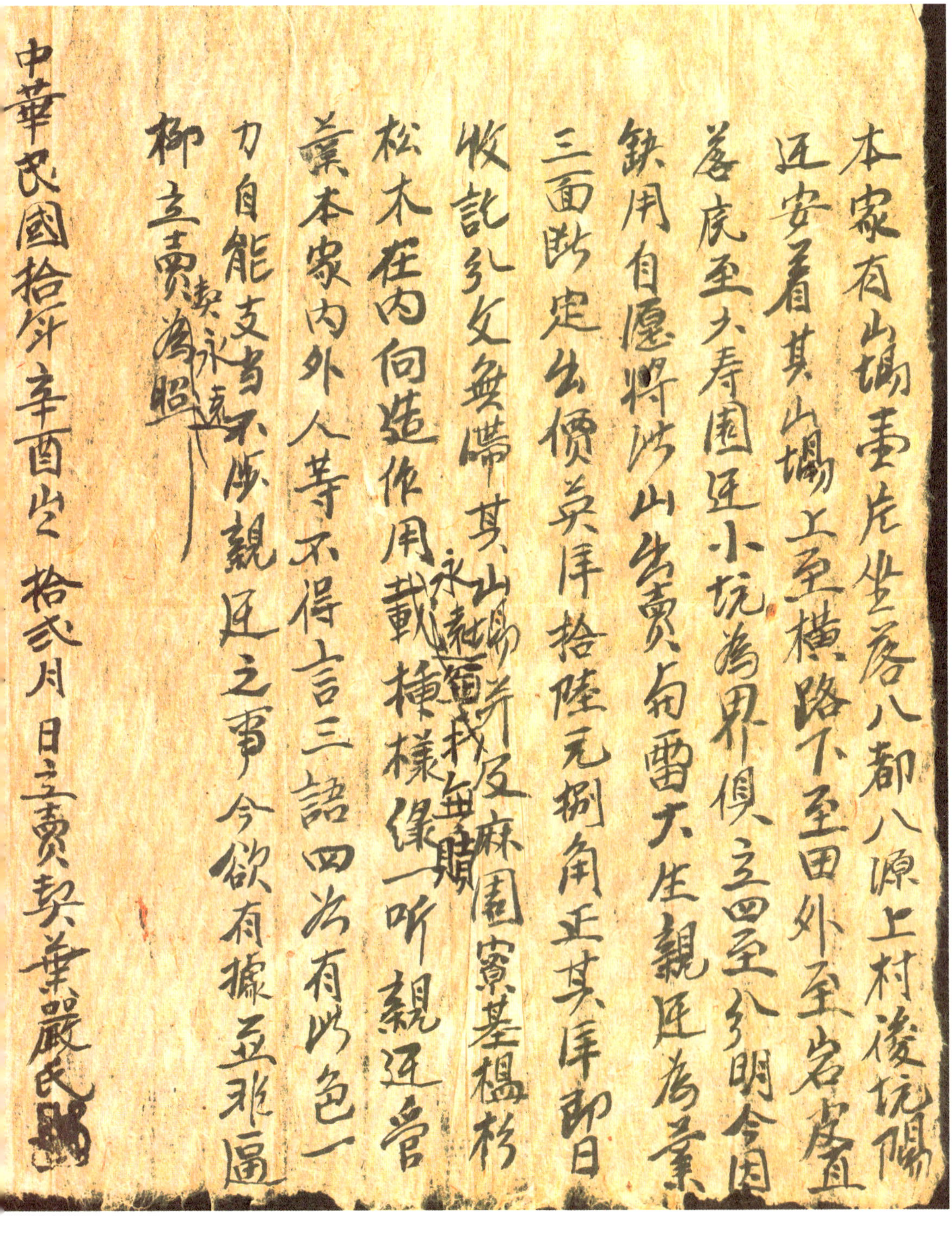

本家有山場壹片坐落八都八源上村後坑陽
廷安着其山場上至橫路下至田外至岩處直
落底至大寿園廷小坑為界俱立四至分明今因
缺用自愿將此山出賣與雷大生親廷為業
三面斷定出價英洋拾陸元捌角正其洋即日
收訖分文無滯其山場并及麻園竂基榲杉
松木在內向造作用載種樣俱一听親廷管（旁注：永遠無找無贖）
業本家內外人等不得言三語四如有此色一
力自能支当不涉親廷之事今欲有據立此遍
柳立賣契永遠為照

中華民國拾年辛酉歲 拾弍月 日立賣契葉嚴氏

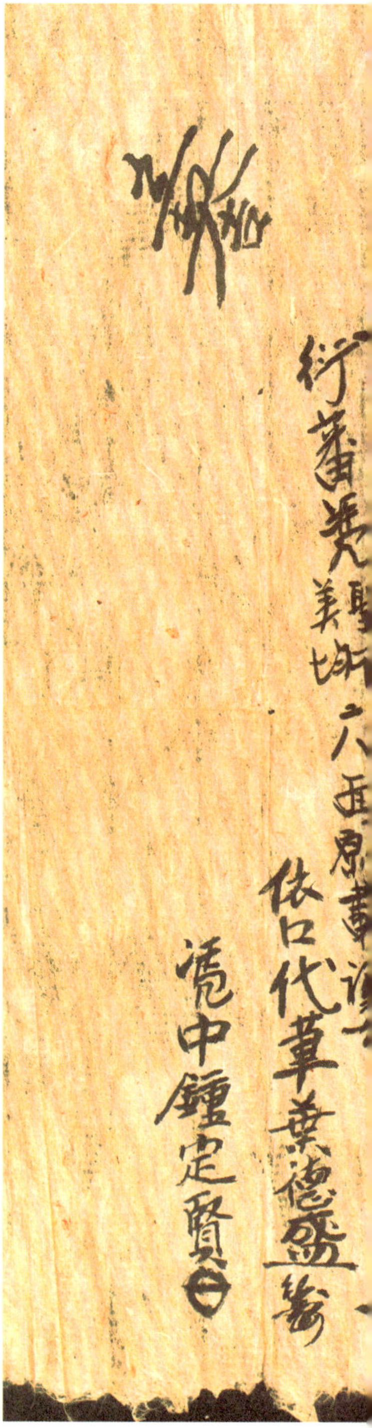

（前頁）>>>>

本家有山場壹片，坐落八都八源上村後坑陽邊安着，其山場上至横路，下至田，外至岩皮直落，底至六寿園邊小坑爲界，俱立四至分明，今因缺用，自愿將此山出賣與雷大生親邊爲業，三面断定，出價英洋拾陸元捌角正，其洋即日收訖，分文無滯，其山場並及麻園、寮基、榅、杉、松木在内，向造作用，永遠無找無贖，載［栽］插樣綠［籙］，一听親邊管業，本家内外人等不得言三語四，如有此色，一力自能支当，不涉親邊之事，今欲有據，並非逼枊［抑］，立賣契永遠爲照。

中華民國拾年辛酉歲　拾弍月日立賣契葉嚴氏（押）

此契内另載永遠二字　在見子美均（押）

衍蕃憑聖皆、美均六面願載（押）

依口代筆葉德盛（押）

憑中鍾定賢（押）

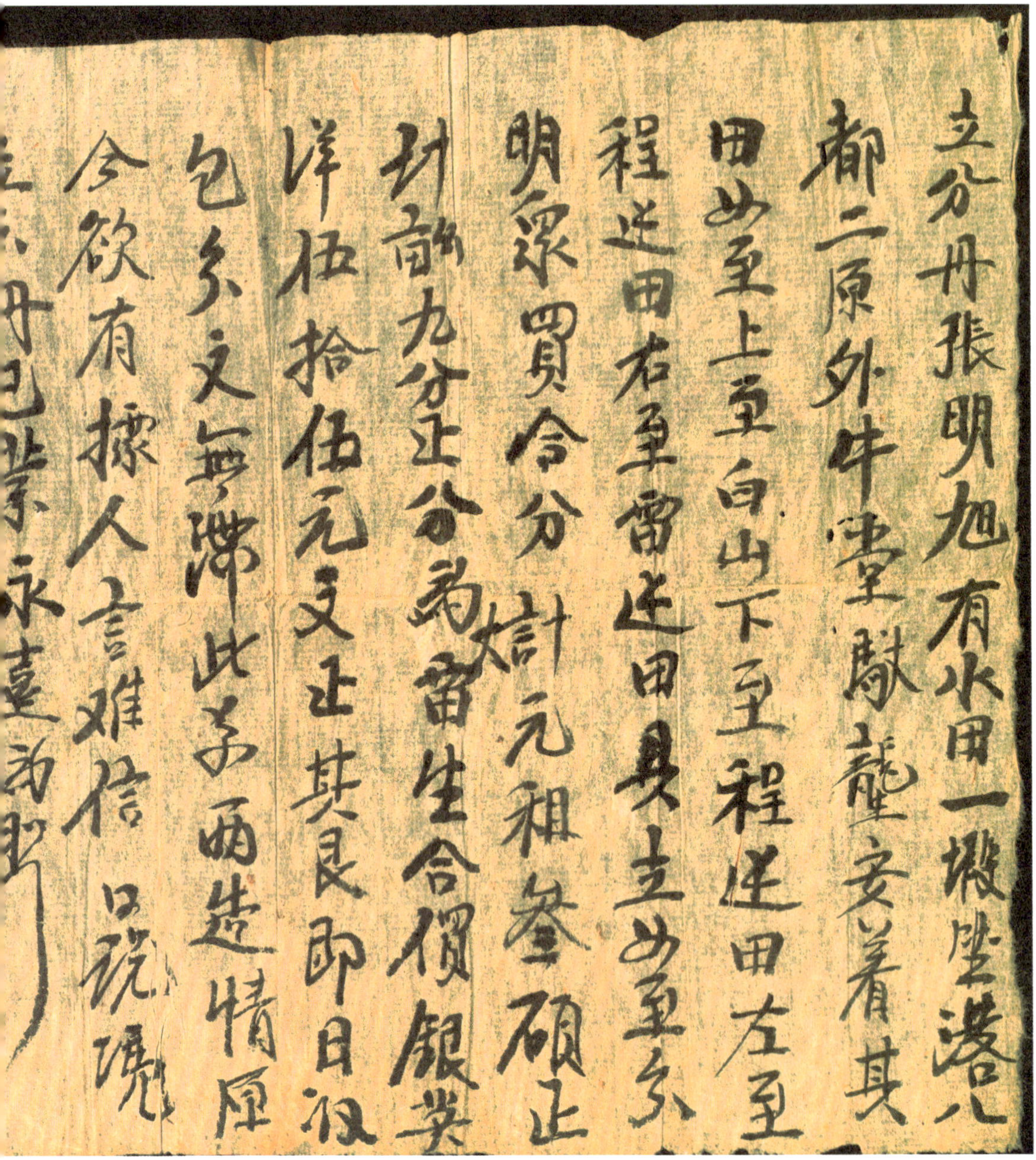
立分丹張明旭有水田一墩坐落八
都二原外牛塘獻龍安着其
田四至上至白山下至程姓田左至
程姓田右至雷姓田具立四至分
明眾買合分計元租叁碩正
計部九分正分為大留生合價銀洋
洋伍拾伍元文正其艮即日收
包乞文無滯此係兩造情愿
今欲有憑人言難信口說無憑
立分丹已業永遠為照

民國十一年張明旭立分單

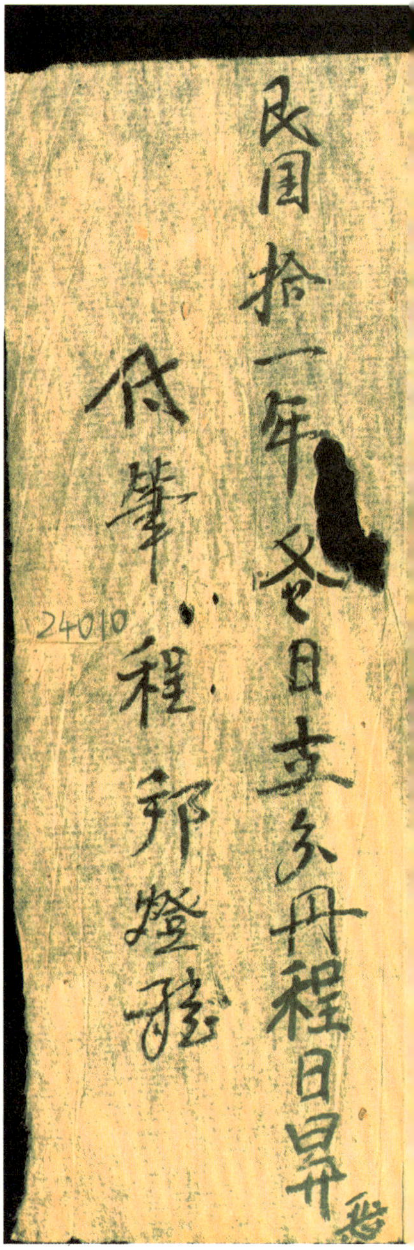
民国拾一年冬日立分丹程日昇
代筆程邦燈
24010

（前頁）>>>>

立分丹［單］張明旭，有水田一坵，坐落八都二原［源］外牛堂［塘］駄壟安着，其田四至上至白山，下至程邊田，左至程邊田，右至雷邊田，具立四至分明，衆買合分，計元租叁碩正，計畝九分正，分爲大雷生，合價銀英洋伍拾伍元文正，其艮［銀］即日收乞［訖］，分文無滯，此系兩造情原［願］，今欲有據，人言难信，口说（無）憑，立分丹［單］己業永遠爲照。

民国拾一年冬日立分丹［單］程日昇（押）
代筆程邦燈（押）

民國十一年趙廷蒙立賣契

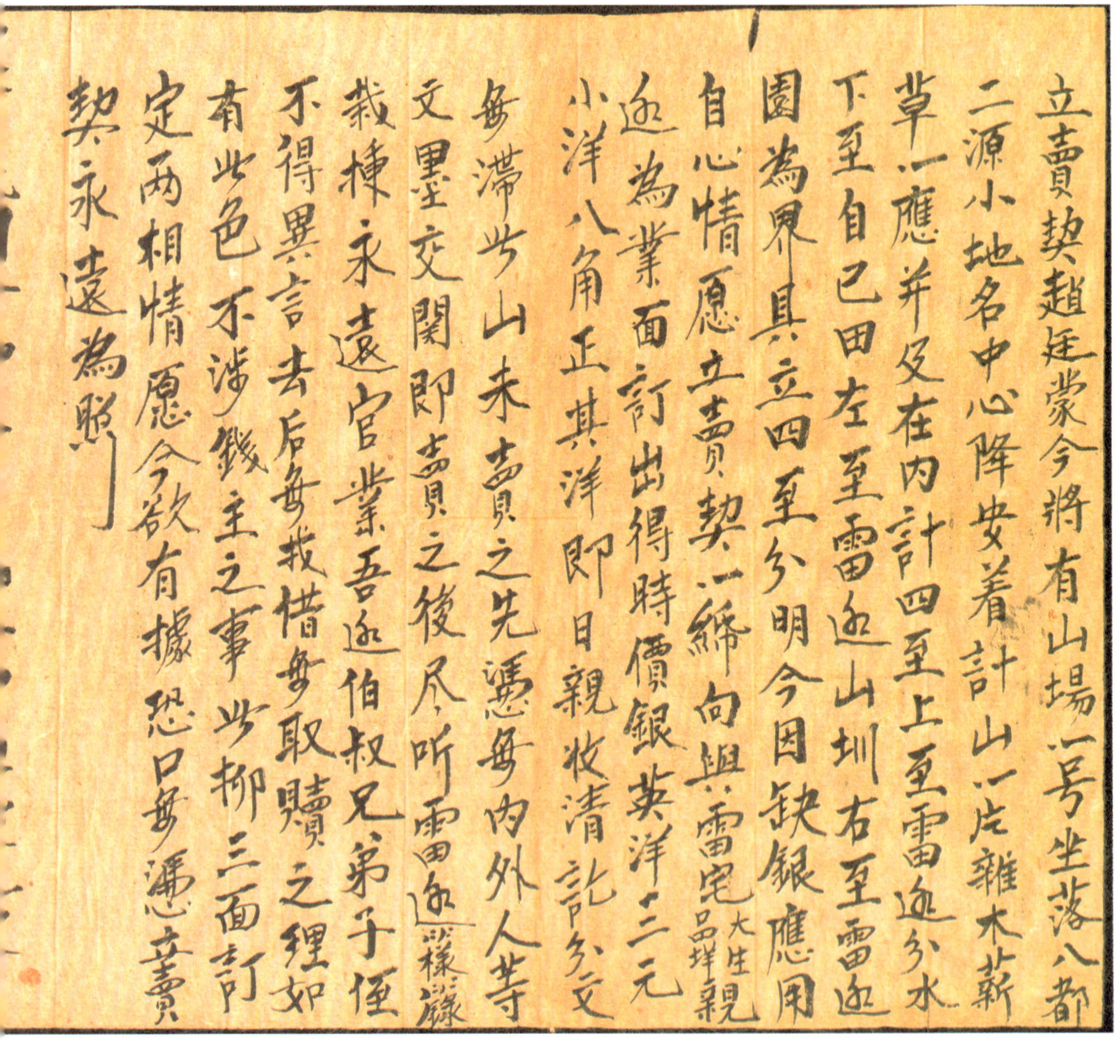
立賣契趙廷蒙今將有山場一號坐落八都
二源小地名中心降安着計山一片雜木薪
草一應并及在內計四至上至雷邊分水
下至自己田左至雷邊山圳右至雷邊
園為界具立四至分明今因缺銀應用
自心情愿立賣契一紙向與雷宅大生親品埠親
邊為業面訂出得時價銀英洋十二元
小洋八角正其洋即日親收清訖分文
無滯少山未賣之先憑無內外人等
文墨交關即賣之後盡聽雷邊樣[illegible]
栽種永遠管業吾邊伯叔兄弟子侄
不得異言去后無找借無取贖之理如
有此色不涉錢主之事此係三面訂
定兩相情愿今欲有據恐口無憑立賣
契永遠為照

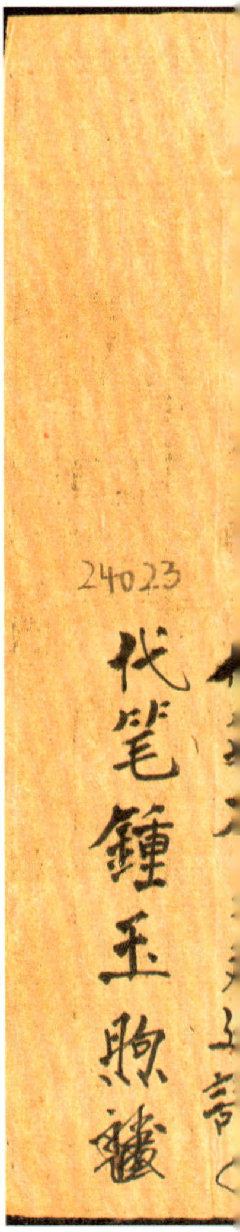

(前頁)>>>>

立賣契趙廷蒙，今將有山場一号，坐落八都二源，小地名中心降安着，計山一片，雜木、薪草一應並及在内，計四至上至雷邊分水，下至自己田，左至雷邊山圳，右至雷邊園爲界，具立四至分明，今因缺銀應用，自心情愿，立賣契一紙，向與雷宅大生、品垟親邊爲業，面訂出得時價銀英洋三元小洋八角正，其洋即日親收清訖，分文無滯，此山未賣之先，憑［並］無内外人等文墨交關，即［既］賣之後，尽听雷邊樣籙栽插，永遠官［管］業，吾邊伯叔兄弟子侄不得異言，去后無找借無取贖之理，如有此色，不涉錢主之事，此抑三面訂定，兩相情愿，今欲有據，恐口無憑，立賣契永遠爲照。

中華民國拾壹年三月日立賣契趙廷蒙（押）
仝弟在見趙廷譜（押）
代笔鍾玉煦（押）

民國十三年趙步多立賣契

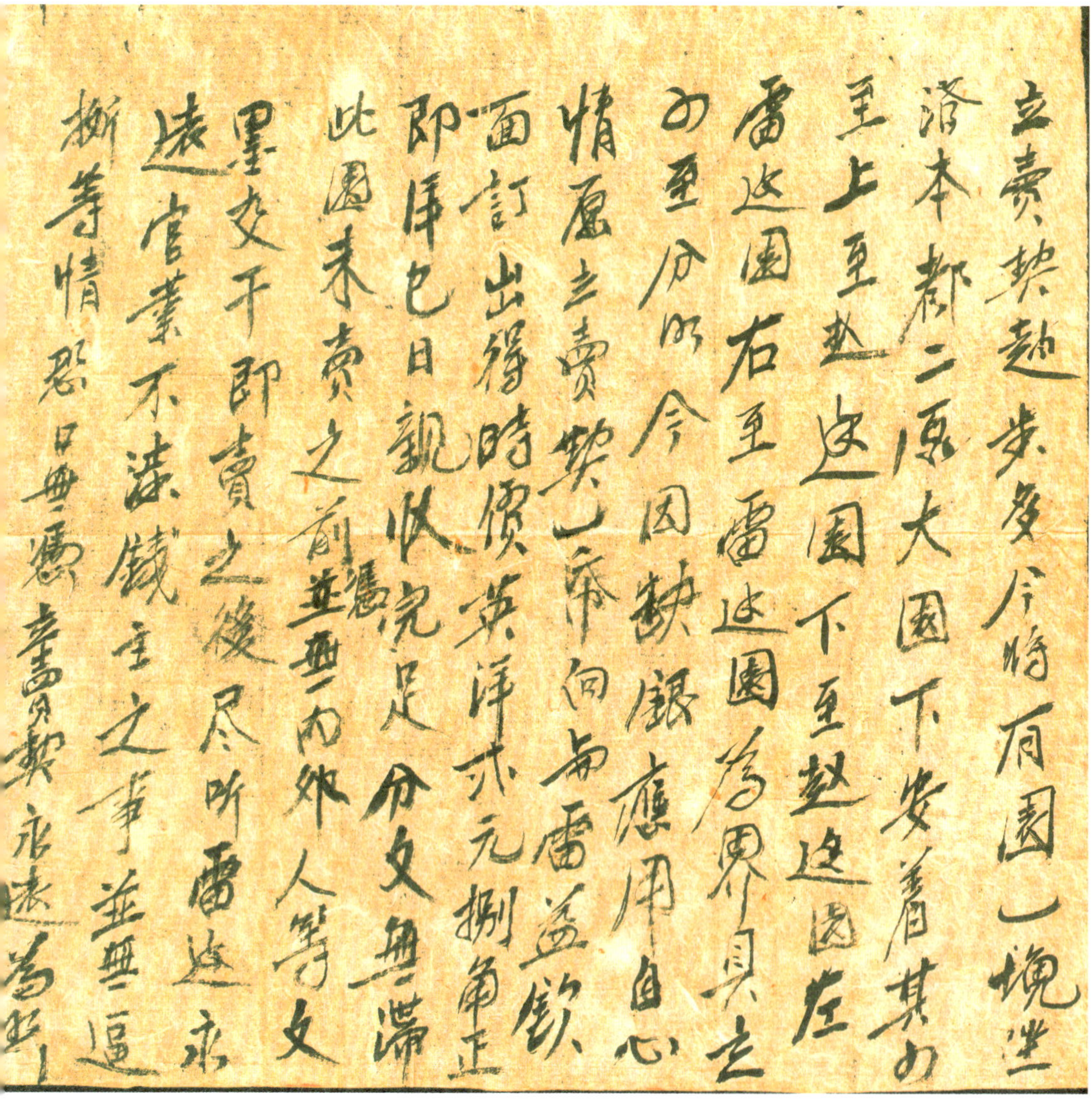
立賣契趙步多今將有園一塊坐
落本都二源大園下安着其四
至上至趙邊園下至趙邊園左
雷邊園右至雷邊園為界俱立
四至分明今因缺銀應用自心
情愿立賣契一紙向與雷益欽
面訂出得時價英洋式元捌角正
即將日親收完足分文無滯
此園未賣之前並無內外人等文
墨交干即賣之後尽听雷邊永
遠管業不涉錢主之事並無逼
掯等情恐口無憑立賣契永遠為照

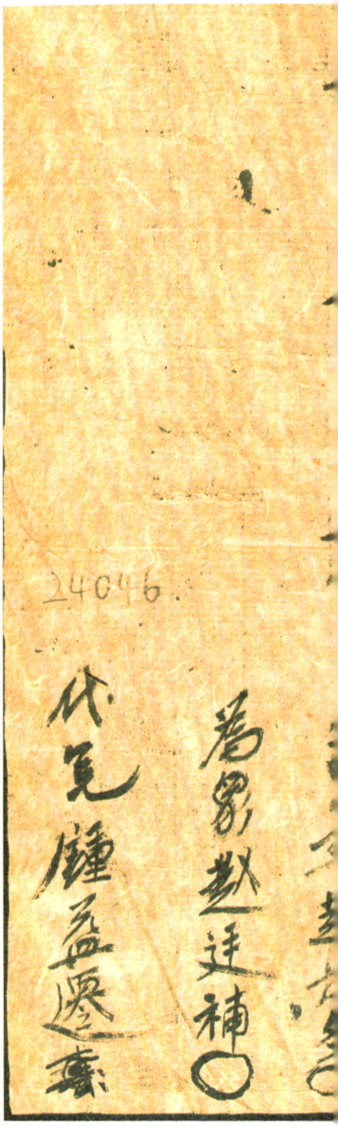

（前頁）>>>>

立賣契趙步多，今將有園一塊，坐落本都二原［源］大園下安着，其四至上至赵邊園，下至赵邊園，左（至）雷邊園，右至雷邊園爲界，具立四至分明，今因缺銀應用，自心情愿，立賣契一紙，向與雷益欽面訂出得時價英洋弍元捌角正，即［其］洋巳［即］日親收完足，分文無滯，此園未賣之前，憑並無内外人等文墨交干，即［既］賣之後，尽听雷邊永遠官［管］業，不涉錢主之事，並無逼抑等情，恐口無憑，立賣契永遠爲照。

中華民國拾三年　春　日立賣契趙步多（押）

爲衆趙廷補（押）

代笔鍾益遷（押）

民國十四年鍾碎訓立賣契

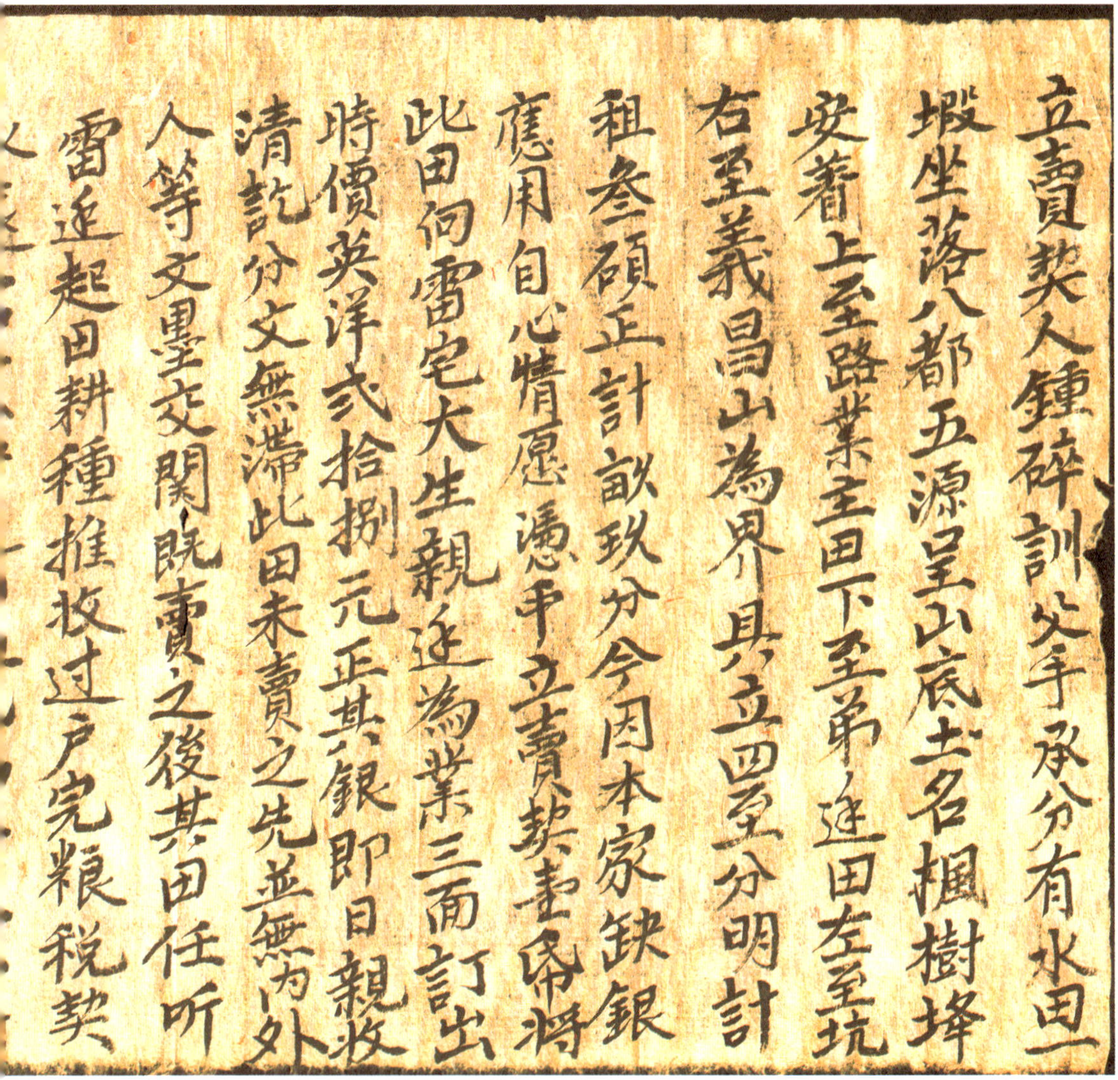

立賣契人鍾碎訓，父手承分有水田一垟，坐落八都五源呈山底，土名楓樹垟安着，上至路、業主田，下至弟邊田，左至坑，右至義昌山爲界，具立四至分明，計租叁碩正，計畝玖分，今因本家缺銀應用，自心情愿，憑衆立賣契壹紙，將此田向雷宅大生親邊爲業，三面訂出時價英洋弍拾捌元正，其銀即日親收清訖，分文無滯，此田未賣之先，並無内外人等文墨交關，既賣之後，其田任听雷邊起田耕種，推收过户，完粮税契，永遠管業，吾邊伯叔兄弟子侄不得異言之理，如有此色，自能支解，去后無取贖之理，此係兩造情愿，今欲有據，人言难信，口説無憑，立賣契永遠爲照。

民國拾肆年春日立賣契鍾碎訓（押）

見契弟運再（押）

憑衆　日傳（押）

代笔房孫翼莊（押）

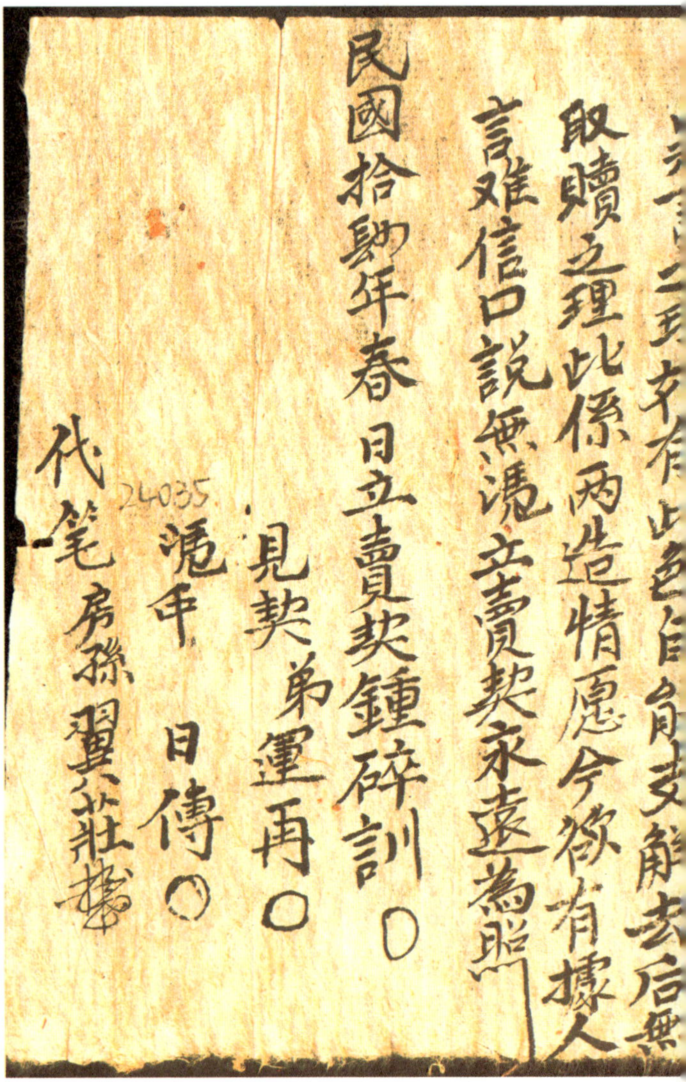
[illegible]此色自前支解去后無
取贖之理此係兩造情愿今欲有據人
言难信口說無憑立賣契永遠爲照
民國拾貳年春　日立賣契鍾碎訓○
見契　弟運再○
憑中　日傳○
代筆　房孫翼莊押

民國十四年鍾碎訓立找借並退佃

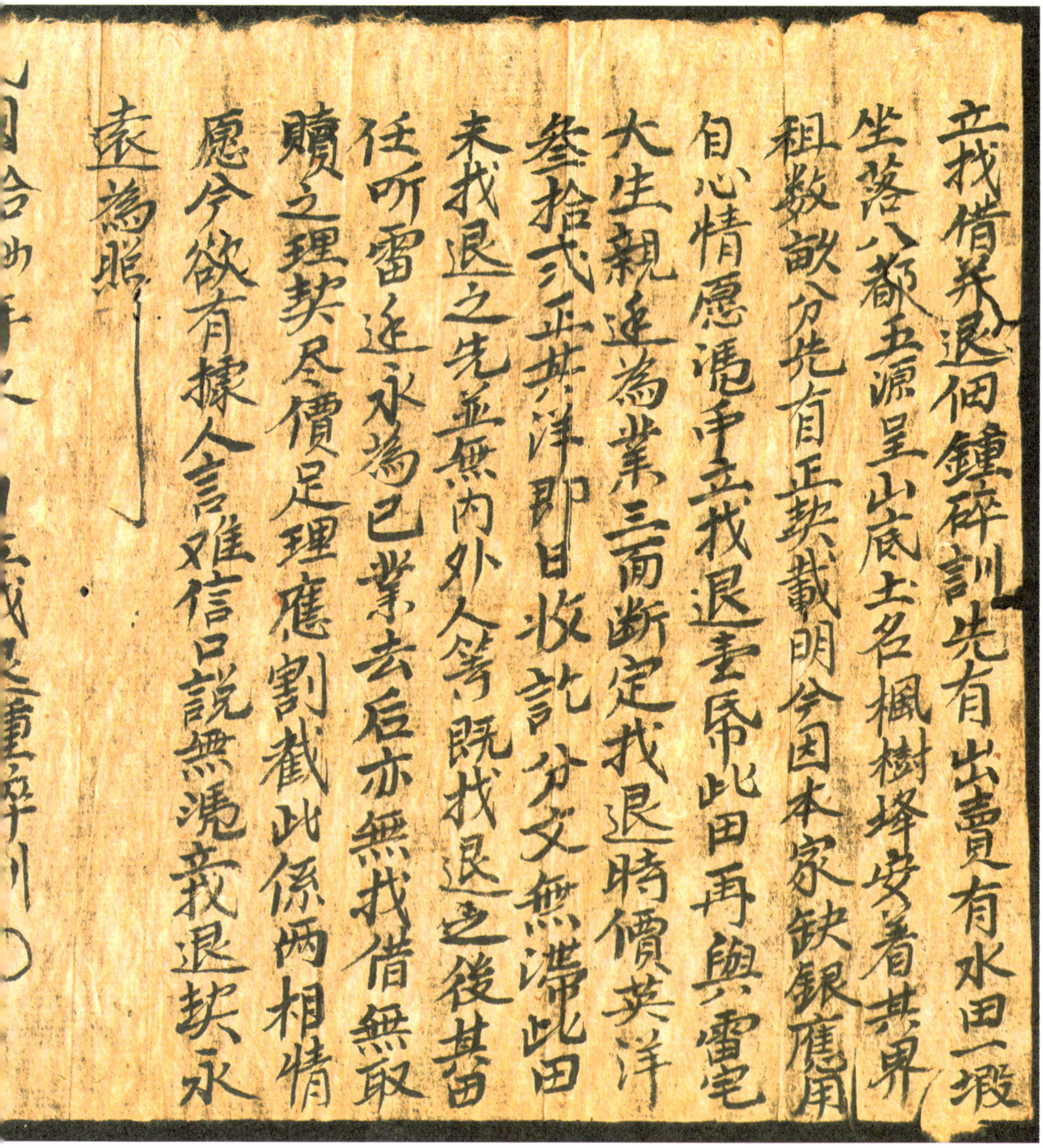
立找借并退佃鍾碎訓先有出賣有水田一墢
坐落八都五源呈山底土名楓樹塆安着其界
租數畝分先有正契載明今因本家缺銀應用
自心情愿憑中立找退契將此田再與雷宅
大生親邊爲業三面斷定找退時價英洋
叁拾弍元正其洋即日收訖分文無滯此田
未找退之先並無內外人等既找退之後甚田
任所雷邊永爲己業去后亦無找借無取
贖之理契盡價足理應割截此係兩相情
愿今欲有據人言难信口說無憑立找退契永
遠爲照

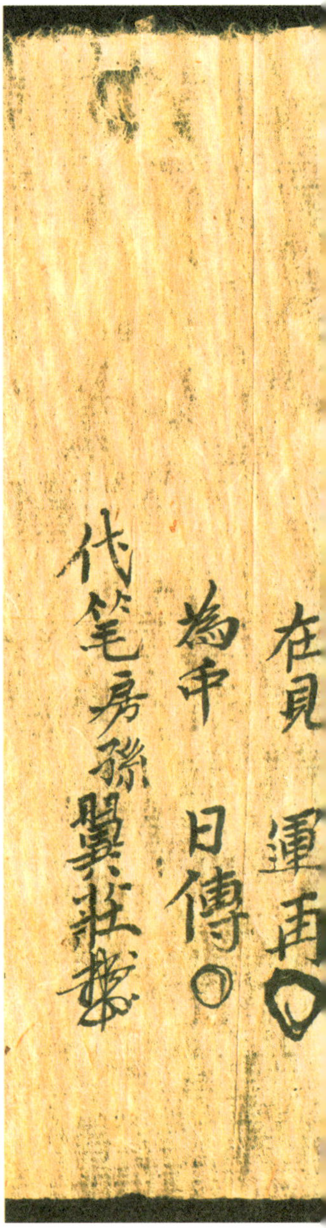

（前頁）>>>>>

立找借並退佃鍾碎訓，先有出賣有水田一塅［段］，坐落八都五源呈山底，土名楓樹垟安着，其界、租数、畝分先有正契載明，今因本家缺銀應用，自心情愿，憑衆立找退壹紙，此田再與雷宅大生親邊爲業，三面断定，找退時價英洋叁拾弍正，其洋即日收訖，分文無滯，此田未找退之先，並無内外人等，既找退之後，其田任听雷邊永爲己業，去后亦無找借無取贖之理，契尽價足，理應割截，此係兩相情愿，今欲有據，人言难信，口説無憑，立找退契永遠爲照。

民國拾肆年冬　日立找退鍾碎訓（押）

在見　運再（押）

爲衆　日傳（押）

代笔房孫翼莊（押）

民國十五年李嶺生立賣契

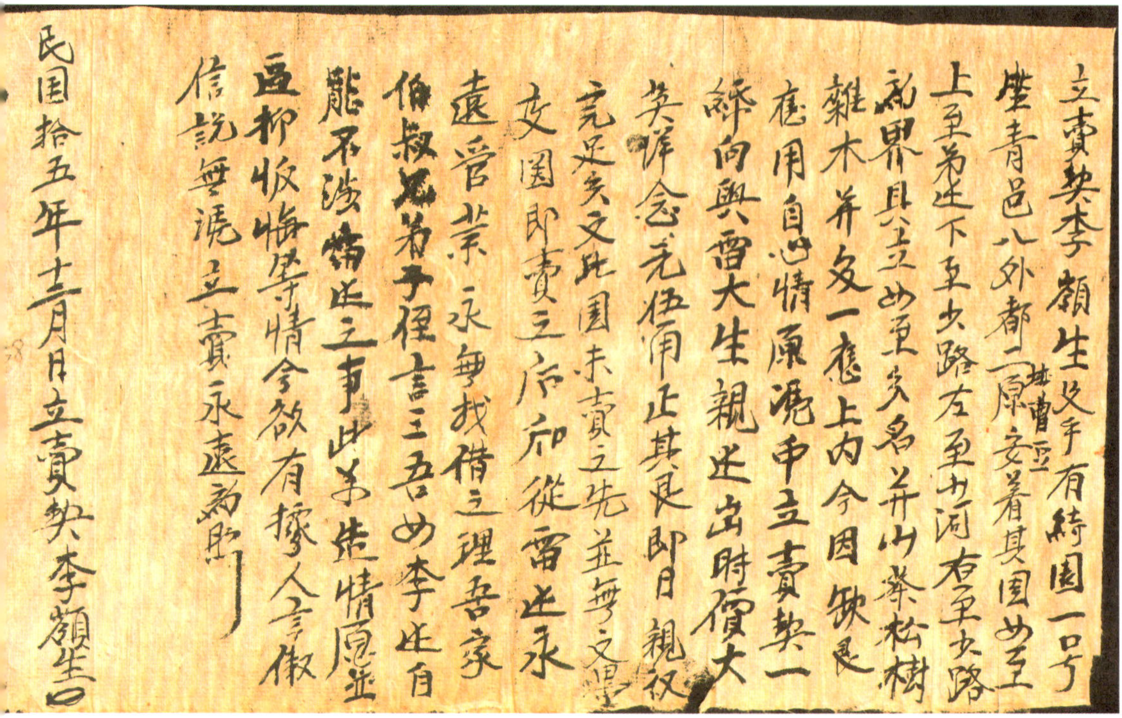

立賣契李嶺生，父手有綺［蒔］園一号，坐青邑八外都二原［源］坵曹豆安着，其園四至上至弟邊，下至小路，左至山河，右至小路爲界，具立四至分名［明］，並山茶、松樹、雜木並及一應上［在］内，今因缺艮［銀］應用，自心情原［願］，憑衆立賣契一紙，向與雷大生親邊出時價大英洋念元伍角正，其艮［銀］即日親收完足分文，此園未賣之先，並無文墨交關，即［既］賣之后，听從雷邊永遠管業，永無找借之理，吾家伯叔兄弟子侄言三吾［語］四，李邊自能，不涉雷邊之事，此系（兩）造情愿，並（無）逼抑饭［反］悔等情，今欲有據，人言□信，（口）説無憑，立賣（契）永遠爲照。

民国拾五年十二月日立賣契李嶺生（押）

代筆程邦燈（押）

民國十五年程邦苟等立賣契

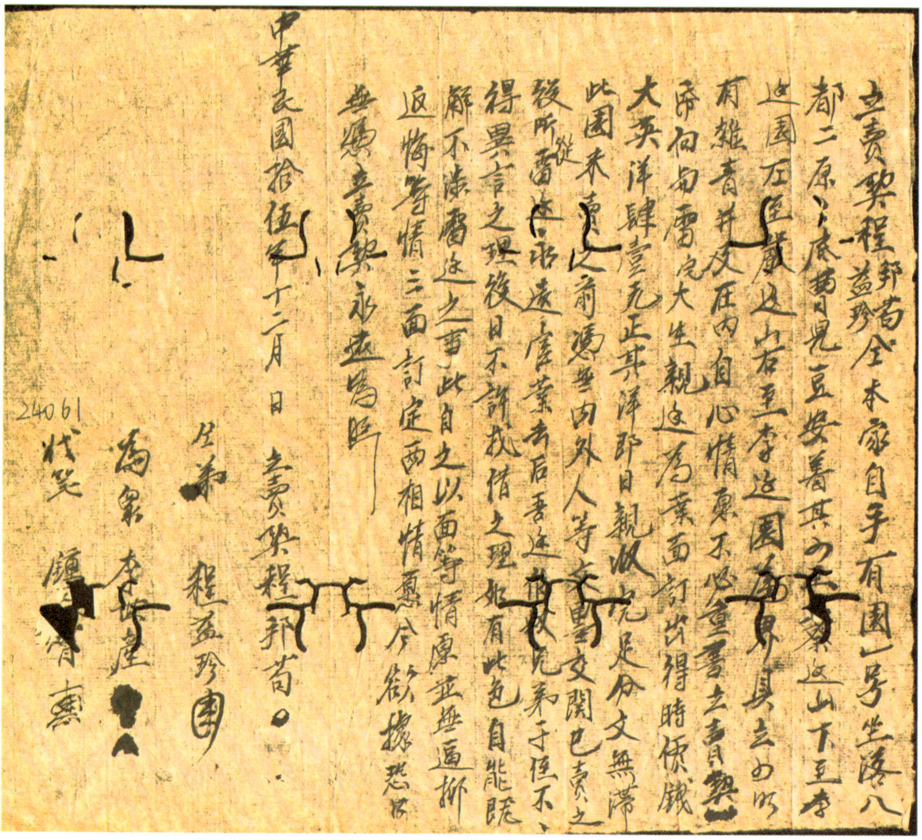

立賣契程邦苟、益珍仝，本家自手有園一号，坐落八都二原[源]原[源]底曹兒豆安着，其四至(上至)蔡邊山，下至李邊園，左至嚴邊山，右至李邊園爲界，具立四明，有雜青並及在内，自心情愿，不必重書，立賣契一紙，向與雷宅大生親邊爲業，面訂出得時價錢大英洋肆壹元正，其洋即日親收完足，分文無滯，此園未賣之前，憑[並]無内外人等文墨交關，已賣之後，听從雷邊永遠官[管]業，去后吾邊伯叔兄弟子侄不得異言之理，後日不許找借之理，如有此色，自能既[支]解，不涉雷邊之事，此自之以面等情愿，並無逼抑返悔等情，三面訂定，兩相情愿，今欲(有)據，恐口無憑，立賣契永遠爲照。

中華民國拾伍年十二月　日　立賣契程邦苟(押)

仝弟　程益珍(押)

爲衆　李世産(押)

代笔　鍾□□(押)

民國十九年雷香明立賣契

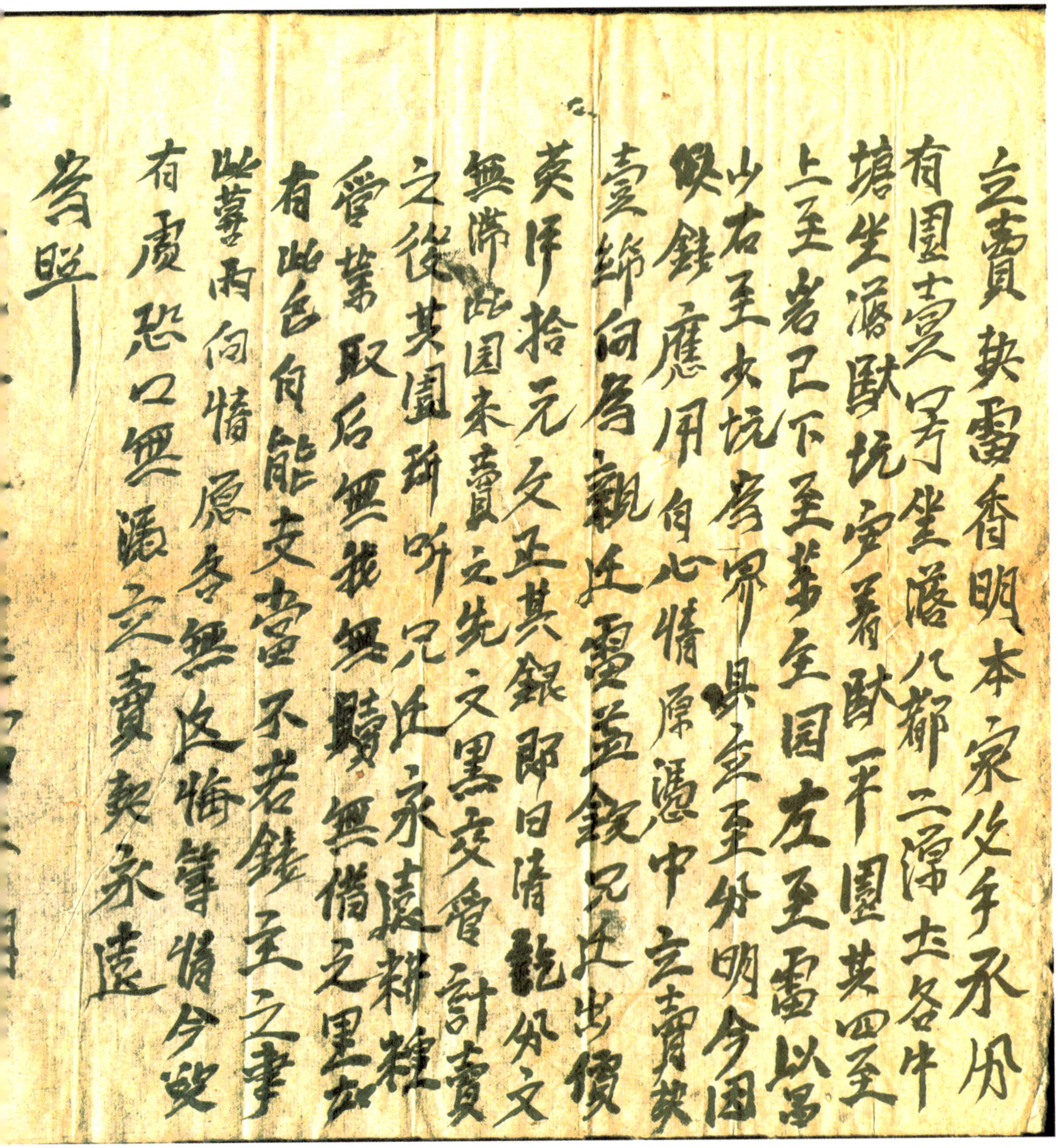
立賣契雷香明本家父手承分
有園壹處坐落八都二源土名牛
塘坐落獸坑安着獸一干園其四至
上至岩已下至茅全园左至雷以昌
山右至大坑為界具至分明今因
缺錢應用自心情願憑中立賣契
壹紙向為親房雷盖錢兄邊出價
英洋拾元文正其銀即日清訖分文
無滞此园未賣之先文黑交會計賣
之後其園昕凭兄邊永遠耕種
管業取后無找無贖無借之理如
有此色自能支當不若錢主之事
此系兩向情愿各無反悔等情今欲
有憑恐口無憑立賣契永遠
為照——

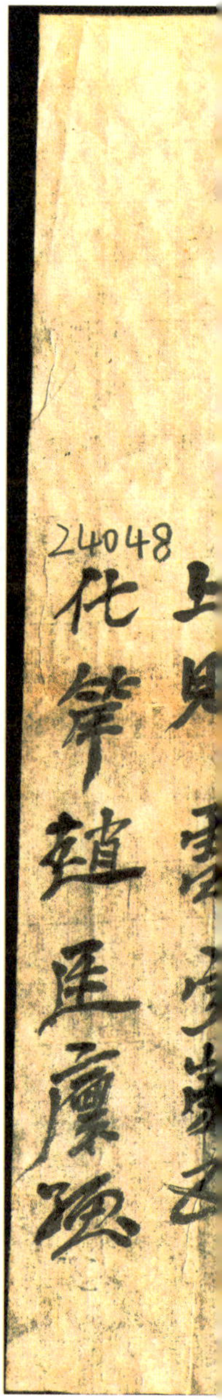

立賣契雷香明，本家父手承分有園壹号，坐落八都二源，土名牛塘，坐落馱坑安着馱平園，其四至上至岩己，下至業主园，左至雷以昌山，右至小坑爲界，具立(四)至分明，今因缺錢應用，自心情原[願]，憑中立賣契壹紙，向爲親邊雷益欽兄邊出價英洋拾元文正，其銀即日清訖，分文無滯，此园未賣之先，文黑[墨]交管[關]，計[既]賣之後，其園□听兄邊永遠耕種管業，取[去]后無找無贖無借之里[理]，如有此色，自能支當，不若錢主之事，此□兩向[相]情愿，各無返悔等情，今欲有據，恐口無憑，立賣契永遠爲照。

民國拾九年　　立賣契雷香明(押)

上見　雷宝崇(押)

化[代]筆　趙廷廩(押)

民國十九年雷賞明立賣契

立賣契雷賞明本家有園地壹塊坐落八都二
源半塘土名塘頭安着計園壹塊上至藍邊園下至
業主田左路右至藍邊園為界俱立四至分明今因缺
用自心情愿憑中立契壹帋向与雷藍欽兄迁三面言
定出價英洋玖元冬正其銀隨契收訖分文無滯即
賣之後其園任听兄迁永遠壟種管業取後弟迁
永遠無找無贖無借立截自業去後伯叔兄弟子侄
不得言三語四之理如有此色弟迁自力承當不涉兄
迁之事兩心情愿並非逼抑等情今欲有據立賣契永
遠為照

（前頁）>>>>

立賣契雷賞明，本家有園地壹塊，坐落八都二源牛塘，土名塆頭安着，計園壹塊，上至益遷園，下至業主田，左路，右至益遷園爲界，俱立四至分明，今因缺用，自心情愿，憑中立契壹紙，向與雷益欽兄邊，三面言定，出價英洋玖元文正，其銀隨契收訖，分文無滯，即［既］賣之後，其園任听兄邊永遠整種管業，取［去］後弟邊永遠無找無贖無借，立截自業，去後伯叔兄弟子侄不得言三語四之理，如有此色，弟邊自力承當，不涉兄邊之事，兩心情（願），並非逼抑等，今欲有據，立賣契永遠爲照。

民國拾玖年十二月日立賣契雷賞明（押）

憑中　雷寶崇（押）

代筆　趙朝智（押）

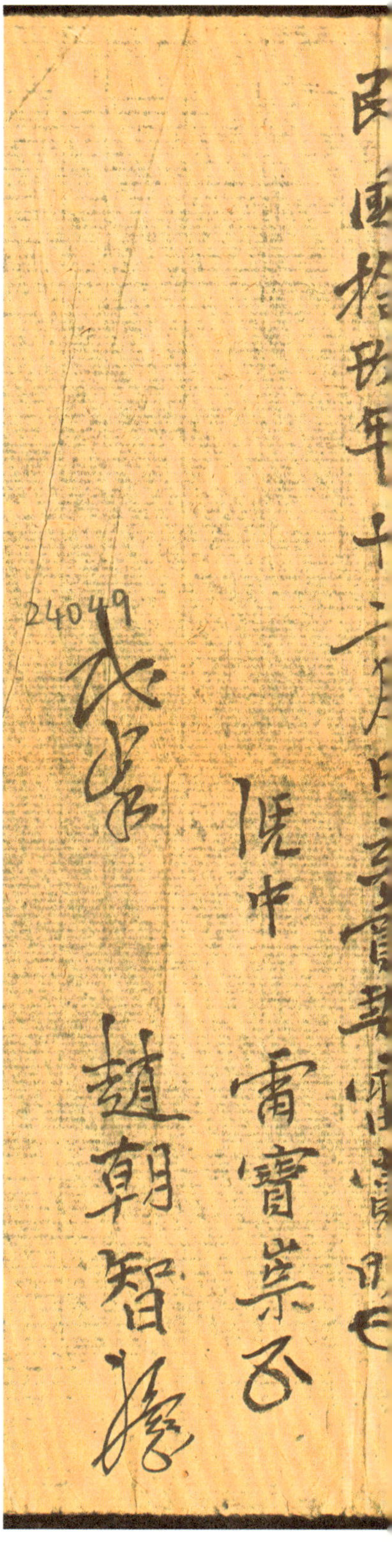

民國二十年雷相明立賣契

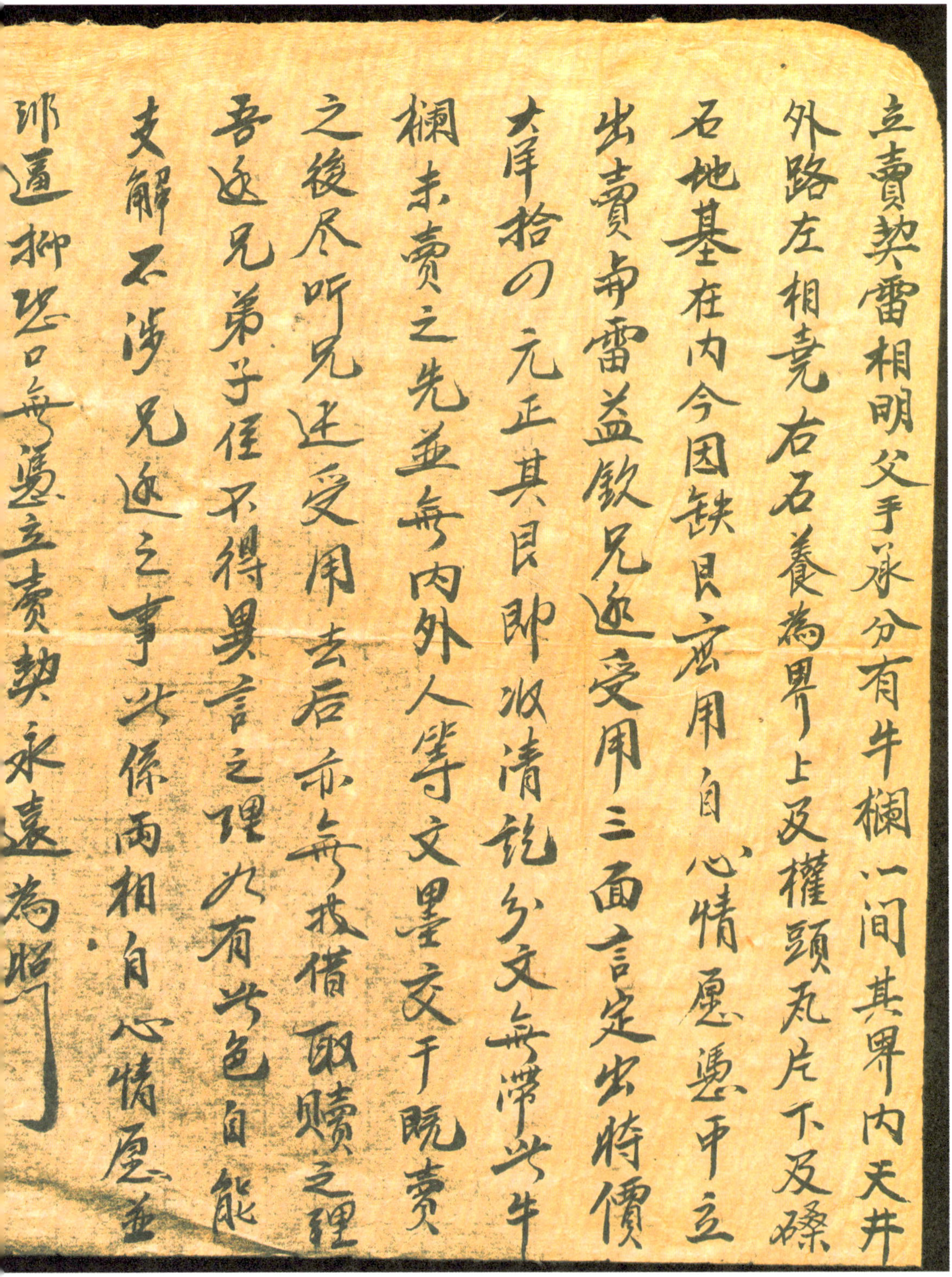
立賣契雷相明父手承分有牛欄一间其界内天井外路左相竞右石養為界上及權頭瓦片下及磉石地基在内今因缺艮応用自心情愿憑中立出賣與雷益欽兄边受用三面言定出将價大洋拾の元正其艮即收清訖分文無滞此牛欄未賣之先並無内外人等文墨交干既賣之後尽听兄边受用去后亦無找借取贖之理吾边兄弟子侄不得異言之理如有此色自能支解不涉兄边之事此係两相自心情愿並非逼抑恐口無憑立賣契永遠為照

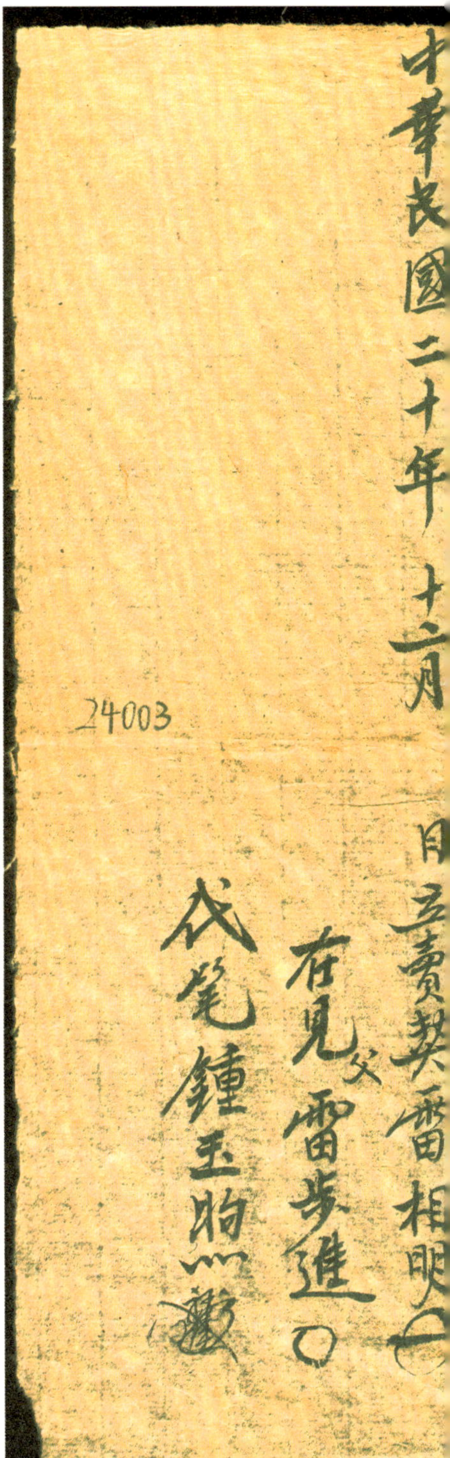

立賣契雷相明，父手承分有牛欄一间，其界内天井，外路，左相堯，右石養爲界，上及權〔椽〕頭、瓦片，下及磉石、地基在内，今因缺艮〔銀〕应用，自心情愿，憑衆立出賣與雷益欽兄邊受用，三面言定，出時價大洋拾四元正，其艮〔銀〕即收清訖，分文無滯，此牛欄未賣之先，並無内外人等文墨交干，既賣之後，尽听兄邊受用，去后亦無找借取贖之理，吾邊兄弟子侄不得異言之理，如有此色，自能支解，不涉兄邊之事，此係兩相自心情愿，並非逼抑，恐口無憑，立賣契永遠爲照。

中華民國二十年　十二月　日立賣契雷相明（押）

在見父雷步進（押）

代笔鍾玉煦（押）

民國二十一年趙揚盛等立賣字

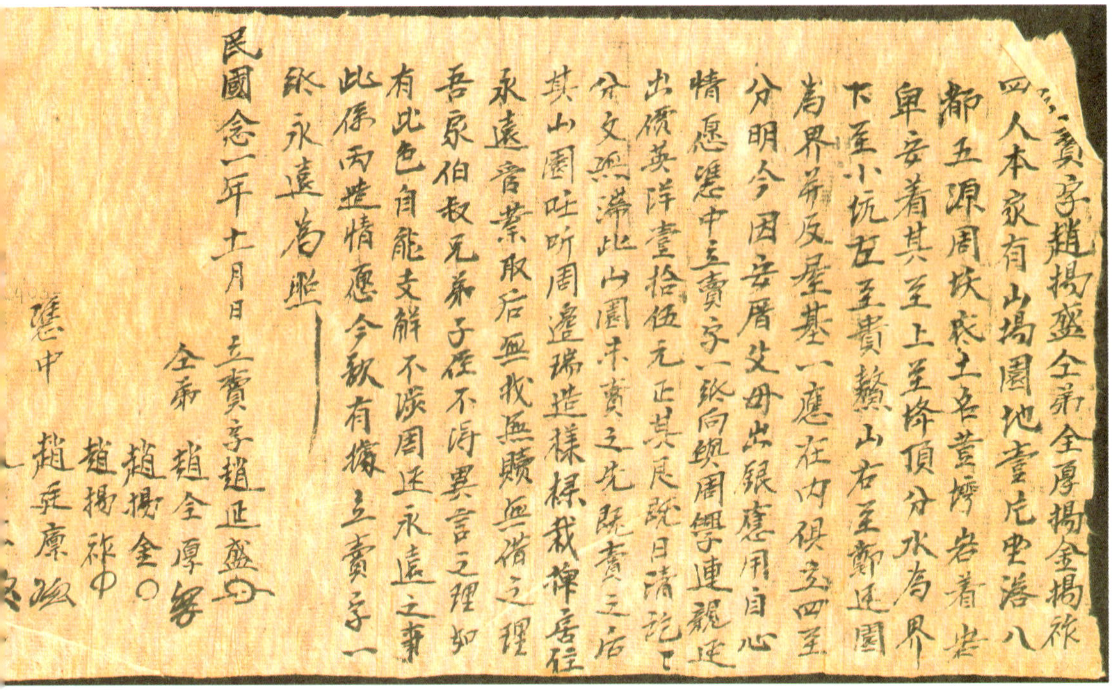

立賣字趙揚盛仝弟全厚、揚金、揚祚四人，本家有山場園地壹片，坐落八都五源周坋［岙］底，土名荳壛岩着岩皁安着，其至上至埄頂分水爲界，下至小坑，左至貴鼇山，右至鄭邊園爲界，並及屋基一應在内，俱立四至分明，今因安厝父母出［缺］銀應用，自心情愿，憑中立賣字一紙，向與周學連親邊出價英洋壹拾伍元正，其艮［銀］既［即］日清訖，分文無滯，此山園未賣之先，既賣之后，永遠管業，取［去］后無找無贖無借之理，其山園吒［任］听周邊瑞造樣椂栽揷居住，吾家伯叔兄弟子侄不得異言之理，如有此色，自能支解，不涉周邊永遠之事，此係兩造情愿，今欲有據，立賣字一紙永遠爲照。

民國念一年十一月日立賣字趙延盛（押）

仝弟　趙全厚（押）

趙揚金（押）

趙揚祚（押）

憑中　趙廷廩（押）

民國二十六年雷益欽立賣契

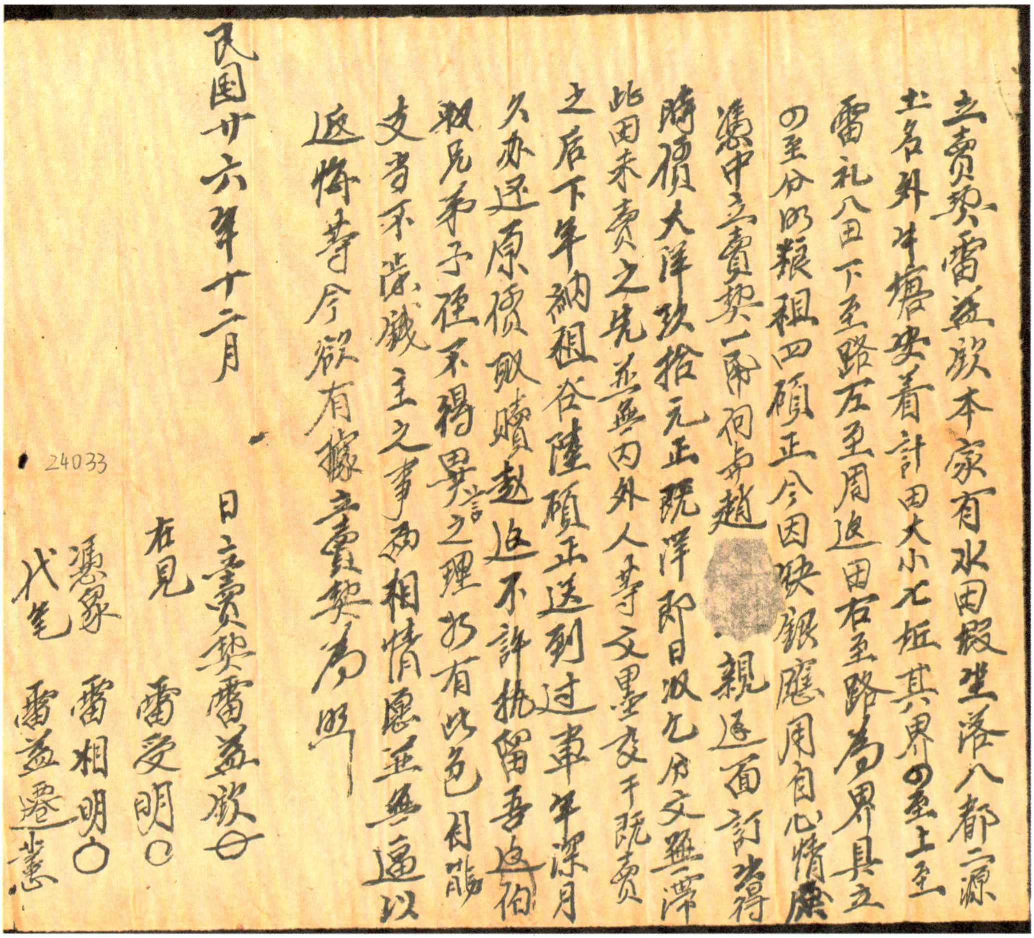

立賣契雷益欽，本家有水田塅，坐落八都二源，土名外牛塘安着，計田大小七坵，其界四至上至雷礼八田，下至路，左至周邊田，右至路爲界，具立四至分明，粮租四碩正，今因缺銀應用，自心情原［願］，憑中立賣契一紙，向與趙□□親邊面訂出得時價大洋玖拾元正，既［其］洋即日收乞［訖］，分文無滯，此田未賣之先，並無内外人等文墨交干，既賣之后，下年納租谷陸碩正，送到过車，年深月久，办还原價取贖，赵邊不許执留，吾邊伯叔兄弟子侄不得異言之理，如有此色，自能支当，不涉錢主之事，兩相情愿，並無逼以［抑］返悔等，今欲有據，立賣契爲照。

民国廿六年十二月　日立賣契雷益欽（押）

在見　雷受明（押）

憑衆　雷相明（押）

代笔　雷益遷（押）

民國二十七年雷益欽立當契

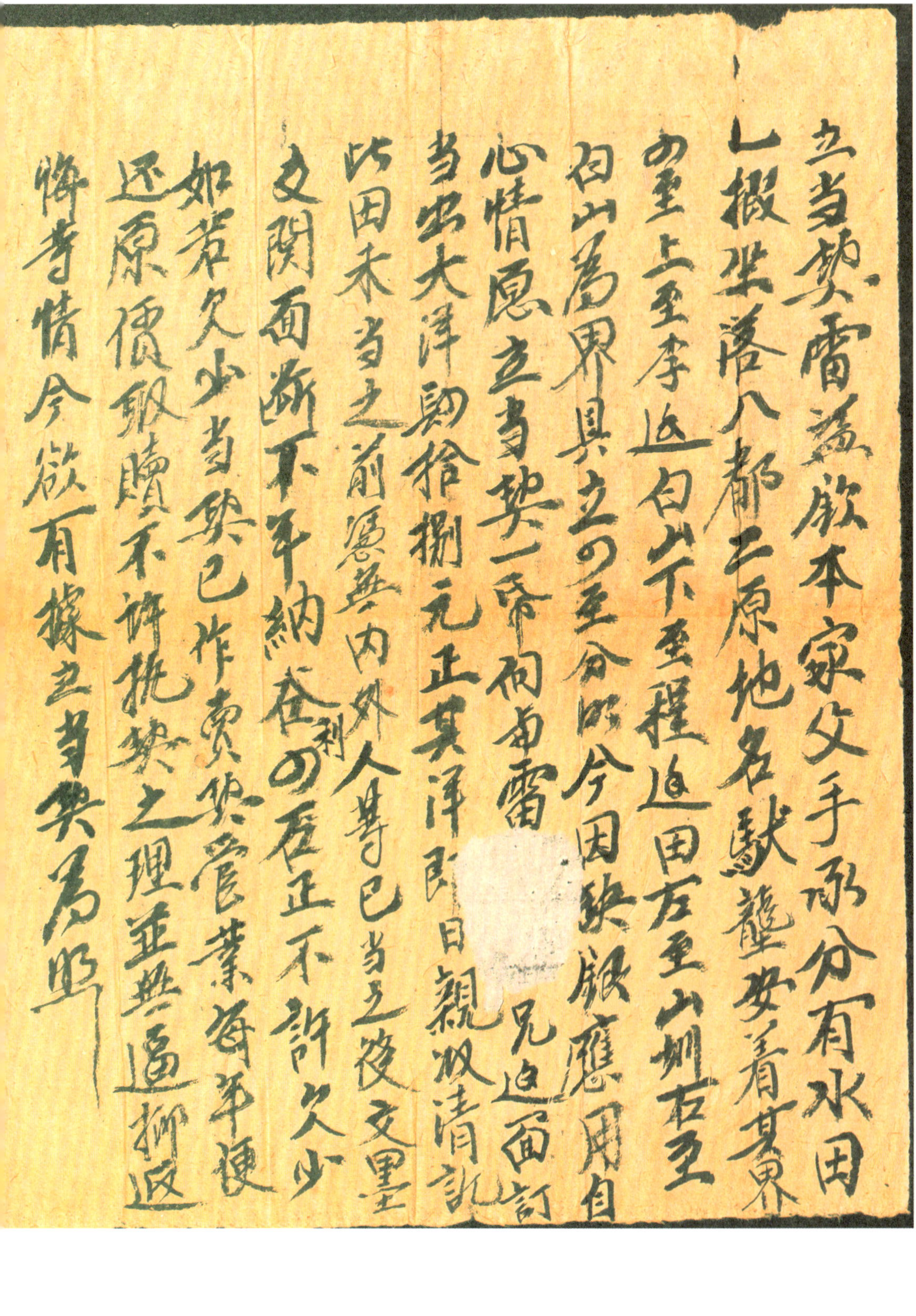
立当契雷益欽，本家父手承分有水田山擺，坐落八都二源，地名𤰝壟，安着其界，內至上至李邊田，下至程邊田，右至山圳，右至白山爲界，具立四至分明。今因缺銀應用，自心情愿立当契一紙，向与雷□兄邊面訂，当出大洋肆拾捌元正，其洋即日親收清訖。此田未当之前，憑無內外人等；已当之後，交墨文関，面斷不平，納利谷四石正，不許欠少。如若欠少，当契已作賣契管業。每年便還原價取贖，不許執契之理，並無逼抑返悔等情。今欲有據，立当契爲照。

（前頁）>>>>>

立当契雷益欽，本家父手承分有水田
一塅，坐落八都二原［源］，地名馱壟安着，其界
四至上至李邊白山，下至程邊田，左至山圳，右至
白山爲界，具立四至分明，今因缺銀應用，自
心情愿，立当契一紙，向與雷□□□兄邊，面訂
当出大洋肆拾捌元正，其洋即日親收清訖，
此田未当之前，憑［並］無内外人等，已当之後，文墨
交關，面断下年納谷利四石正，不許欠少，
如若欠少，当契已作賣契管業，每年便
还原價取贖，不许执契之理，並無逼抑返
悔等情，今欲有據，立当契爲照。

民國念柒年冬日　　立当契雷益欽（押）

在見　雷石養（押）

代笔　雷益遷（押）

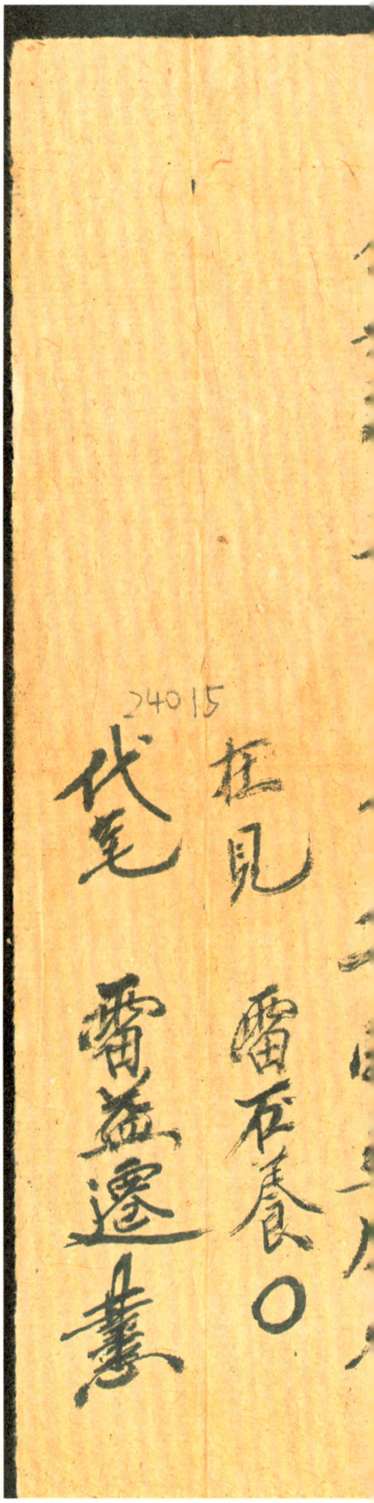

民國二十九年張孔愚立當契

立當契人張孔愚本家自父手承分有水田壹坵坐落本都三源土名黄呈垟門前下蔣宗附叨種計種租拾碩正其田四至上至蔣述田下至蔣述田左至蔣述輪述田右至小坑述田為界俱立四至分明今因本家缺銀正用自願憑中立當契壹紙出當與張洪波兄親边為業三面断定當出時價國幣壹百元正其幣隨契親收完足無滞分文其利面断每年送到過車將該田完納租谷伍碩正其餘归賣主自收此利不敢欠少如若欠少當契即作賣契管業以利作本申筭此田未當之先並無內外人等文墨交閡既當之後吾述伯叔兄弟子侄内外人等不得異言之理如有產業不清一律吾述自殊支當不涉買主之事至若不論年深月久吾述亦還本利取贖買主不得执吝之理此係兩造情願並無返悔等情恐口難憑立當契為據

民國二十九年六月　日立當契　張孔愚（押）

外付俗錢筆資取贖時應听還再照

見契侄　張子章

（前頁）>>>>

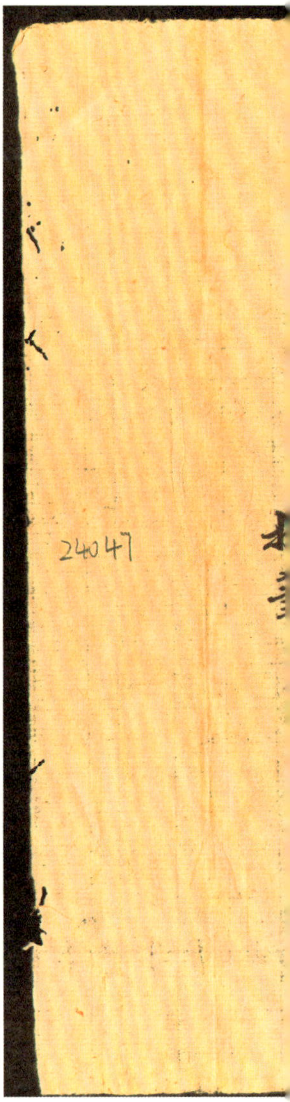

立當契人張孔愚，本家自父手承分有水田壹坵，坐落本都三源，土名黄呈垟門前下蔣宗叨種，计種租拾碩正，其田四至至上至蔣邊田，下至蔣邊田，左至蔣邊輪邊田，右至小坑邊田爲界，俱立四至分明，今因本家缺銀正用，自願憑中立當契壹紙，出當與張洪波兄親邊爲業，三面断定，當出時價國幣壹百元正，其幣隨契親收完足，無滯分文，其利面断每年送到過車，将該田完納租谷伍碩正，其餘归賣主自收，此利不改欠少，如若欠少，當契即作賣契管業，以利作本申□，此田未當之先，並無内外人等文墨交關，既當之後，吾邊伯叔兄弟子侄内外人等不得異言之理，如有産業不清，一律吾邊自能支當，不涉買主之事，去后不論年深月久，吾邊办還本利取贖，買主不得执吝之理，此係兩造情願，並無返悔等情，恐口無憑，立當契爲據。

民國二十九年六月　日立當契張孔愚（押）

外付伢錢、筆資，取贖時　見契侄張子章

應听還，再照。　憑中　邢子明（押）

執筆

民國二十九年鍾徐衡等立對字

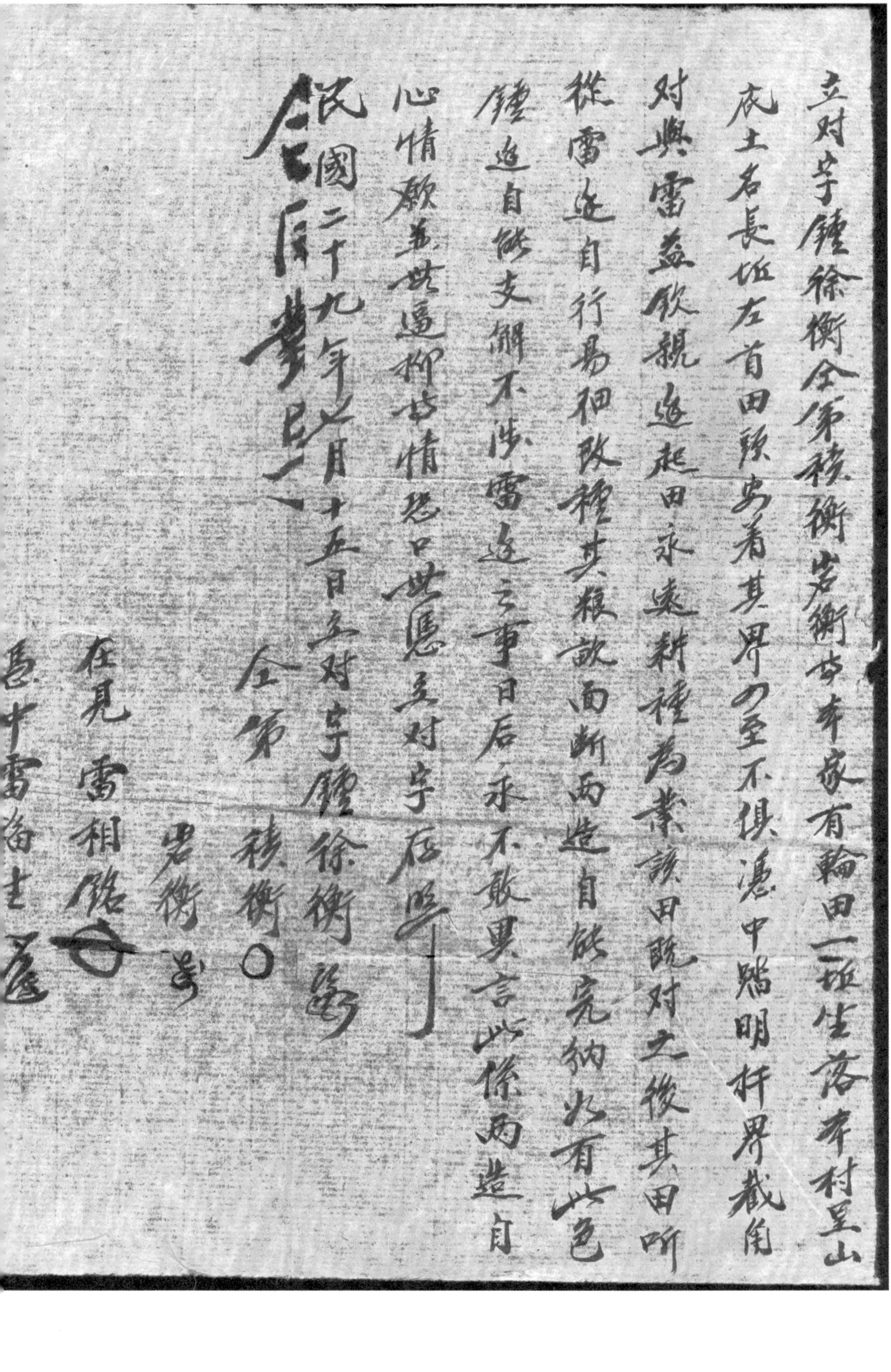

立对字鍾徐衡仝弟禄衡、岩衡等本家有輪田一坵，坐落本村呈山底，土名長坵左首田頭安着，其界乃至不得，憑中點明杆界截角，对與雷益欽親邊起田永遠耕種為業。該田既对之後，其田所從雷邊自行易佃改種，其粮款兩断，兩造自能完納。如有此色，鍾邊自能支解，不涉雷邊之事。日后永不敢異言。此係兩造自心情願，並非逼抑等情，恐口無憑，立对字存照。

民國二十九年七月十五日立对字鍾徐衡（押）

仝弟 禄衡〇

岩衡（押）

在見 雷相錦（押）

憑中 雷海圭（押）

合同對字

（前頁）>>>>

立对字鍾徐衡仝弟積衡、岩衡等，本家有輪田一坵，坐落本村呈山底，土名長坵左首田頭安着，其界四至不俱，憑中踏明，扦界截角，对與雷益欽親邊，起田永遠耕種爲業，該田既对之後，其田听從雷邊自行易佃改種，其粮畝面断兩造自能完納，如有此色，鍾邊自能支解，不涉雷邊之事，日后永不敢異言，此係兩造自心情願，並無逼抑等情，恐口無憑，立对字存照。

民國二十九年七月十五日立对字鍾徐衡（押）

仝弟　積衡（押）

岩衡（押）

在見雷相銘（押）

憑中雷福生（押）

依口代筆鍾佐臣（押）

民國二十九年張孔愚立賣契

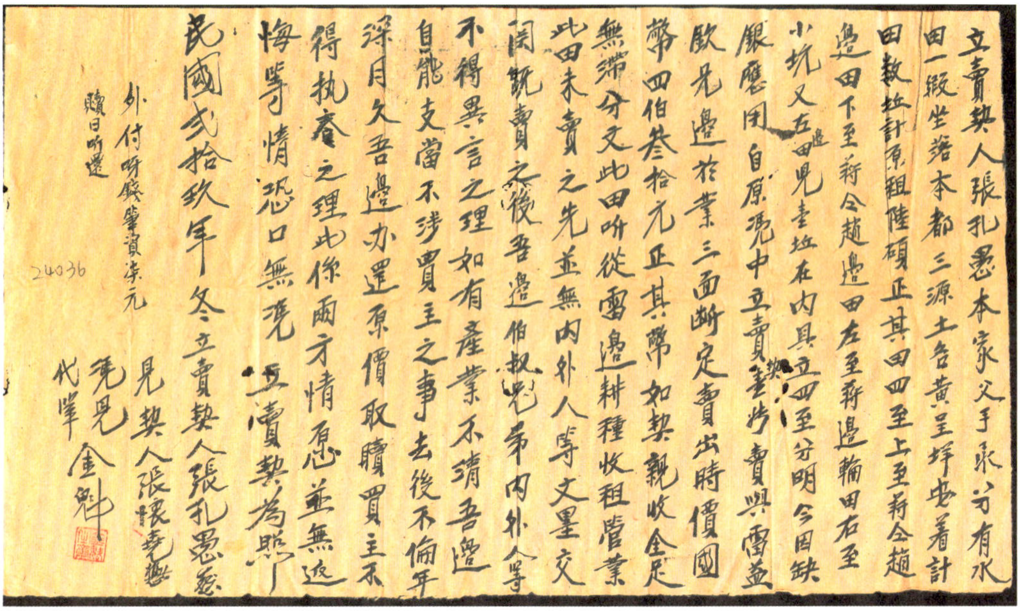

立賣契人張孔愚，本家父手承分有水田一緞[段]，坐落本都三源，土名黄呈垟安着，計田数坵，計原租陸碩正，其田四至上至蔣仝趙邊田，下至蔣仝趙邊田，左至蔣邊輪田，右至小坑，又左邊田兒壹坵在内，具立四至分明，今因缺銀應用，自原[願]憑中立賣契壹紙，賣與雷益欽兄邊於業，三面断定，賣出時價國幣四伯[佰]叁拾元正，其幣如契親收全足，無滞分文，此田听從雷邊耕種，收租管業，此田未賣之先，並無内外人等文墨交關，既賣之後，吾邊伯叔兄弟内外人等不得異言之理，如有産業不清，吾邊自能支當，不涉買主之事，去後不倫[論]年深月久，吾邊办還原價取贖，買主不得执吝之理，此係兩方情愿，並無返悔等情，恐口無憑，立賣契爲照。

民國式拾玖年冬立賣契人張孔愚（押）

見契人張懷堯（押）

外付呀錢筆資柒元　　憑見金魁（印）

贖日听還　　代筆

民國三十一年張孔愚立賣契

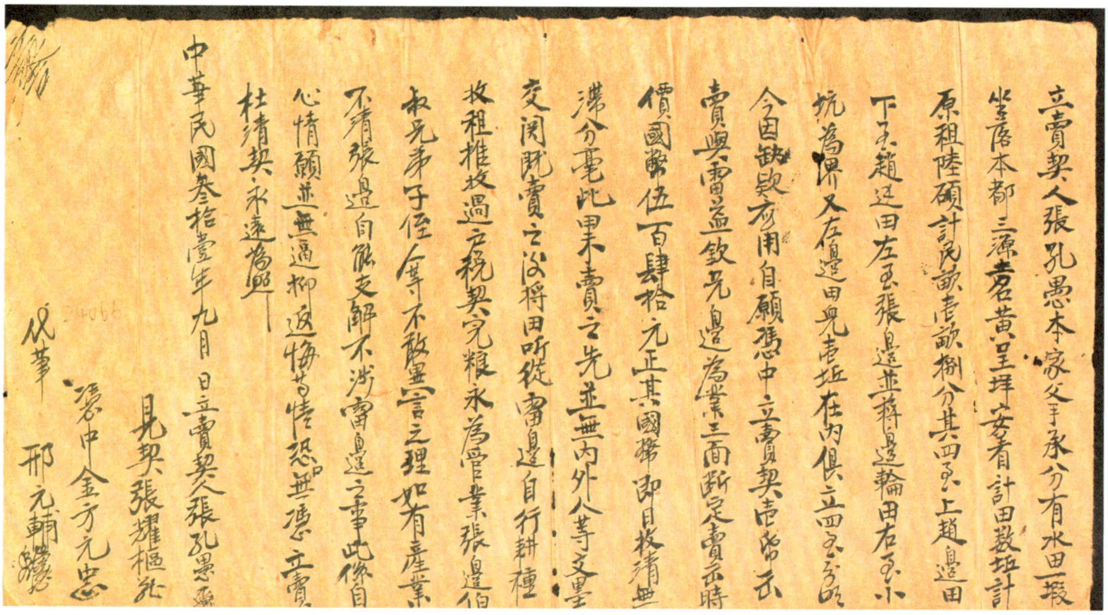

立賣契人張孔愚，本家父手承分有水田一坵坐落本都三源，土名黄呈垟安着，計田数坵，計原租陸碩，計民畝壹畝捌分，其四至上(至)趙邊田，下至趙邊田，左至張邊並蔣邊輪田，右至小坑爲界，又左邊田兒壹坵在内，俱立四至分明，今因缺欵应用，自願憑中立賣契壹紙，出賣與雷益欽兄邊爲業，三面断定，賣出時價國幣伍百肆拾元正，其國幣即日收清，無滞分毫，此田未賣之先，並無内外人等文墨交關，既賣之後，將田听從雷邊自行耕種收租，推收過户，税契完粮，永爲管業，張邊伯叔兄弟子侄人等不敢異言之理，如有産業不清張邊自能支解，不涉雷邊之事，此係自心情願，並無逼抑返悔等情，恐口無憑，立賣杜清契永遠爲照。

中華民國叁拾壹年九月日立賣契人張孔愚(押)

見契張耀樞(押)

憑中金方元(押)

代筆　邢元輔(押)

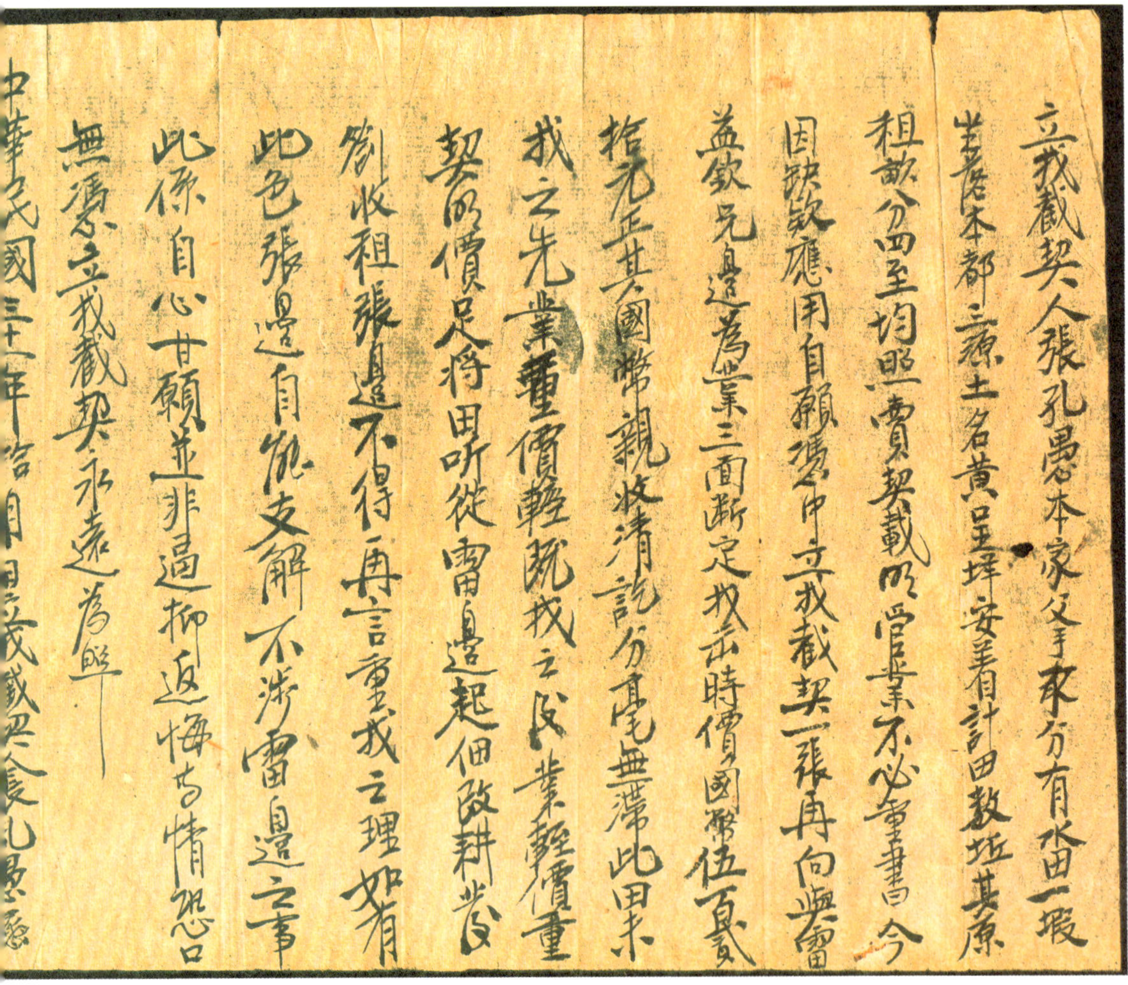

立找截契人張孔愚本家父手來分有水田一段
坐落本都三源土名黃呈坪安着計田數坵其原
租歉分田至均照賣契載明管業不必重書今
因缺錢應用自願憑中立找截契一張再向與雷
益欽兄邊爲業三面斷定找出時價國幣伍百貳
拾元正其國幣親收清訖分厘無滯此田未
找之先業重價輕既找之後業輕價重
契明價足將田听從雷邊起佃改耕
管收租張邊不得再言重找之理如有
此色張邊自能支解不涉雷邊之事
此係自心甘願並非逼抑返悔等情恐口
無憑立找截契永遠爲照
中華民國三十一年 月 日立找截契人張孔愚

民國三十一年張孔愚立找截契

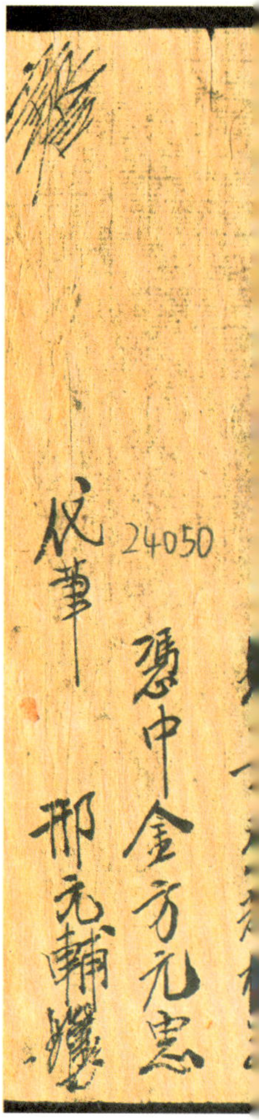

（前頁）>>>>

立找截契人張孔愚，本家父手承分有水田一塅，坐落本都三源，土名黄呈垟安着，計田数坵，其原租、畝分、四至均照賣契載明管業，不必重書，今因缺欵應用，自願憑中立找截契一張，再向與雷益欽兄邊爲業，三面断定，找出時價國幣伍佰貳拾元正，其國幣親收清訖，分毫無滯，此田未找之先，業重價輕，既找之後，業輕價重，契明價足，將田听從雷邊起佃改耕，發劄收租，張邊不得再言重找之理，如有此色，張邊自能支解，不涉雷邊之事，此係自心甘願，並非逼抑返悔等情，恐口無憑，立找截契永遠爲照。

中華民國三十一年拾月日立找截契張孔愚（押）
見契張耀樞（押）
憑中金方元（押）
代筆　　邢元輔（押）

民國三十一年張孔愚立退佃契

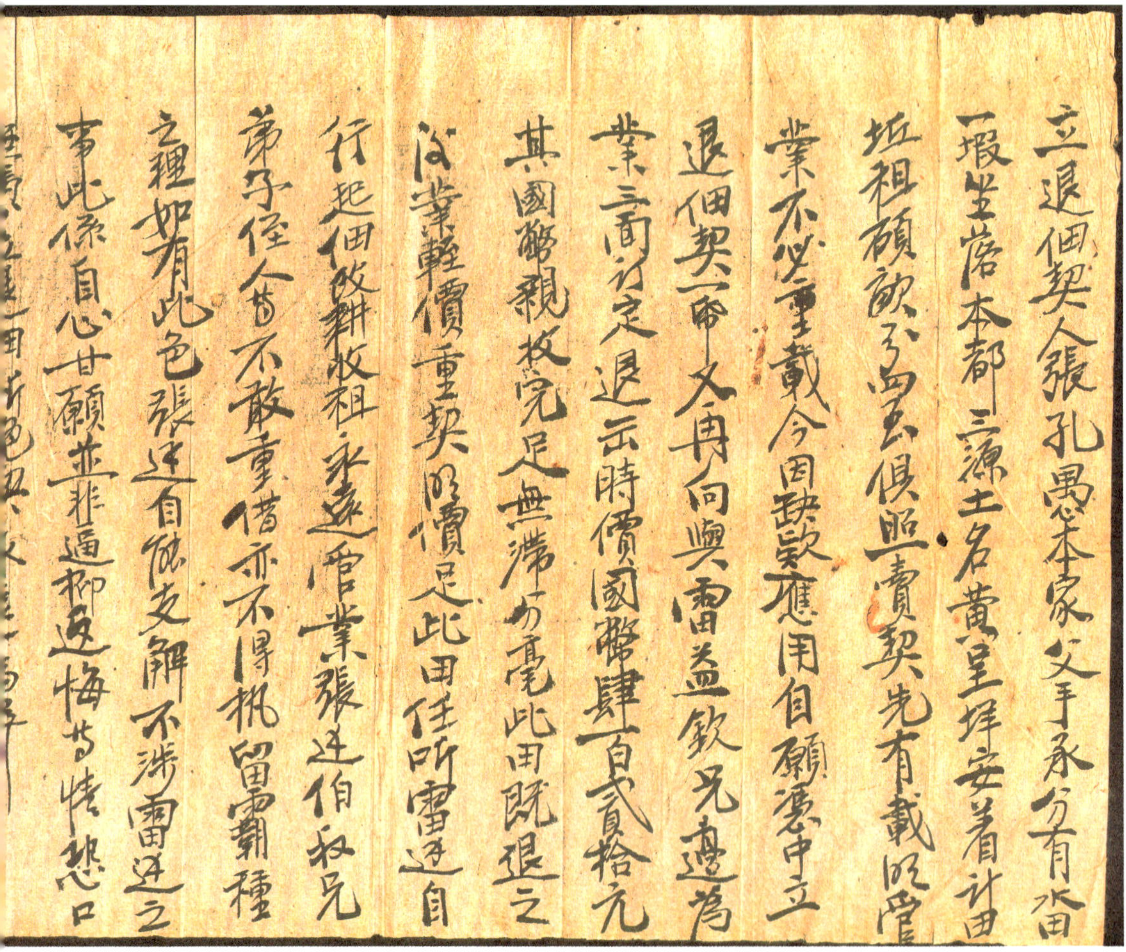

立退佃契人張孔愚本家父手承分有畓
一段坐落本都三源土名黃皇坪安着計田
坵租碩該谷山主俱照賣契先有載明當
業不必重載今因缺欵應用自願憑中立
退佃契一紙又再向與雷益欽兄邊為
業三面訂定退云時價國幣肆佰貳拾元
其國幣親收完足無滯分毫此田既退之
後業輕價重契明價足此田任聽雷邊自
行起佃改耕收租永遠管業張邊伯叔兄
弟子侄人等不敢重借亦不得執留霸種
之理如有此色張邊自能支解不涉雷邊之
事此係自心甘願並非逼抑返悔等情恐口
[illegible]

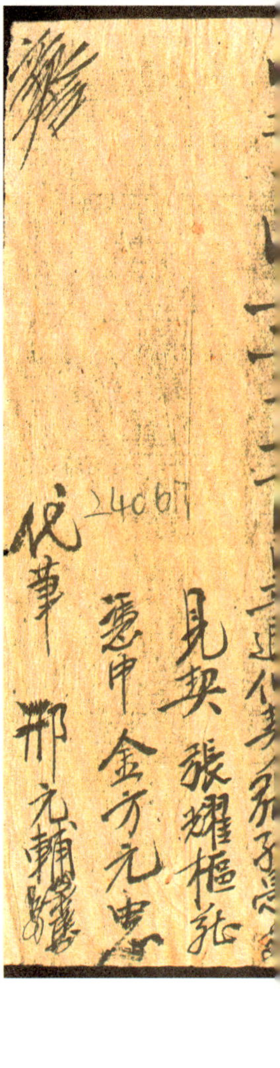

（前頁）>>>>

立退佃契人張孔愚，本家父手承分有水田一坵，坐落本都三源，土名黄呈垟安着，計田坵、租碩、畝分、四至俱照賣契先有載明管業，不必重載，今因缺欵應用，自願憑中立退佃契一紙，又再向與雷益欽兄邊爲業，三面訂定，退出時價國幣肆百貳拾元，其國幣親收完足，無滯分毫，此田既退之後，業輕價重，契明價足，此田任听雷邊自行起佃改耕，收租永遠管業，張邊伯叔兄弟子侄人等不敢重借，亦不得执留霸種之理，如有此色，張邊自能支解，不涉雷邊之事，此係自心甘願，並非逼抑返悔等情，恐口無憑，立退佃斷絶契永遠爲照。

中華民國三十一年十二月日立退佃契人張孔愚（押）

見契　張耀樞（押）

憑中　金方元（押）

代筆　邢元輔（押）

民國三十三年雷石養立賣契

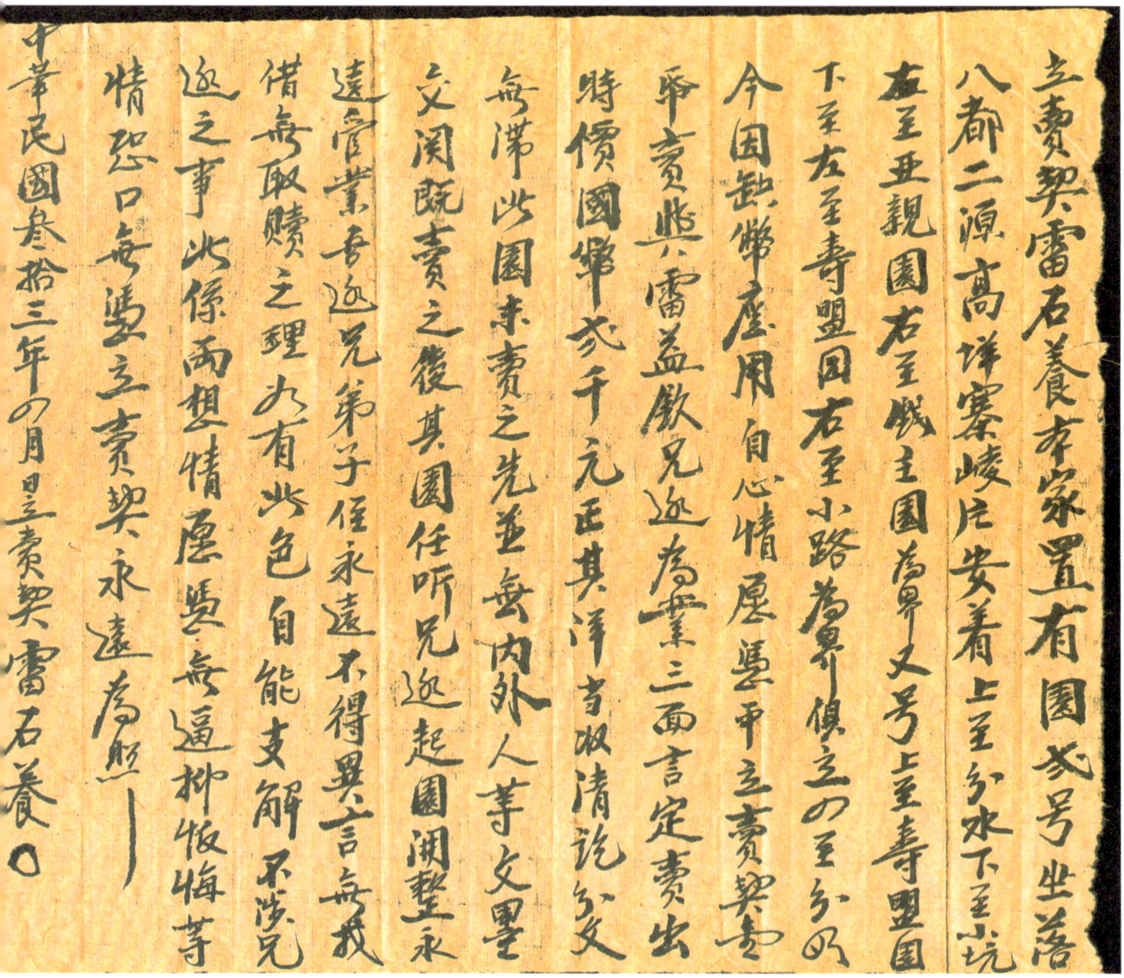

立賣契雷石養本家置有園壹号坐落
八都二源高洋寨岐庄安着上至分水下至小坑
左至丑親園右至戲主園為界又号上至壽盟园
下至左至壽盟园右至小路為界俱立四至分明
今因缺幣應用自心情愿憑中立賣契壹
帋賣與雷益欽兄邊為業三面言定賣出
時價國幣壹千元正其洋當收清訖分文
無滯此園未賣之先並無內外人等文墨
交關既賣之後其園任听兄邊起園開墾永
遠管業吾邊兄弟子侄永遠不得異言無找
借無取贖之理如有此色自能支解不涉兄
邊之事此係兩想情愿憑無逼抑反悔等
情恐口無憑立賣契永遠為照
中華民國叁拾三年四月日立賣契雷石養〇

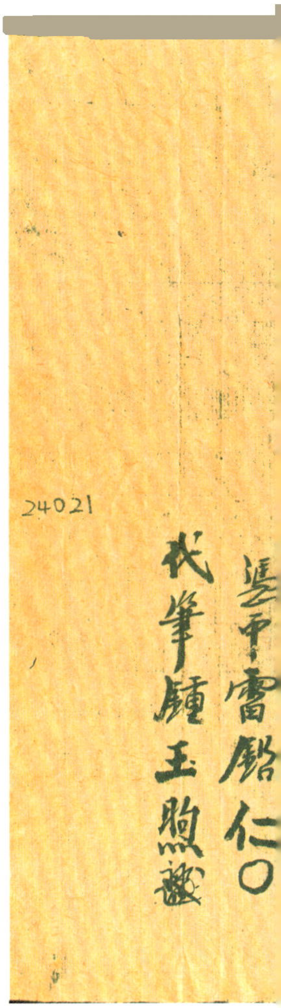

（前頁）>>>>

立賣契雷石養，本家置有園式号，坐落八都二源高垟寨崚片安着，上至分水，下至小坑，左至亞親園，右至錢主園爲界，又号上至壽盟園，下至、左至壽盟园，右至小路爲界，俱立四至分明，今因缺幣應用，自心情愿，憑衆立賣契壹紙，賣與雷益欽兄邊爲業，三面言定，賣出時價國幣式千元正，其洋当收清訖，分文無滯，此園未賣之先，並無内外人等文墨交關，既賣之後，其園任听兄邊起園開整，永遠管業，吾邊兄弟子侄永遠不得異言，無找借，無取贖之理，如有此色，自能支解，不涉兄邊之事，此係兩想［相］情愿，憑［並］無逼抑恢［反］悔等情，恐口無憑，立賣契永遠爲照。

中華民國叁拾三年四月日立賣契雷石養（押）

在見雷相銘（押）

憑衆雷鉛仁（押）

代筆鍾玉煦（押）

民國三十五年鍾堯聽立賣契

立賣契鍾堯听，本家自手置有水田壹處，坐落
八外都五源鄭山底，土名白葉田安着，其田六坵，計租
壹石伍方正，計畝〇分伍厘正，其界上至業主山，下至
秉杰山，左至路，右至堯盛田為界，俱立〇至分明。
今因缺幣應用，自心情願，憑中立賣契壹紙，出賣
與雷益欽親邊為業，三面言定，賣出時價國幣
壹萬捌仟元正，其幣當收清訖，分文無滯。此田未
賣之先，並無內外人等文墨交關；既賣之後，其田
盡听雷邊起田耕種，永遠管業，完粮稅契，退收
过户。吾邊伯叔兄弟子侄不得異言，無取贖之理。
如有此色，自能支解，不涉親邊之事。此係兩相情
願

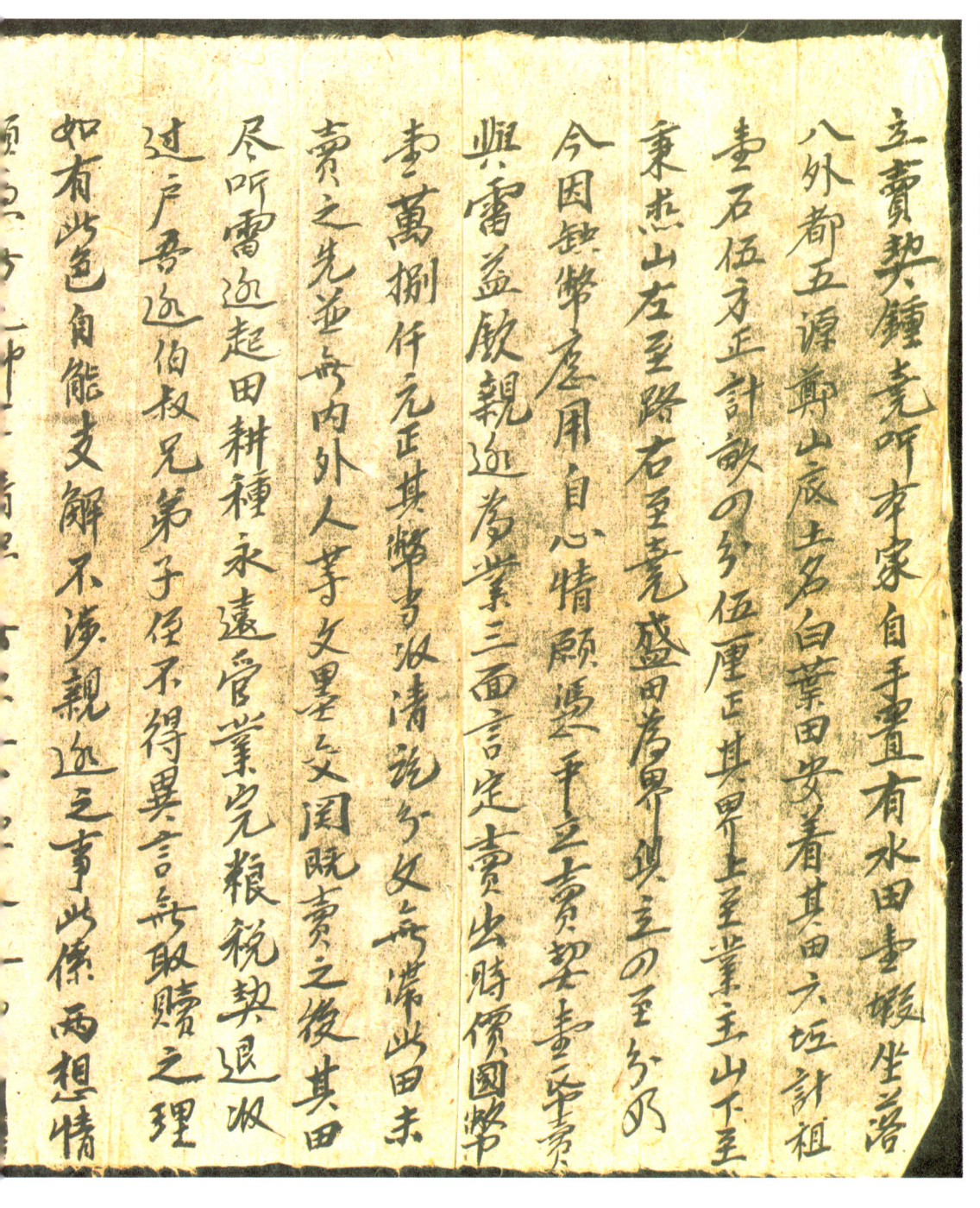

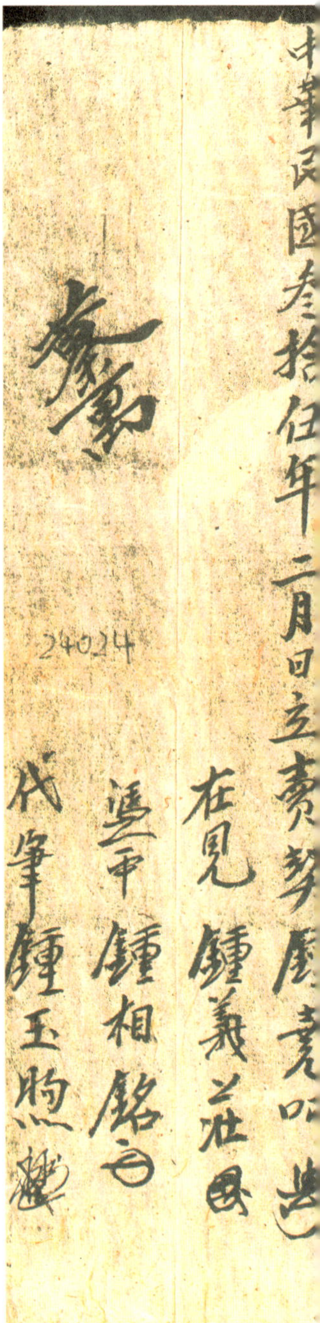

（前頁）>>>>

立賣契鍾堯听，本家自手置有水田壹塅，坐落八外都五源鄭山底，土名白葉田安着，其田六坵，計租壹石伍方正，計畝四分伍厘正，其界上至業主山，下至秉杰山，左至路，右至堯盛田爲界，俱立四至分明，今因缺幣應用，自心情願，憑衆立賣契壹紙，賣與雷益欽親邊爲業，三面言定，賣出時價國幣壹萬捌仟元正，其幣当收清訖，分文無滯，此田未賣之先，並無内外人等文墨交關，既賣之後，其田尽听雷邊起田耕種，永遠管業，完粮税契，退收过户，吾邊伯叔兄弟子侄不得異言，無取贖之理，如有此色，自能支解，不涉親邊之事，此係兩想[相]情願，憑[並]無逼抑等情，恐口無憑，立賣契永遠爲照。

中華民國叁拾伍年二月日立賣契鍾堯听（押）

在見鍾義莊（押）

憑衆鍾相銘（押）

代筆鍾玉煦（押）

□□

民國三十五年鍾秉旭立賣契

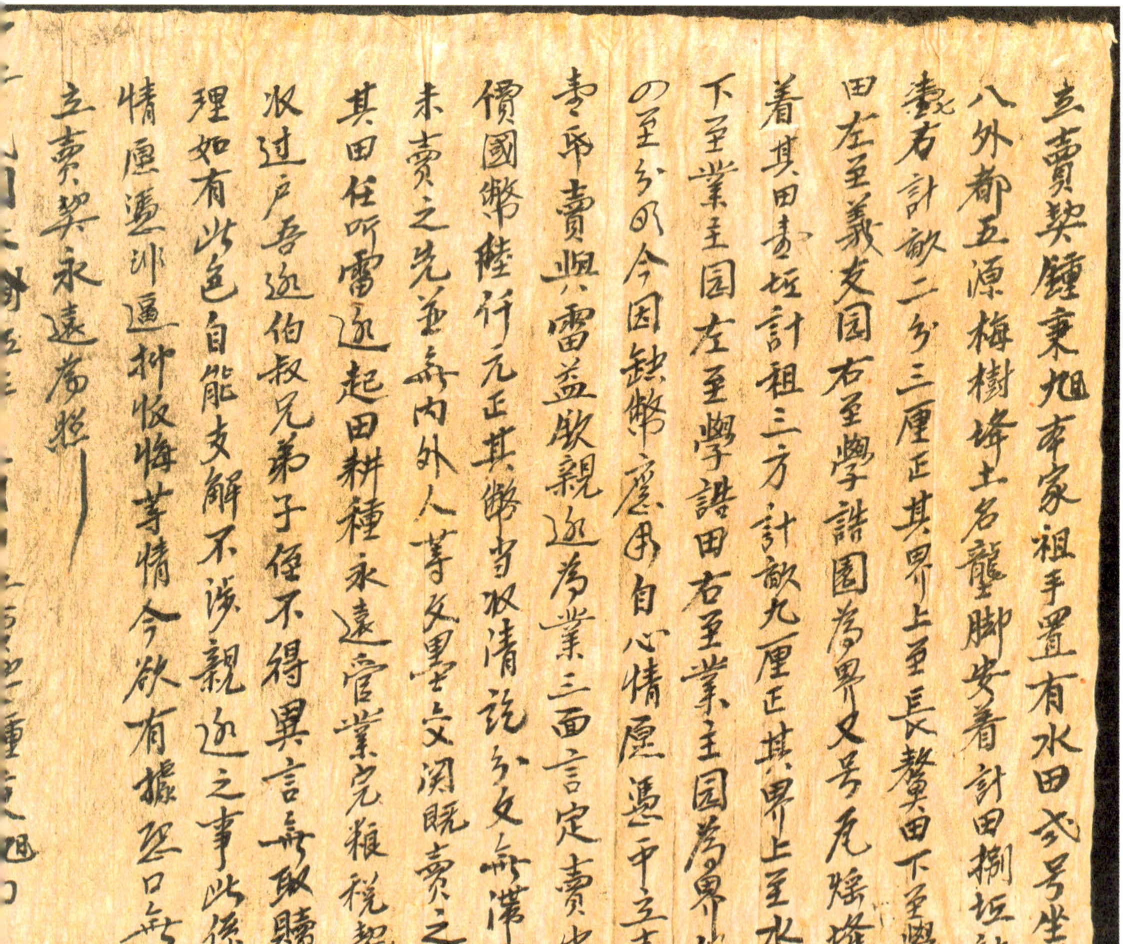
立賣契鍾秉旭，本家祖手置有水田弍号，坐落
八外都五源梅樹垟，土名龍脚安着，計田捌坵，計租
壹碩，右計畝二分三厘正，其界上至長盤田，下至學詁
田，左至義支园，右至學詁園爲界；又号尾垟安
着，其田壹坵，計租三方，計畝九厘正，其界上至水圳，
下至業主园，左至學詁田，右至業主园爲界，八六立
四至分明。今因缺幣應用，自心情愿，憑中立賣契
壹帋，賣與雷益欽親邊爲業，三面言定，賣出時
價國幣陸仟元正，其幣當收清訖，分文無滯。此田
未賣之先，並無內外人等文墨交関，既賣之後，
其田任听雷邊起田耕種，永遠管業，完粮稅契，退
收过户，吾邊伯叔兄弟子侄不得異言、無取贖之
理。如有此色，自能支解，不涉親邊之事。此係兩愿
情愿，憑非逼抑，恢悔等情，今欲有據，恐口無憑，
立賣契永遠爲照。

（前頁）>>>>

立賣契鍾秉旭，本家祖手置有水田弍号，坐落八外都五源梅樹垟，土名壟脚安着，計田捌坵，計租七方，計畝二分三厘正，其界上至長鰲田，下至學誥田，左至義支园，右至學誥園爲界，又号瓦熎垟安着，其田壹坵，計租三方，計畝九厘正，其界上至水坝，下至業主园，左至學誥田，右至業主园爲界，俱立四至分明，今因缺幣應用，自心情愿，憑衆立賣契壹紙，賣與雷益欽親邊爲業，三面言定，賣出時價國幣陸仟元正，其幣当收清訖，分文無滯，此田未賣之先，並無内外人等文墨交關，既賣之後，其田任听雷邊起田耕種，永遠管業，完粮税契，退收过户，吾邊伯叔兄弟子侄不得異言，無取贖之理，如有此色，自能支解，不涉親邊之事，此係兩想［相］情愿，憑［並］非逼抑恢［反］悔等情，今欲有據，恐口無憑，立賣契永遠爲照。

中華民國叁拾伍年二月日立賣契鍾秉旭（押）

在見鍾長鰲（押）

憑衆雷吉丑（押）

代筆鍾玉煦（押）

民國三十五年鍾秉旭立找截並退佃盡契

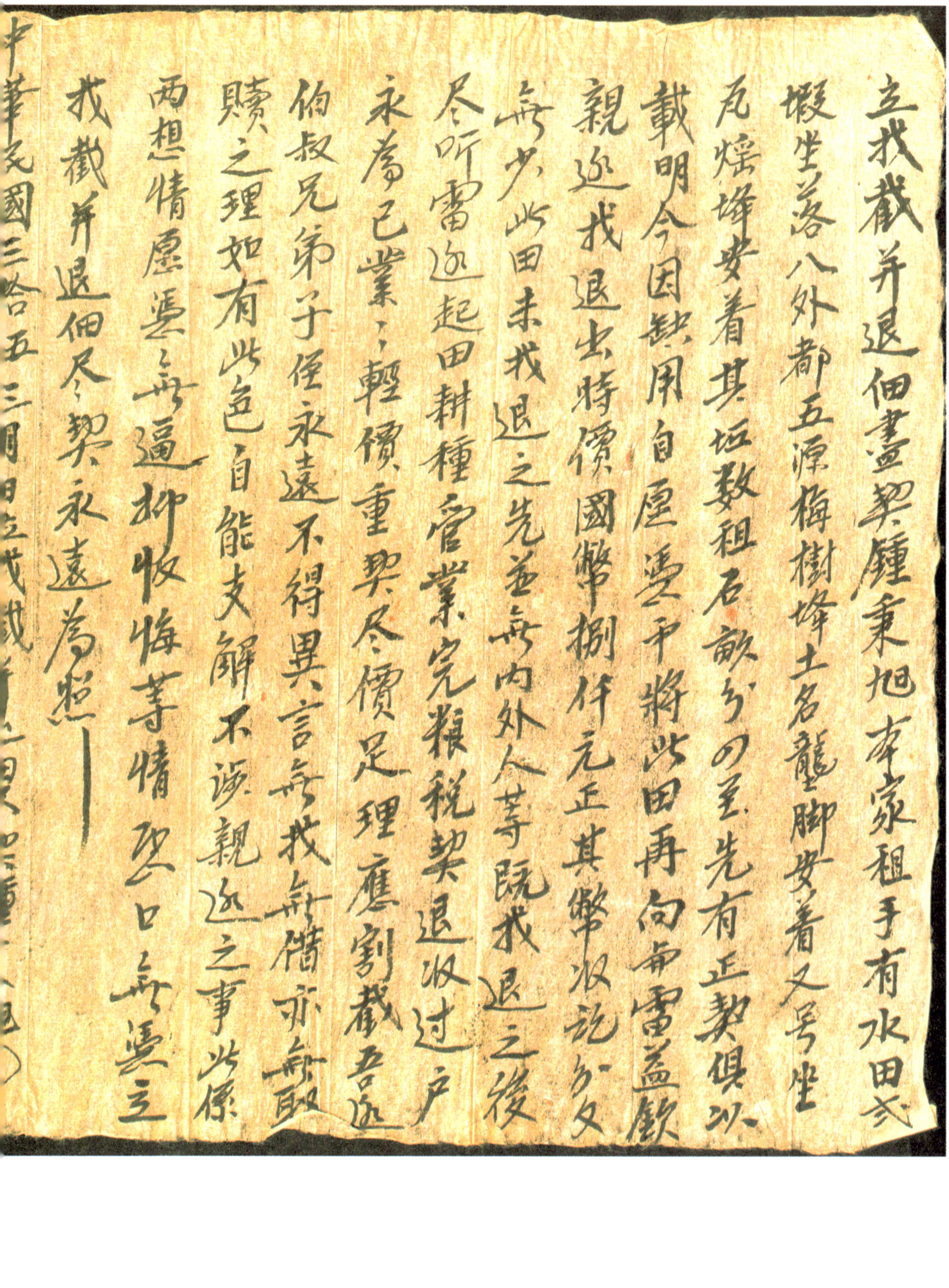
立找截并退佃盡契鍾秉旭，本家祖手有水田弍
坵，坐落八外都五源梅樹垟土名龍脚安着，又号坐
瓦窯垟安着，其坵数租石畝分四至先有正契俱以
載明。今因缺用，自愿凭中將此田再向常益歡
親邊找退出特價國幣捌仟元正，其幣收訖，分文
無少。此田未找退之先並無內外人等，既找退之後
尽听常邊起田耕種管業，完粮税契，退收过户，
永為己業。一輕價重契，尽價足，理應割截，吾邊
伯叔兄弟子侄永遠不得異言，無找無借亦無取
贖之理。如有此色，自能支解，不涉親邊之事。此係
兩想情愿，憑無逼抑、收悔等情，恐口無憑，立
找截并退佃尽契永遠為照——
中華民國三拾五年三月　日立找截

（前頁）>>>>

立找截並退佃盡契鍾秉旭，本家租［祖］手有水田弍坵，坐落八外都五源梅樹垟，土名壟脚安着，又号坐瓦窑垟安着，其坵数、租石、畝分、四至先有正契俱以載明，今因缺用，自愿憑衆將此田再向與雷益欽親邊找退出時價國幣捌仟元正，其幣收訖，分文無少，此田未找退之先，並無内外人等，既找退之後，尽听雷邊起田耕種管業，完粮税契，退收过户，永爲己業，業輕價重，契尽價足，理應割截，吾邊伯叔兄弟子侄永遠不得異言，無找無借，亦無取贖之理，如有此色，自能支解，不涉親邊之事，此係兩想［相］情愿，憑［並］無逼抑恢［反］悔等情，恐口無憑，立找截並退佃尽契永遠爲照。

中華民國三拾伍（年）三月日立找截並退佃尽契鍾秉旭（押）

在見鍾長鰲（押）

憑衆雷吉丑（押）

代筆鍾玉煦（押）

民國三十五年鍾堯聽立找截並退佃盡契

立找截并退佃盡契鍾堯聽本家自手置有水田
壹段坐落八外都五源鄭山底土名白葉田安着三
其坵數租石畝分四至先有正契俱以載明今因缺
用自心情願憑中將此田再向本雷益歆親邊
找退出時價國幣叁萬陸仟元正其幣收訖分
文無少此田未找退之先內外人等既找退之後
其田任听雷邊起田耕種永遠管業完粮稅契
退收過戶永爲己業業輕價重契盡價足理應
割截吾邊伯叔兄弟子侄不得異言三語四無找無
借亦無取贖之理如有此色自能支解不涉
親邊之事此係兩想情願憑非逼抑恨悔等情
恐口無憑立找截并退佃盡契永遠爲照——

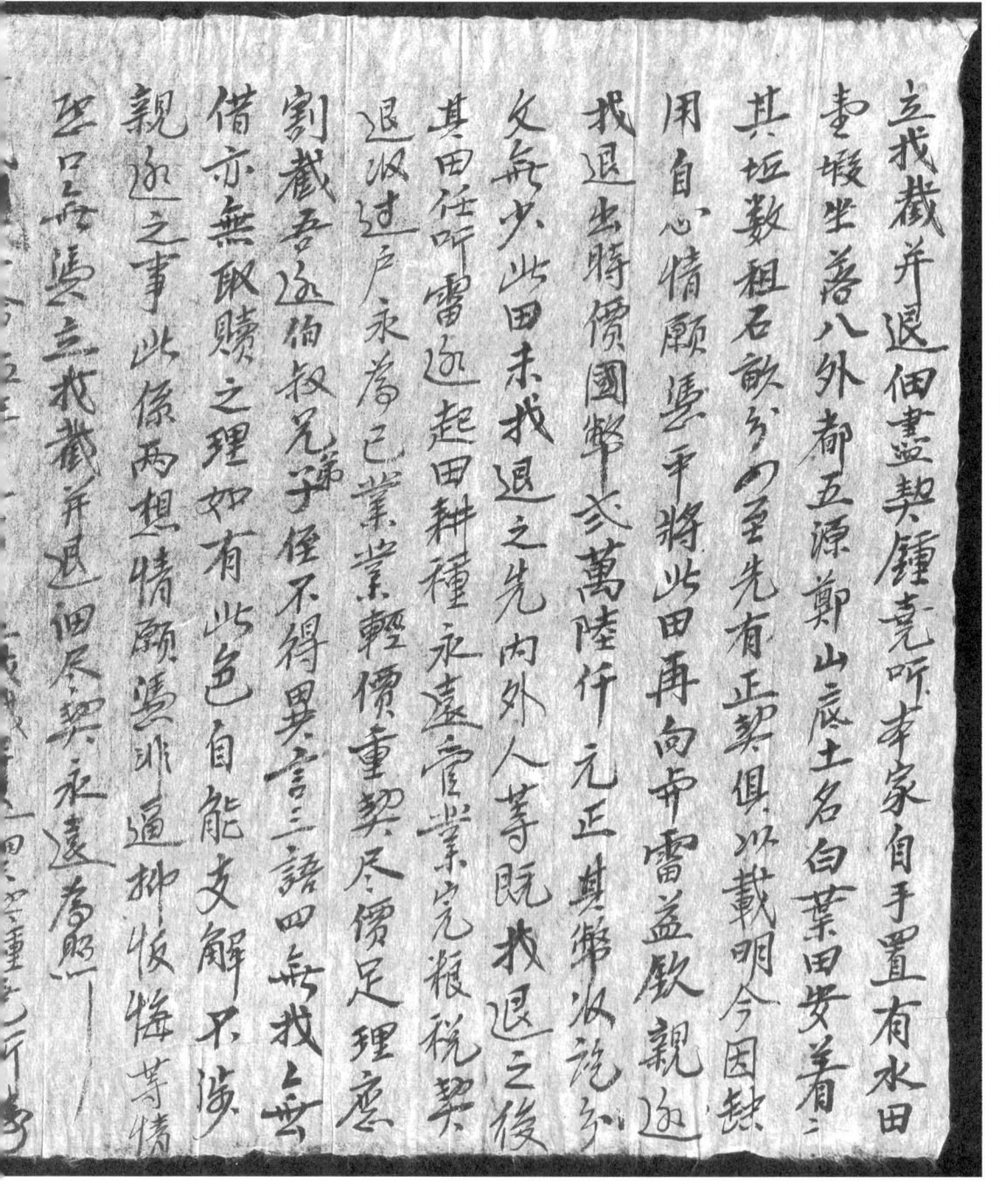

（前頁）>>>>>

立找截並退佃盡契鍾堯听，本家自手置有水田壹塅，坐落八外都五源鄭山底，土名白葉田安着，其坵数、租石、畝分、四至先有正契俱以載明，今因缺用，自心情願，憑衆將此田再向與雷益欽親邊找退出時價國幣弍萬陸仟元正，其幣收訖，分文無少，此田未找退之先，内外人等，既找退之後，其田任听雷邊起田耕種，永遠管業，完粮税契，退收过户，永爲己業，業輕價重，契尽價足，理應割截，吾邊伯叔兄弟子侄不得異言三語四，無找無借，亦無取贖之理，如有此色，自能支解，不涉親邊之事，此係兩想[相]情願，憑[並]非逼抑怄[反]悔等情，恐口無憑，立找截並退佃尽契永遠爲照。

中華民國三拾伍年三月日立找截並退佃尽契鍾堯听（押）

在見鍾義莊（押）

憑衆鍾相銘（押）

代筆鍾玉煦（押）

民國三十五年程存旭立賣契

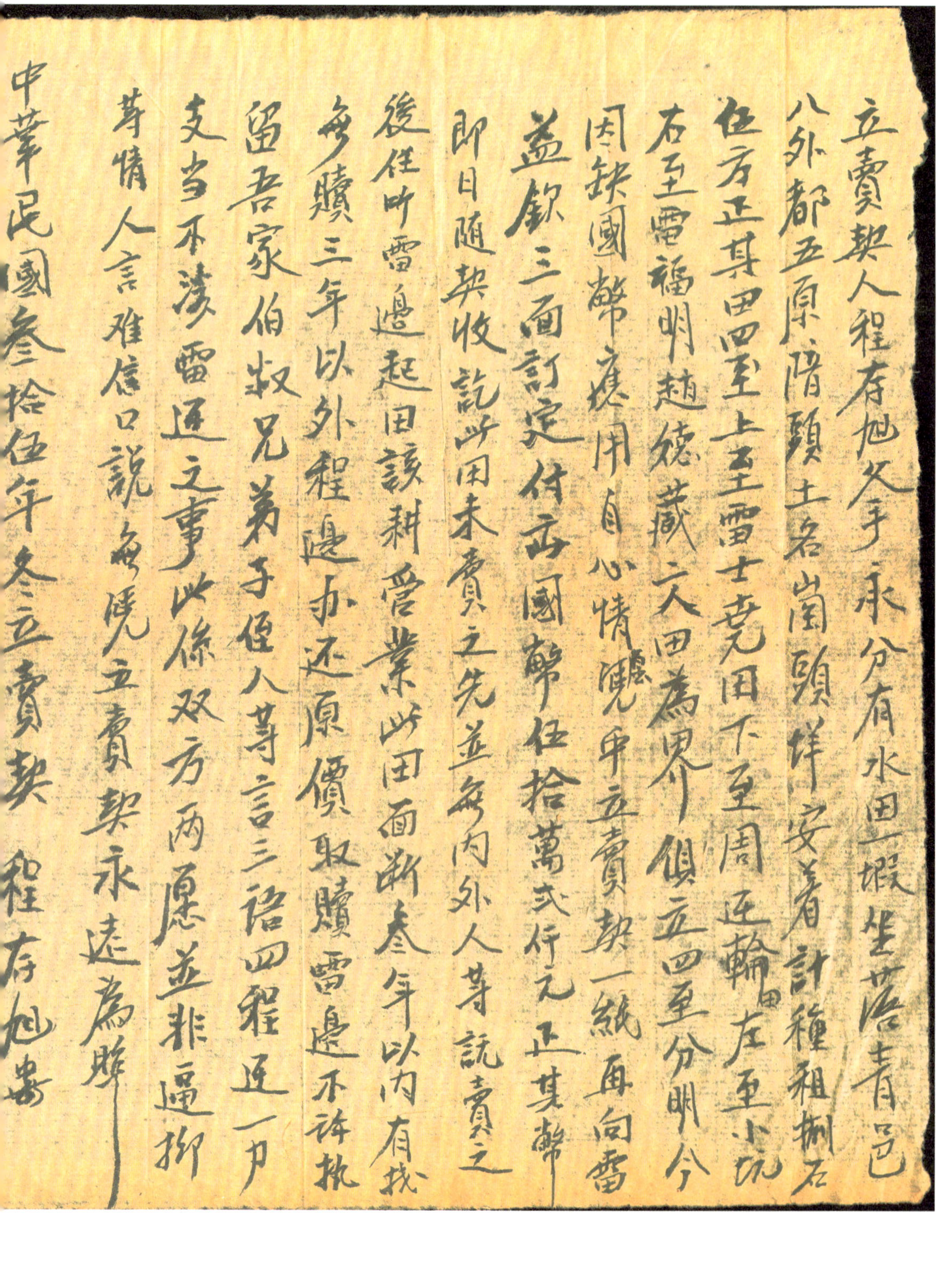
立賣契人程存旭父手永分有水田一坵，坐落青邑
八外都五源隮頭土名嵩頭垟安着，計種租捌石
伍方正，其田四至上至雷士尭田，下至周延輪田，左至小坑，
右至雷福明、趙德藏二人田為界，俱立四至分明。今
因缺國幣應用，自心情愿，憑中立賣契一紙，再向雷
益欽三面訂定，付正國幣伍拾萬貳仟元正，其幣
即日隨契收訖。此田未賣之先，並無內外人等諍賣之
後任听雷邊起田該耕營業，此田面斷叁年以內有找
無贖，三年以外程邊亦还原價取贖，雷邊不許执
留。吾家伯叔兄弟子侄人等言三語四，程延一力
支当，不涉雷邊之事。此係双方兩愿，並非逼抑
等情，人言难信，口說無憑，立賣契永遠為照。
中華民國叁拾伍年冬　立賣契　程存旭（押）

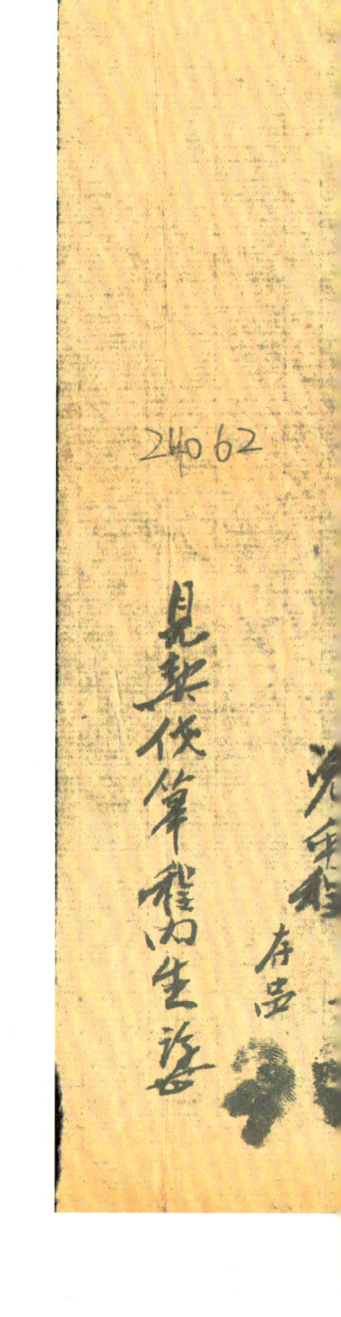

（前頁）>>>>

立賣契人程存旭，父手承分有水田一塅，坐落青邑八外都五原［源］陪頭，土名崗頭垟安着，計種租捌石伍方正，其田四至上至雷士堯田，下至周邊輪田，左至小坑，右至雷福明、趙德藏二人田爲界，俱立四至分明，今因缺國幣應用，自心情愿，憑衆立賣契一紙，再向雷益欽三面訂定付出國幣伍拾萬弍仟元正，其幣即日随契收訖，此田未賣之先，並無内外人等，既賣之後，任听雷邊起田該［改］耕管業，此田面断叁年以内有找無贖，三年以外，程邊办还原價取贖，雷邊不許执留，吾家伯叔兄弟子侄人等言三語四，程邊一力支当，不涉雷邊之事，此係双方兩愿，並非逼抑等情，人言难信，口説無憑，立賣契永遠爲照。

中華民國叁拾伍年冬立賣契　程存旭（押）

憑衆程　云挑（押）

存品（押）

見契代筆程内生（押）

民國三十六年雷傑明立對契

立兑契雷杰明本家有水田園各一号坐落八外都二源
牛塘土名門前下安着計田壹坵计租弍方半計畝乜
厘半正其界上至愛明田下至廸育田左至宝棠田右
至李兵田為界又号園土名對面坦安着計園一塊上至
李仁園下至路左至李兵園右至法教園為界俱至
四至分明自愿兑平立兑契一紙向与雷廸育侄边
為業此田園未兑之先並無內外人等文墨交關既
兑之後任听侄边自由耕種作用永遠掌管為業
吾边伯叔兄弟子侄不得異言之理如有此色自能支
当不涉兩边之事此係兩想情愿兑無逼抑返悔甘
情恐口無凭立兑契永遠為照
中華民國叁拾陆年九月日立兑契雷杰明

(前頁)>>>>

立兑契雷杰明，本家有水田、園各一号，坐落八外都二源牛塘，土名門前下安着，計田壹坵，计租弍方半，計畝七厘半正，其界上至受明田，下至迪育田，左至宝崇田，右至李兵田爲界，又号園土名對面坦安着，計園一塊，上至李仁園，下至路，左至李兵園，右至法敖園爲界，俱立四至分明，自愿憑衆立兑契一紙，向與雷迪育侄邊爲業，此田、園未兑之先，並無内外人等文墨交關，既兑之後，任听侄邊自由聚造作用，永遠掌管爲業，吾邊伯叔兄弟子侄不得異言之理，如有此色，自能支当，不涉兩邊之事，此係兩想[相]情愿，憑[並]無逼抑返悔等情，恐口無憑，立兑契永遠爲照。

中華民國叁拾陆年九月日立兑契雷杰明(押)

在見雷銀岳(押)

憑衆雷宝崇(押)

代筆鍾秉義(印)

民國三十六年雷法鰲立兑據

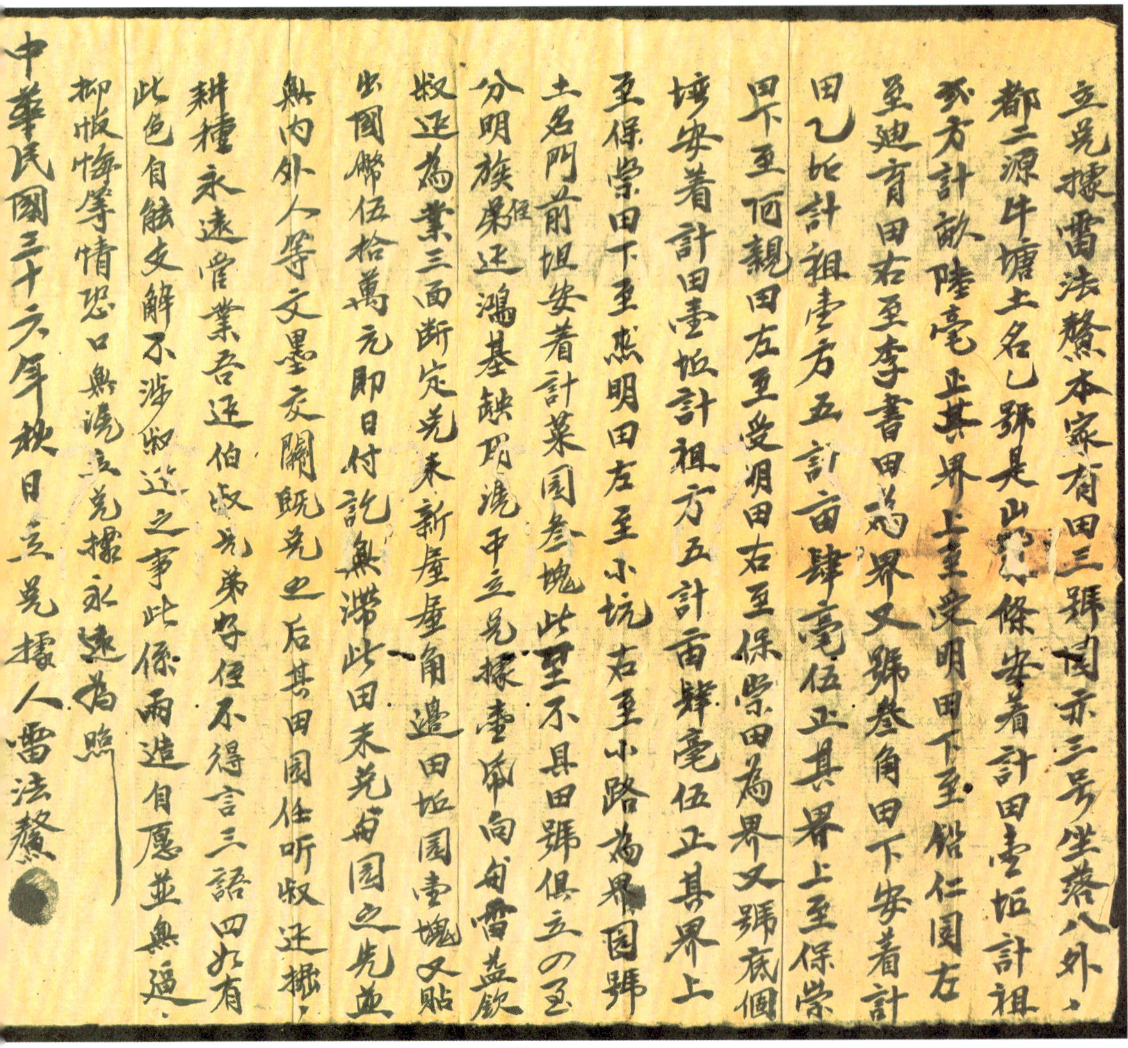

立兑據雷法鰲本家有田三號因亦三号坐落八外、
都二源牛塘土名乙號是山係安着計田壹坵計祖
秋方計畝陸毫正其界上至受明田下至鉛仁園左
至廸育田右至李書田為界又號叁角田下安着計
田乙坵計租壹方五訂畝肆毫伍正其界上至保崇
田下至佰親田左至受明田右至保崇田為界又號底個
埼安着計田壹坵計租方五計畝肆毫伍正其界上
至保崇田下至忠明田左至小坑右至小路為界因號
土名門前坦安着計菜園叁塊此至不具田號俱立の至
分明族侄果迸鴻基缺用澆平立兑據壹紙向與雷益欽
收迸為業三面斷定兑來新壹壹角邊田坵園壹塊又貼
出國幣伍拾萬元即日付訖無滯此田未兑與園之先並
無內外人等文墨交關既兑之后其田園任听收迸掘
耕種永遠管業吾迸伯收兑弟侄不得言三語四如有
此色自能支解不涉收迸之事此係兩造自愿並無逼
抑悔等情恐口無憑立兑據永遠為照
中華民國三十六年秋日立兑據人雷法鰲

（前頁）>>>>

立兑據雷法鰲，本家有田三號，园亦三号，坐落八外都二源牛塘，土名一號是山□條安着，計田壹坵，計租弍方，計畝陸毫正，其界上至受明田，下至鉛仁园，左至迪育田，右至李書田爲界，又號叁角田下安着，計田一坵，計租壹方五，計亩肆毫伍正，其界上至保崇田，下至何親田，左至受明田，右至保崇田爲界，又號底個塆安着，計田壹坵，計租方五，計亩肆毫伍正，其界上至保崇田，下至杰明田，左至小坑，右至小路爲界，园號土名門前坦安着，計菜园叁塊，此至不具，田號俱立四至分明，族侄弟邊鴻基缺用，憑衆立兑據壹紙，向與雷益欽叔邊爲業，三面断定，兑來新屋屋角邊田坵、园壹塊，又貼出國幣伍拾萬元，即日付訖無滯，此田未兑與园之先，並無内外人等文墨交關，既兑之后，其田、园任听叔邊（扦）掘耕種，永遠管業，吾邊伯叔兄弟子侄不得言三語四，如有此色，自能支解，不涉叔邊之事，此係兩造自愿，並無逼抑恢[反]悔等情，恐口無憑，立兑據永遠爲照。

中華民國三十六年秋日立兑據人雷法鰲（押）

在見人雷□鰲（押）

憑衆人雷保崇（押）

依口代笔人鍾維修（押）

民國三十六年雷受明立兑字

立兑字雷受明本家有水田壹號坐落八外都二
源牛塘土名門前下安着計田壹坵計租壹石計
畝三分正其界上至坐崇屋下至杰明田左至坐崇
田右至奶相田為界俱立四至分明憑中立兑字一帋
向與雷廸育侄边為業此田未兑之先並無内外人
等文墨交關既兑之後任聽侄边聚造作用永遠
掌管為業吾边伯叔兄弟子侄不得異言之理如
有此色自能支当不涉兩边之事此係兩想情愿
並非逼抑返悔等情今欲有據恐口無憑立兑
字永遠為照
中華民國三十六年九月日立兑字雷受明

（前頁）>>>>>

立兑字雷受明，本家有水田壹号，坐落八外都二源牛塘，土名門前下安着，計田壹坵，計祖[租]壹石，計畝三分正，其界上至宝崇屋，下至杰明田，左至宝崇田，右至奶相田爲界，俱立四至分明，憑衆立兑字一紙，向與雷迪育侄邊爲業，此田未兑之先，並無内外人等文墨交關，既兑之後，任听侄邊聚造作用，永遠掌管爲業，吾邊伯叔兄弟子侄不得異言之理，如有此色，自能支当，不涉兩邊之事，此係兩想[相]情愿，並無逼抑返悔等情，今欲有據，恐口無憑，立兑字永遠爲照。

中華民國三十六年九月日立兑字雷受明（押）

在見雷元迪（押）

憑衆雷鉛仁（押）

代筆鍾秉義（印）

民國三十六年雷李兵立兑契

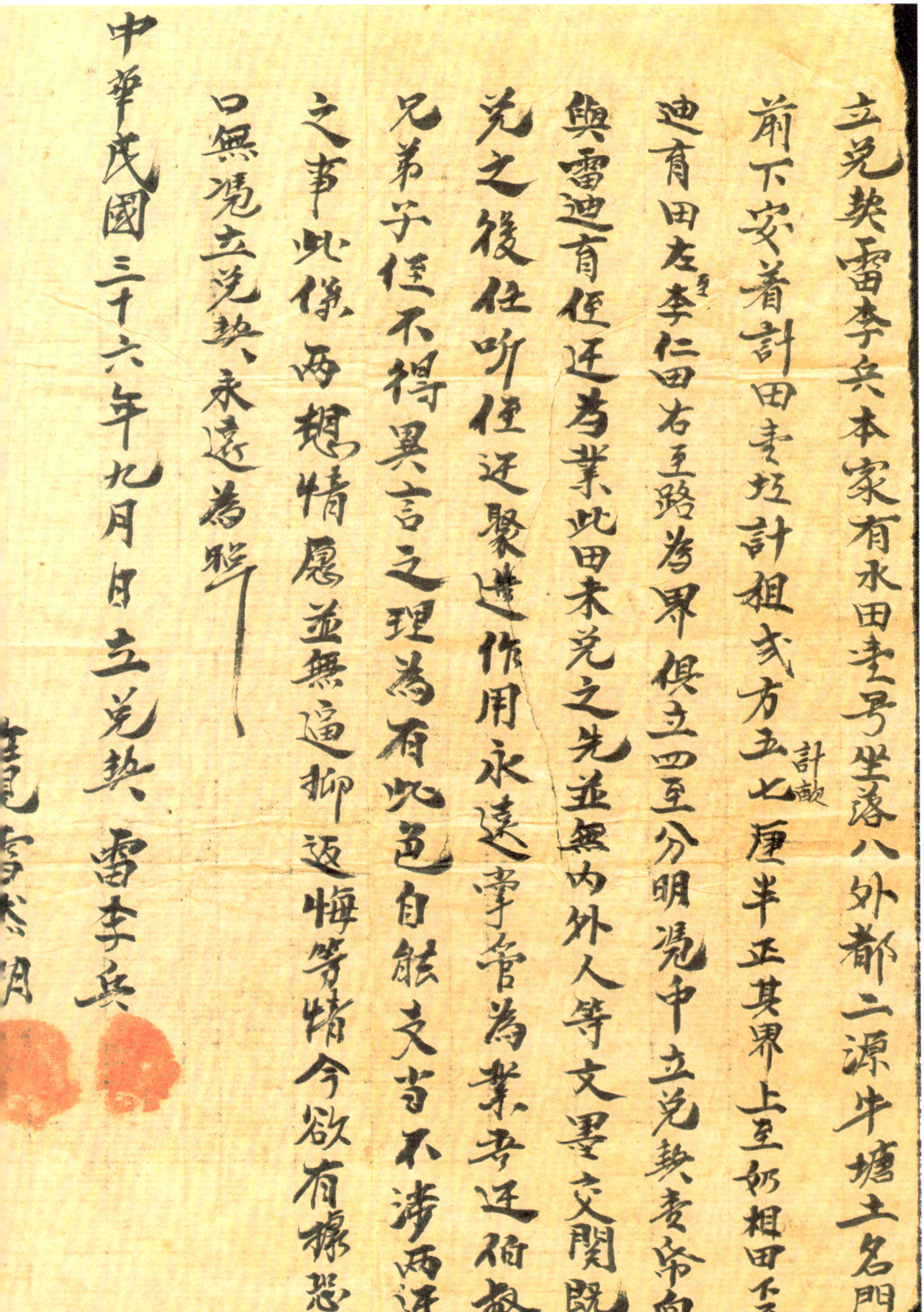

立兑契雷李兵本家有水田壹号坐落八外都二源牛塘土名門前下安着計田壹坵計租弍方五七厘半正（計畝）其界上至奶相田下至迪有田左至李仁田右至路為界俱立四至分明凴中立兑契壹帋向與雷迪有侄廷為業此田未兑之先並無内外人等文墨交閲既兑之後任听侄廷聚造作用永遠掌管為業李廷伯叔兄弟子侄不得異言之理為有此色自能支當不涉兩廷之事此係兩想情愿並無逼抑返悔等情今欲有據恐口無凴立兑契永遠為照

中華民國三十六年九月日立兑契雷李兵

見雷[illegible]明

（前頁）>>>>

立兑契雷李兵，本家有水田壹号，坐落八外都二源牛塘，土名門前下安着，計田壹坵，計租弍方五，計畝七厘半正，其界上至奶相田，下至迪育田，左至李仁田，右至路爲界，俱立四至分明，憑衆立兑契壹紙，向與雷迪育侄邊爲業，此田未兑之先，並無内外人等文墨交關，既兑之後，任听侄邊聚造作用，永遠掌管爲業，吾邊伯叔兄弟子侄不得異言之理，爲有此色，自能支当，不涉兩邊之事，此係兩想［相］情愿，並無逼抑返悔等情，今欲有據，恐口無憑，立兑契永遠爲照。

中華民國三十六年九月日立兑契雷李兵（押）

在見雷杰明（押）

憑衆雷鉛仁（押）

代筆雷鉛岳（押）

民國三十六年王金銘立賣契

立賣契王金銘本家有水田壹段坐落本都二保牛塘土名屋門前水口墈兜安著計原租玖方計畝貳分柒厘正其田四至上至邵冠群田下至雷錕仁田左至小路右至山河坳爲界俱立四至分明今因本家缺洋應用自心情愿將田立賣契壹紙出賣與雷益欽親邊爲業三面言定賣出時價法幣玖拾伍萬元正其洋即日隨契親收完足無滯分文此田未賣之先並無內外人等文墨交關既賣之後其田任聽雷邊起田改耕推收過戶稅契完承爲己業不准回贖房邊伯叔兄弟子侄人等不得異言之理如有此色自能支解不涉買主之事此係兩造自願並無逼抑翻悔等情恐口無憑立賣契永遠爲照

出賣人王金銘（押）

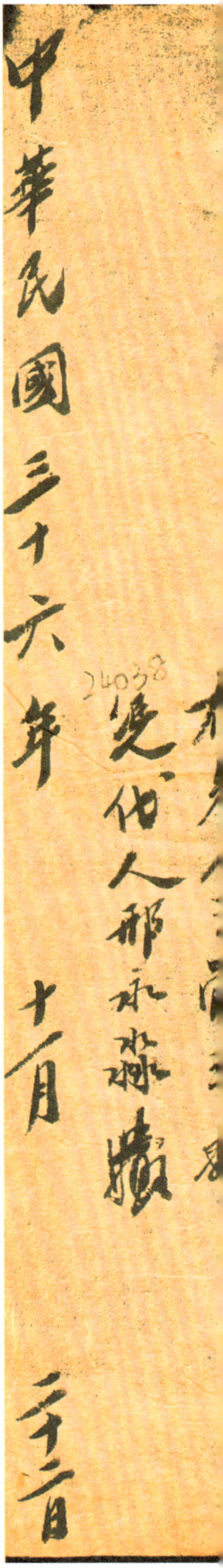

（前頁）>>>>

立賣契王金銘，本家有水田壹段，坐落本都二源牛塘，土名屋門前水口壟兒安着，計原租玖方，計畝弍分柒厘正，其田四至上至邢冠群田，下至雷鉛仁田，左至小路，右至山河圳爲界，俱立四至分明，今因本家缺洋应用，自心情愿，憑中立賣契壹紙，出賣與雷益欽親邊爲業，三面言定，賣出時價法幣玖拾伍萬元正，其洋即日隨契親收完足，無滯分文，此田未賣之先，並無内外人等文墨交關，既賣之後，其田任听雷邊起田改耕，推收过户，税契完（糧），永爲己業，不准回贖，吾邊伯叔兄弟子侄人等不得异言之理，如有此色，自能支解，不涉買主之事，此係兩造自願，並無逼抑翻悔等情，恐口無憑，立賣契永遠爲照。

出賣人王金銘（押）

在見人王體球（押）

憑代人邢永淼（押）

中華民國三十六年　十一月　二十二日

民國三十六年王金銘立找退契

立找退契人王金銘，本家有水田壹段，坐落本都二源半塘大屋門前水口壠兜安着，其田四至租額畝分，依照賣契管業，不必多書。今本家缺洋應用，自心情願托中再向雷益欽親邊找退出法幣壹伯萬元正，其洋即收清訖，無滯分文。此田既找退之後，契盡價重，任所雷邊即行起耕，不准取贖，永遠己業，吾邊伯叔兄弟子侄等人不得異言，找借霸執之理。如有此色，自能支解，不涉買主之事。此係兩造自願，並無逼迫抑勒翻悔等情，恐口無憑，立找退契永久為據。此照。

立找退契　王金銘　書

（前頁）>>>>

立找退契王金銘，本家有水田壹段，坐落本都二源牛塘土屋門前水口壠兒安着，其田四至、租碩、畝分依照賣契管業，不必多書，今本家缺洋应用，自心情願，憑中再向过雷益欽親邊找退出法幣壹佰萬元正，其洋即收清訖，無滯分文，此田既找退之後，契盡价重，任听雷邊即行起耕，不准取贖，永遠己業，吾邊伯叔兄弟子侄等人不得異言找借霸执之理，如有此色，自能支解，不涉買主之事，此係兩造自願，並無逼抑翻悔等情，恐口無憑，立找退契永久爲据，此照。

立找退契王金銘（押）

在見侄王體球（押）

憑代人邢永淼（押）

中華民國三十六年　十二月　廿一日

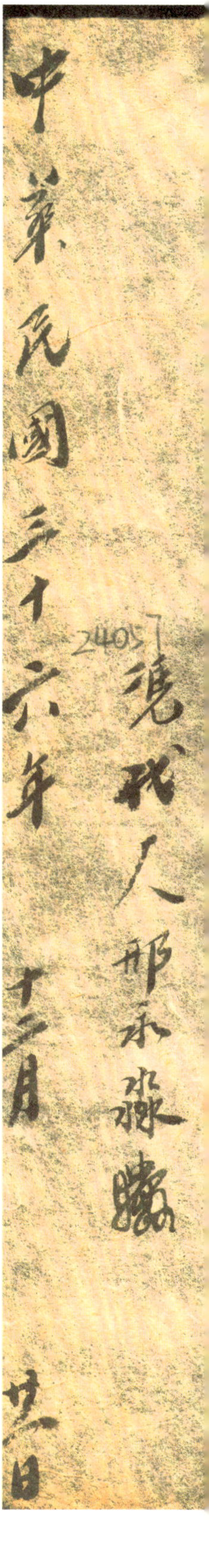

民國三十六年蔡仁敖立賣契

立賣契蔡仁敖，本家有園坪壹片，坐落本都二源牛塘土名對曹安着，其園四至上至安業王園，下至小坑，左至雷邊園，右至雷邊園為界，俱立四至分明。今因缺洋應用，自心情願，憑中立賣契一紙，出賣與雷益欽之邊為業，三面言定，賣出時價法幣壹佰陸拾萬圓正，其洋即日隨契親收清訖，無滯分文。此園未賣之先，並無內外　人等文墨交關，既賣之後，其園任從雷邊園耕種收租管業，不准回贖，永為己產。賣邊伯叔兄弟子侄人等不得異言霸種執留找借之理。如有此色，自能支解，不干買主之事。此係兩造自願，並無逼抑翻悔之理。恐口無憑，立賣契永遠為據。此照。

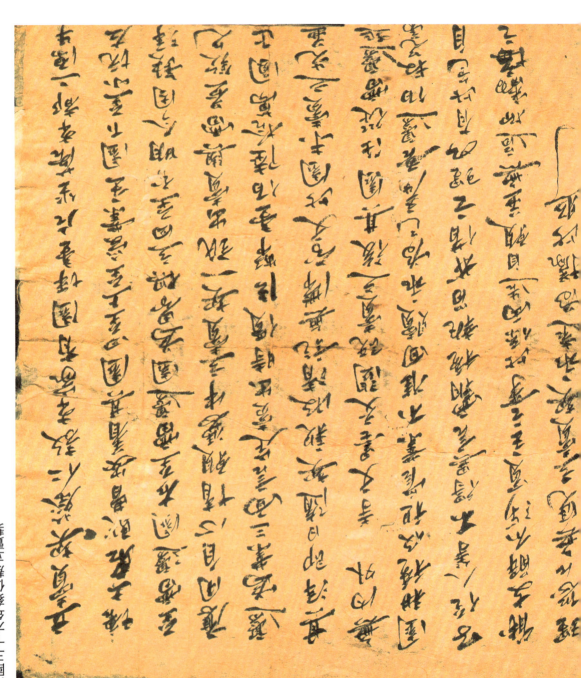

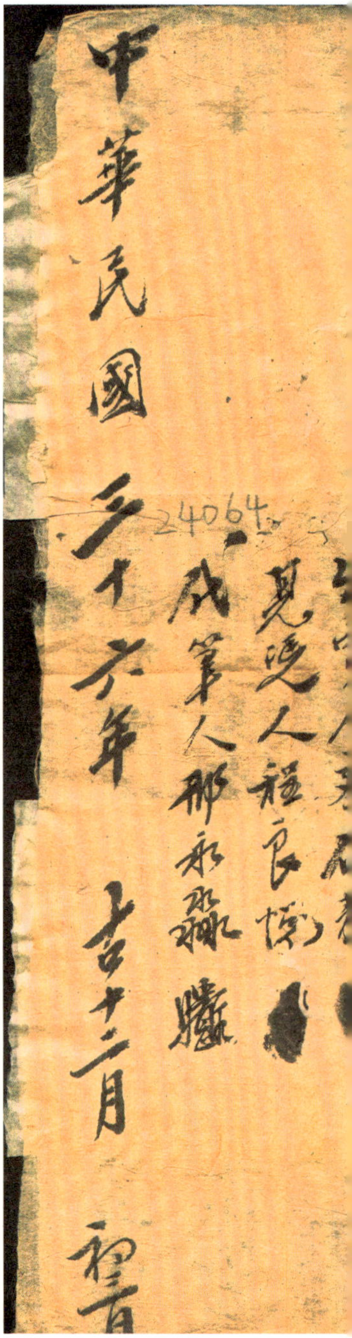

（前頁）>>>>

立賣契蔡仁敖，本家有園坪壹片，坐落本都二源牛塘，土名馱曹安着，其園四至上至管業主園，下至小坑，左至雷邊園，右至雷邊園爲界，俱立四至分明，今因缺洋應用，自心情願，憑中立賣契一紙，出賣與雷益欽兄邊爲業，三面言定，賣出時價法幣壹佰陸拾萬圓正，其洋即日隨契親收清訖，無滯分文，此園未賣之先，並無内外□等文墨交關，既賣之後，其園任從雷邊起園耕種，收租管業，不准回贖，永爲己產，吾邊伯叔兄弟子侄人等不得異言霸種執留找借之理，如有此色，自能支解，不涉買主之事，此係兩造自願，並無逼抑翻悔之理，恐口無憑，立賣契永遠爲據，此照。

出賣人蔡仁敖（押）
見憑人程良□（押）
代筆人邢永淼（押）

中華民國三十六年　古十二月　初三日

民國三十七年雷鉛仁立合同兑契

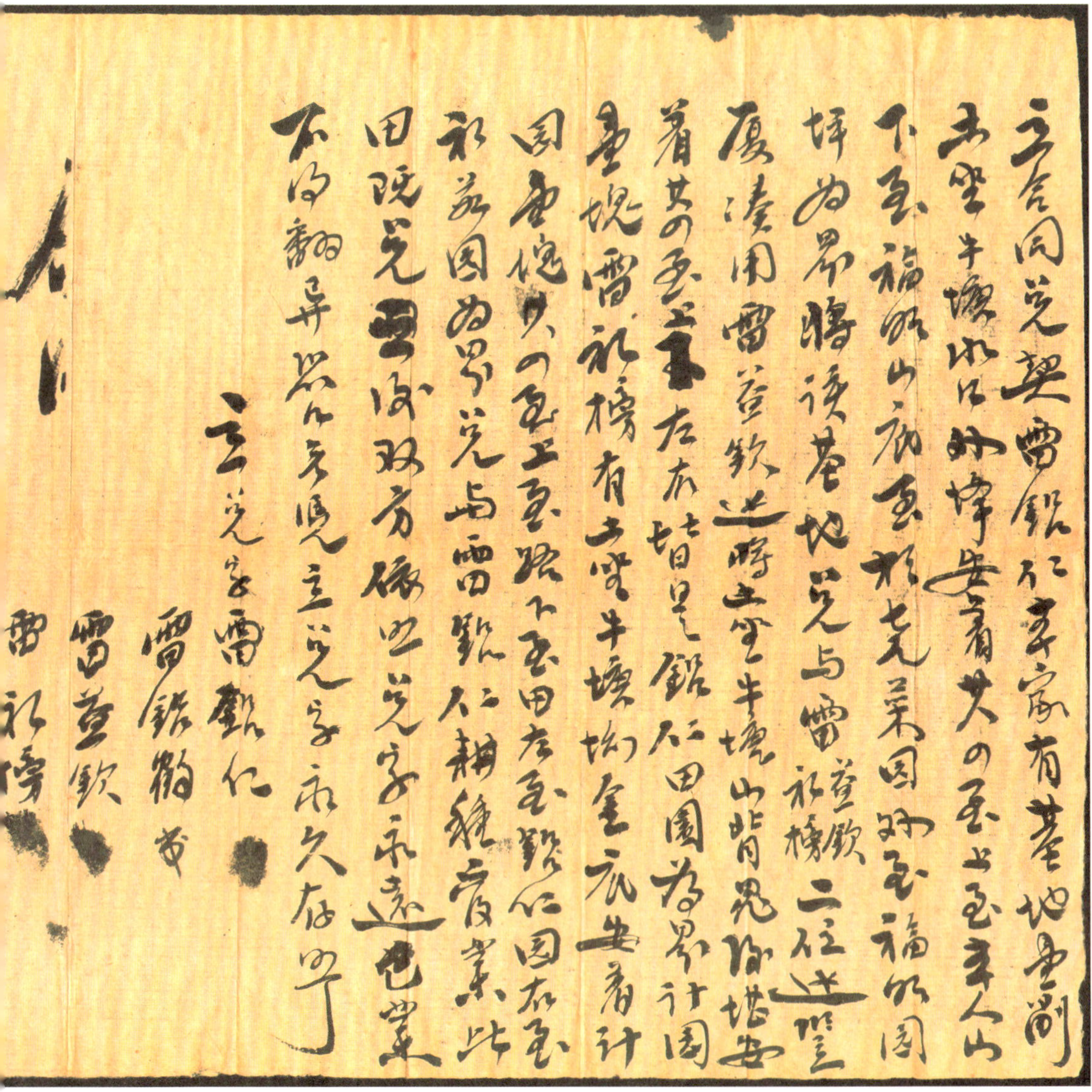
立合同兑契雷鉛仁承祖家有基地壹副
土名牛塘水口外埠安着其四至上至本人山
下至福頭山脚至孙克荣園外至福頭園
坪為界將該基地兑與雷蓝欽、雷祁榜二位邊
履陸用雷蓝欽邊將土名牛塘山背兜脚堪安
着其四至上至左右皆是鉛仁田園為界計園
壹塊雷祁榜有土名牛塘坳金瓦安着計
園壹塊其四至上至路下至田右至鉛仁園左至
祁蓝園為界兑與雷鉛仁耕種管業，此
田既兑之後雙方依照兑字永遠管業
不得翻異，恐口無憑，立兑字永久存照
立兑字雷鉛仁
雷鉛翰 押
雷蓝欽
雷祁榜

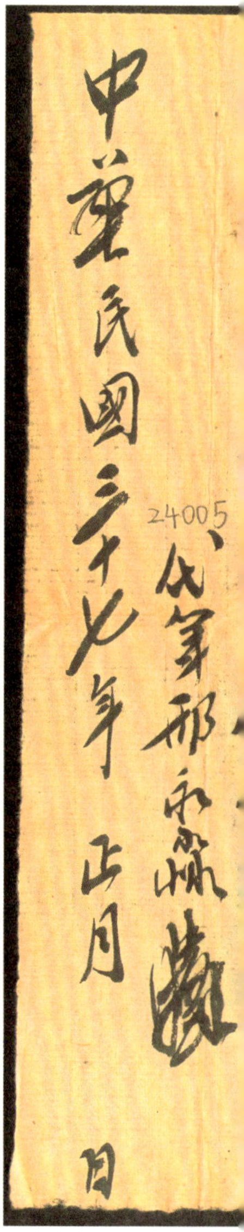

（前頁）>>>>

立合同兑契雷鉛仁，本家有基地壹副，
土（名）坐（落）牛塘水口外垟安着，其四至上至本人山，
下至福明山，底至於尧菜园，外至福明园
坪爲界，將該基地兑与雷益欽、礼榜二位邊竪
厦凑用，雷益欽邊將土（名）坐（落）牛塘山背晃後堪安
着，其四至上、下、左、右皆至鉛仁田園爲界，计園
壹塊，雷礼榜有土（名）坐（落）牛塘坳金底安着，计
园壹塊，其四至上至路，下至田，左至鉛仁园，右至
礼□园爲界，兑與雷鉛仁耕種管業，此
田既兑之後，双方依照兑字永遠己業，
不得翻异，恐口無憑，立兑字永久存照。

立兑字雷鉛仁（押）
雷鉛鶴（押）
雷益欽（押）
雷礼榜（押）
憑中雷保崇（押）
代筆邢永淼（押）

中華民國　三十七年　正月　日

民國三十七年雷相堯立合同兑字

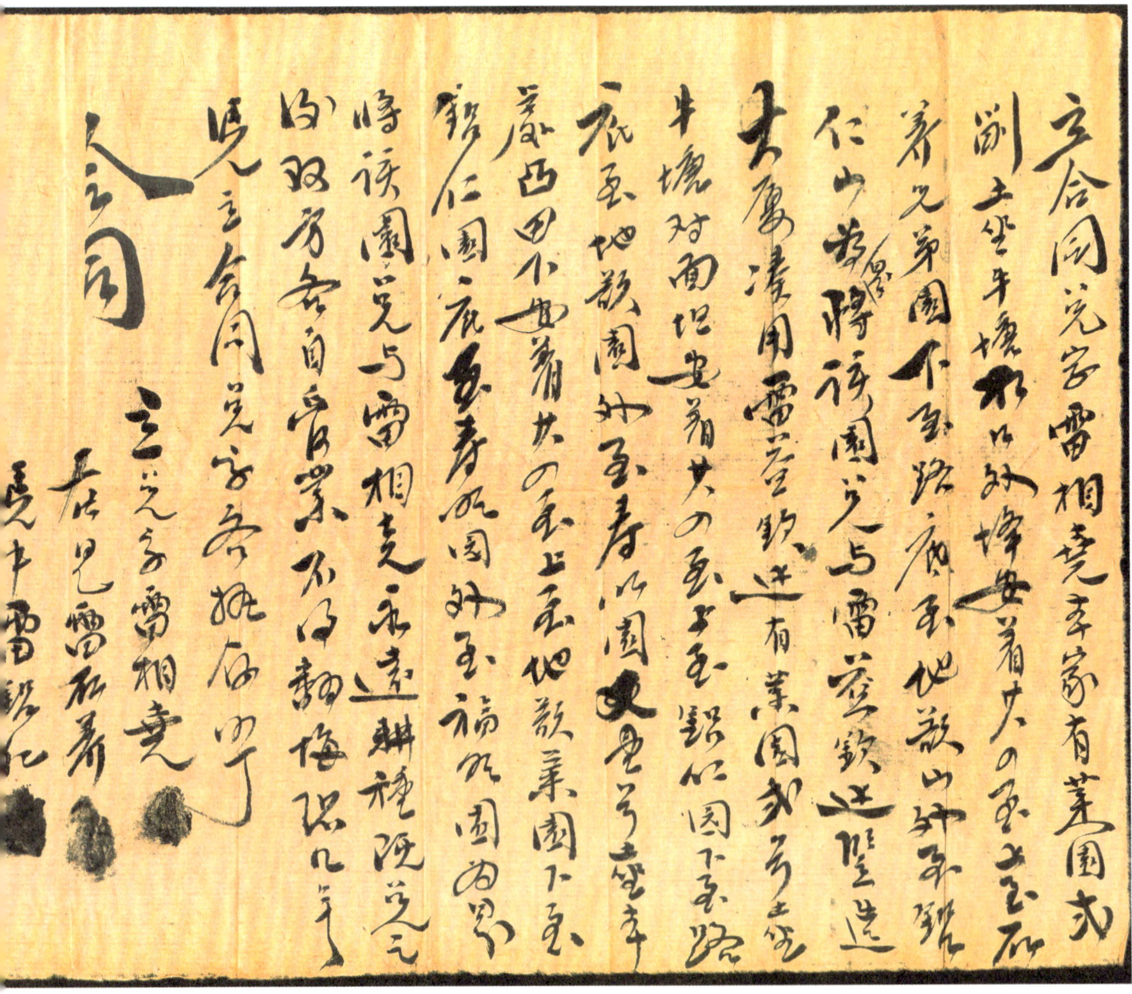

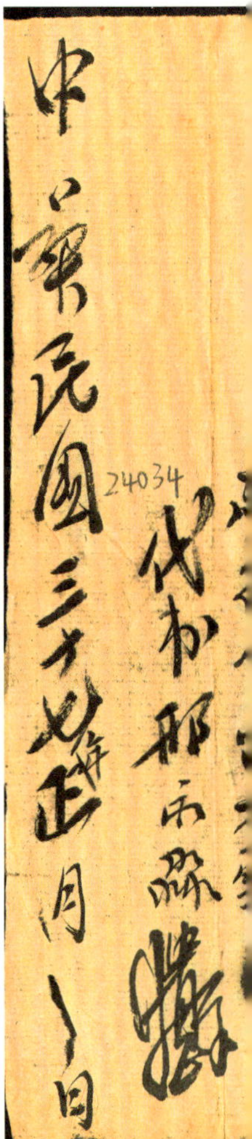

（前頁）>>>>

立合同兑字雷相堯，本家有菜園式副，土（名）坐（落）牛塘水口外垟安着，其四至上至石养兄弟園，下至路，底至地欲山，外至鉛仁山爲界，將该園兑与雷益欽邊竪造大厦凑用，雷益欽邊有菜园式号，土（名）坐（落）牛塘对面坦安着，其四至上至鉛仁园，下至路，底至地欲園，外至寿明園，又壹号土（名）坐（落）本處凸田下安着，其四至上至地欲菜園，下至鉛仁園，底至寿明园，外至福明園爲界，將该園兑与雷相尧永遠耕種，既兑之後，双方各自管業，不得翻悔，恐口無憑，立合同兑字各执存照。

立兑字雷相堯（押）
在見雷石养（押）
憑中雷鉛仁（押）
承兑人雷益欽（押）
代书邢永淼（押）

中華民國三十七年　正月　日

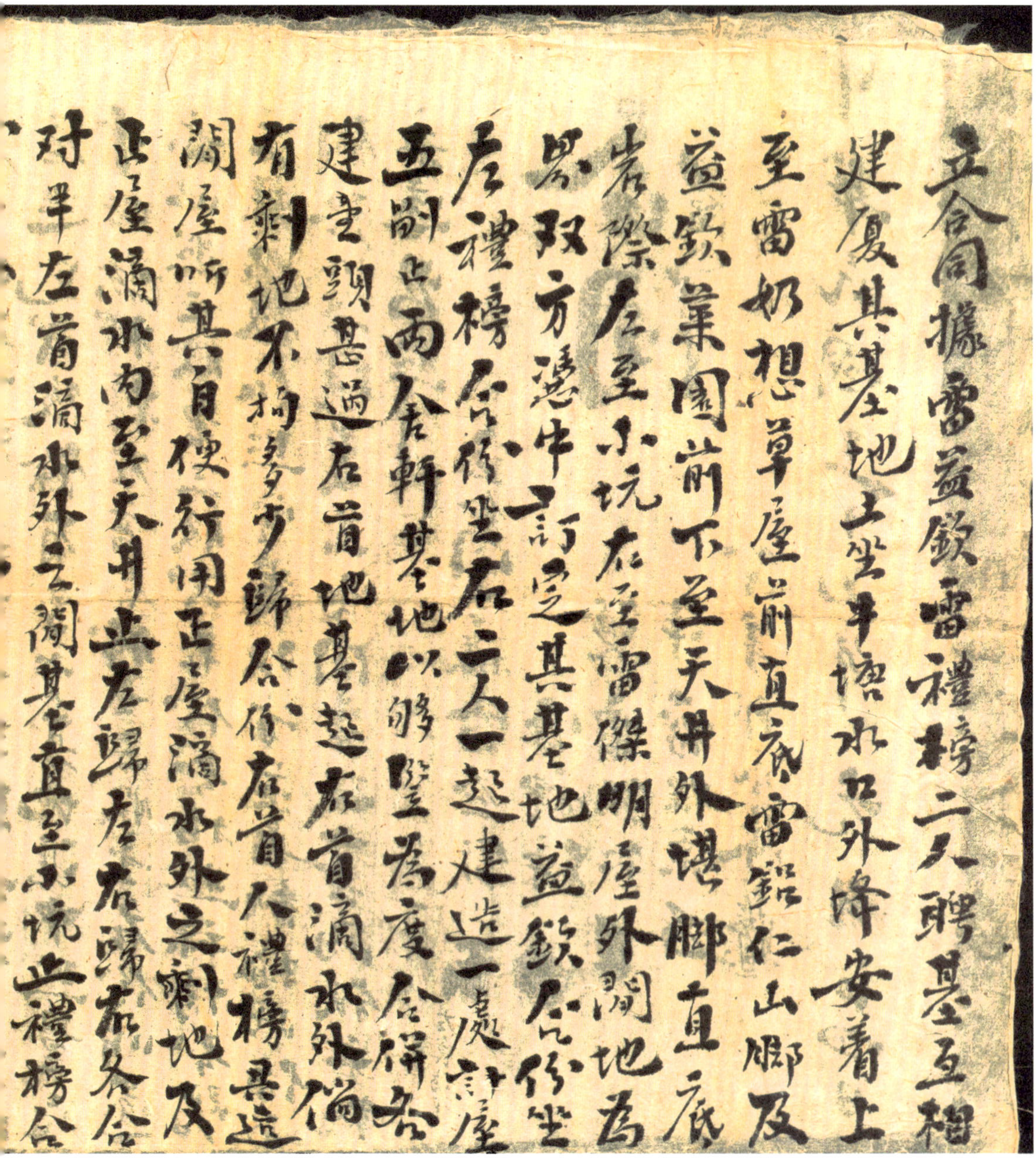
立合同據雷益欽雷禮榜二人聘基互相
建屋其基地土坐牛塘水口外峰安着上
至雷奶想草屋前直底雷銘仁山腳及
益欽菜園前下至天井外塍腳直底
崖際左至小坑右至雷傑明屋外闊地為
界雙方憑中訂定其基地益欽合作坐
左禮榜合作坐右二人一起建造一處計屋
五間正兩舍軒基地以够豎為度合併各
建堂頭甚過右首地基起右首滴水外備
有剩地不拘多少歸合作右首人禮榜吾造
闊屋所其自便行用正屋滴水外之剩地及
正屋滴水内至天井止左歸左右歸右各合
对半左首滴水外之闊基直至小坑止禮榜合

民國三十七年雷益欽雷禮榜立合同據

屋之用右首滾水外來地現歸禮榜己有將
屋造完成後餘有多少基地憑中照量二八
寸將該禮榜左首合外立三股呈名份听還
亦照三股并三股契名份分拍照標均分既
立據以後依照管業或有並無翻悔此係兩
願恐口無憑立合同字據一式兩紙各執
永遠為照

立合同字據　雷蒼欽（押）
左食指印
雷禮榜（押）
憑　雷銀仁（押）
中　雷保棠（押）
代筆　鄭承來（押）

合同（選下）

中華民國三十九年元月廿四日

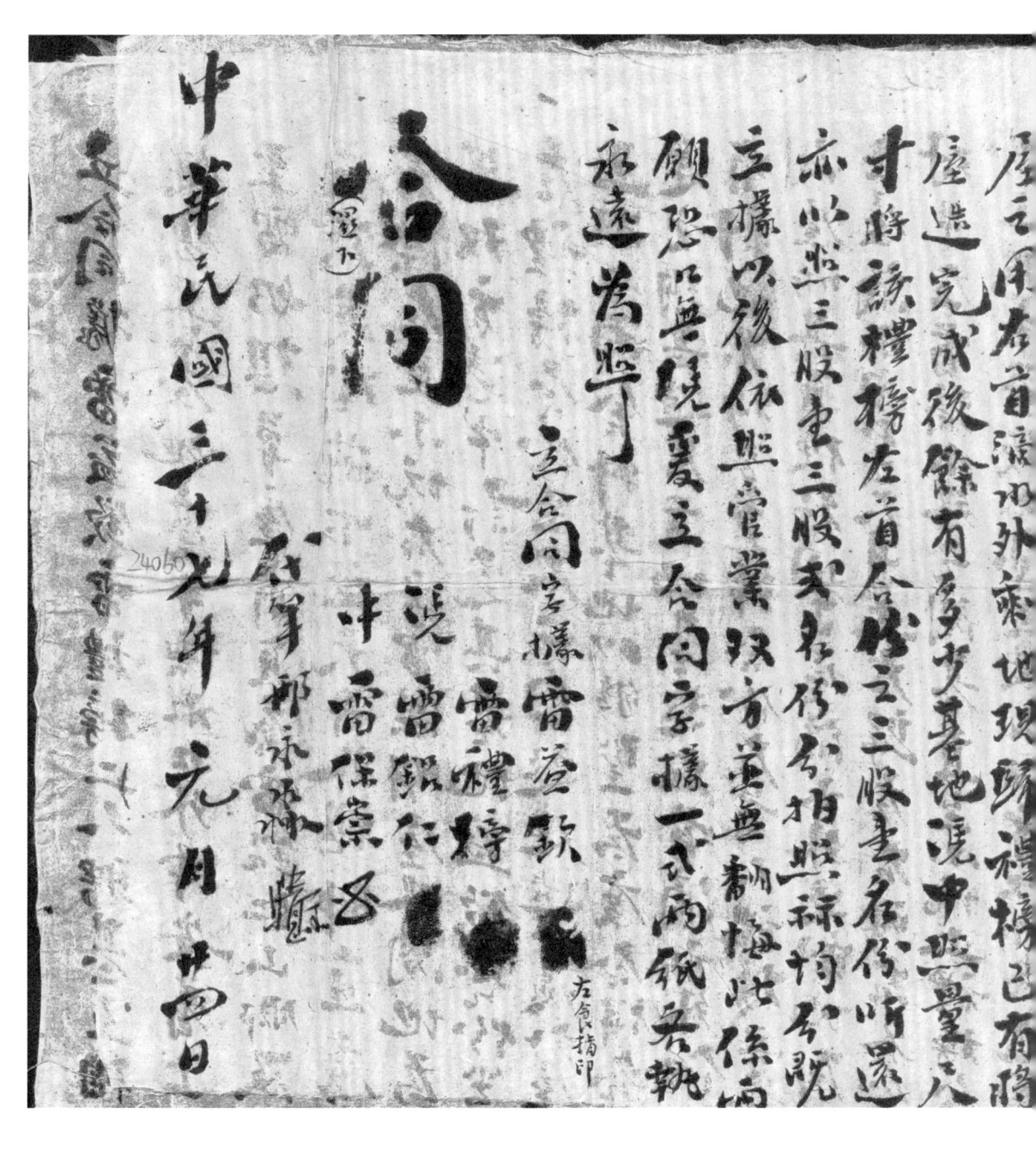

（前頁）>>>>

立合同據雷益欽、雷禮榜，二人聘基互相
建厦，其基地土（名）坐（落）牛塘水口外埄安着，上
至雷奶想草屋前直底雷鉛仁山脚及
益欽菜園前，下至天井外堪脚直底
岩際，左至小坑，右至雷傑明屋外閒地爲
界，双方憑中訂定，其基地益欽合份坐
左，禮榜合份坐右，二人一起建造一處，計屋
五副正，兩舍軒基地以够豎爲度，合併各
建壹頭，甚過右首地基起右首滴水外，倘
有剩地，不拘多少，歸合份右首人禮榜舆［興］造
閒屋，听其自便行用，正屋滴水外之剩地及
正屋滴水内至天井止，左歸左，右歸右，各合
对半，左首滴水外之閒基直至小坑止，禮榜合
份三股壹，益欽合份三股式，双方以作舆［興］造閒
屋之用，右首滴水外剩地，現歸禮榜己有，將
屋造完成後，餘有多少基地，憑中照量尺
寸，將該禮榜左首合份之三股壹名份听還，
亦以照三股壹、三股式名份分拍，照标均分，既
立據，以後依照管業，双方並無翻悔，此係兩
願，恐口無憑，爰立合同字據一式兩紙，各執
永遠爲照。

立合同字樣雷益欽（押）
雷禮榜（押）
中憑 雷鉛仁（押）
雷保崇（押）
代筆邢永森（押）

中華民國三十七年　元月　廿四日

民國三十七年雷香明立借字

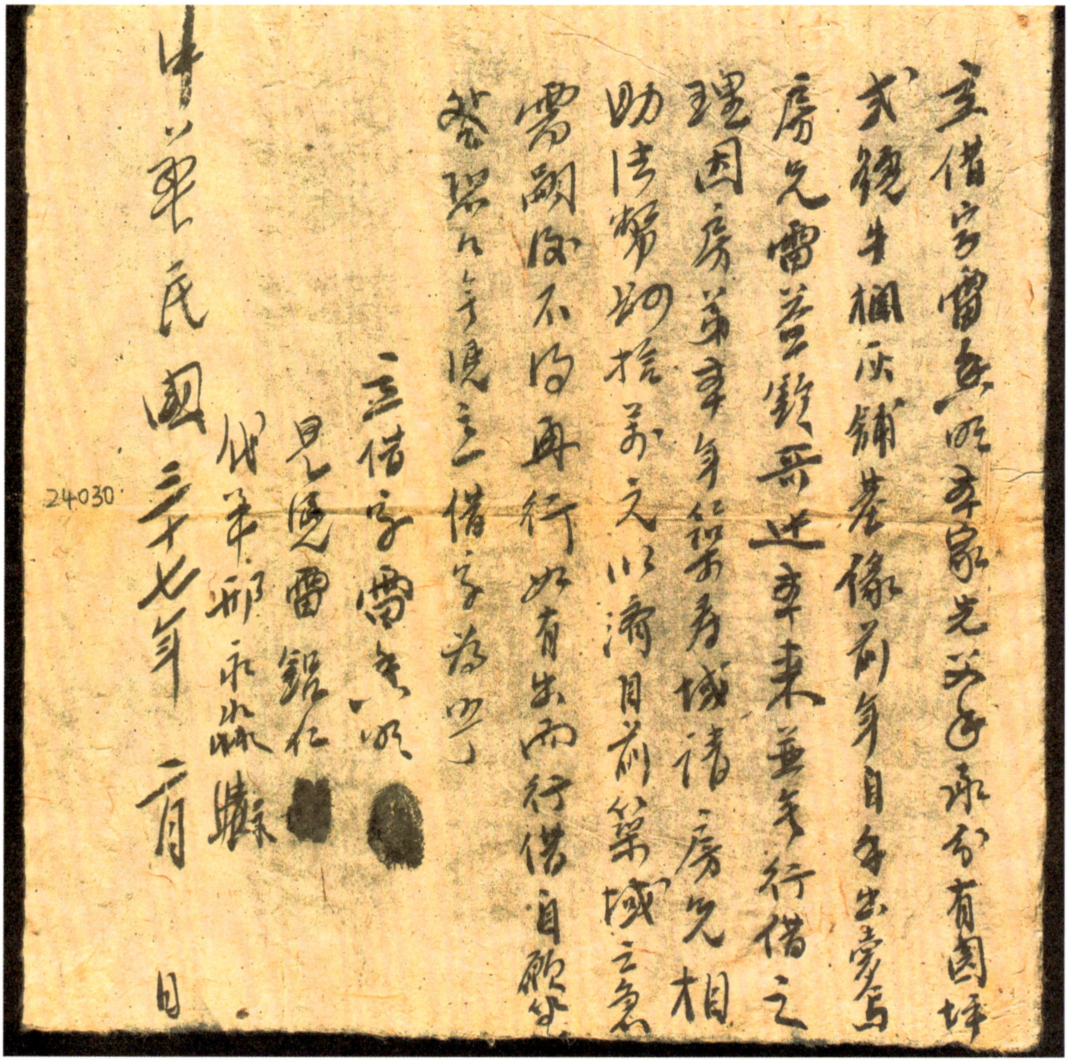

立借字雷香明，本家先父手承分有园坪
式號、牛欄、灰鋪、基緣[椽]，前年自手出賣与
房兄雷益欽哥邊，本來並無行借之
理，因房弟本年築寿域，请房兄相
助法幣肆拾萬元，以濟目前築域之急
需，嗣後不得再行，如有出而行借，自願坐
咎，恐口無憑，立借字爲照。

立借字雷香明（押）
見憑雷鉛仁（押）
代筆邢永淼（押）

中華民國三十七年　二月　日

一九五〇年邢林鳳釵立找退契

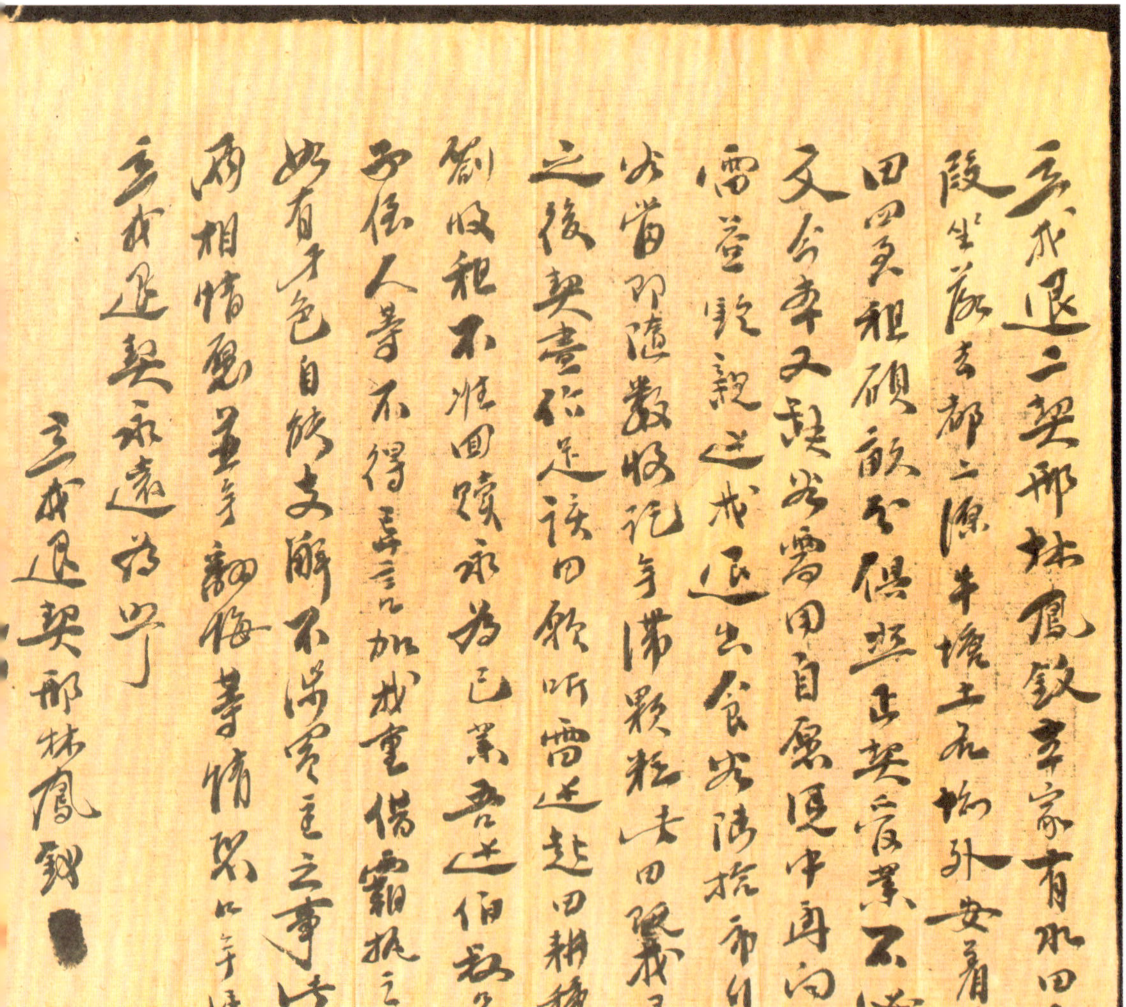
立找退契邢林鳳釵，本家有水田壹
段，坐落本都源牛壙上手外安着，其
田四至租碩畝分俱照正契管業，不必重
叙。今因無錢出賣，田自愿憑中再向边
雷宅親边找退出價洋陸拾元，
即當日隨數收訖，分文無欠。其田既找退
之後，契盡價足，任凭雷边前去耕種管
割收租，不准回贖，永為己業。吾边伯叔兄弟
子侄人等不得異言加找重借霸阻之理。
如有來歷自能支解，不涉買主之事。此係
兩相情愿，並無翻悔等情，恐口無凭，
立找退契永遠為照。
立找退契邢林鳳釵（押）

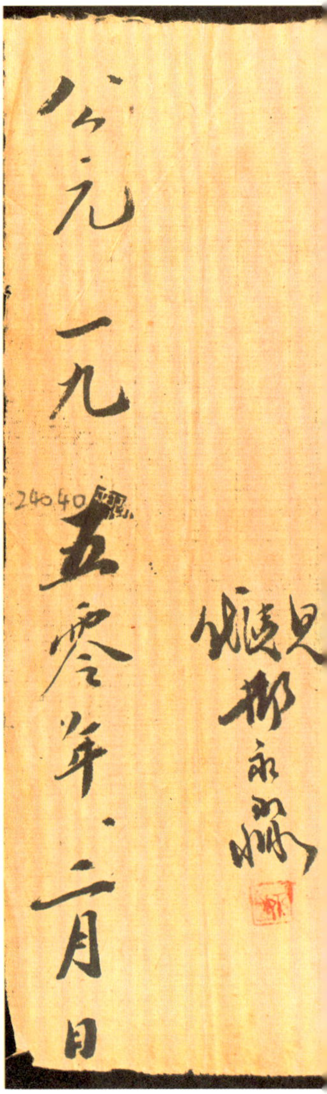

（前頁）>>>>

立找退二契邢林鳳釵，本家有水田壹段，坐落本都二源牛塘，土名坳外安着，其田四至、租碩、畝分俱照正契管業，不必重文，今本（家）又缺谷需用，自愿憑中再向过雷益欽親邊找退出食谷陆拾市斤，其谷當即随数收訖，無滯顆粒，此田既找退之後，契盡价足，该田願听雷邊起田耕種，發劄收租，不准回贖，永爲己業，吾邊伯叔兄弟子侄人等不得异言加找重借霸执之理，如有此色，自能支解，不涉買主之事，此係兩相情愿，並無翻悔等情，恐口無憑，立找退契永遠爲照。

立找退契邢林鳳釵（押）
邢　間（印）
見憑代邢永淼（印）
公元一九五零年二月日

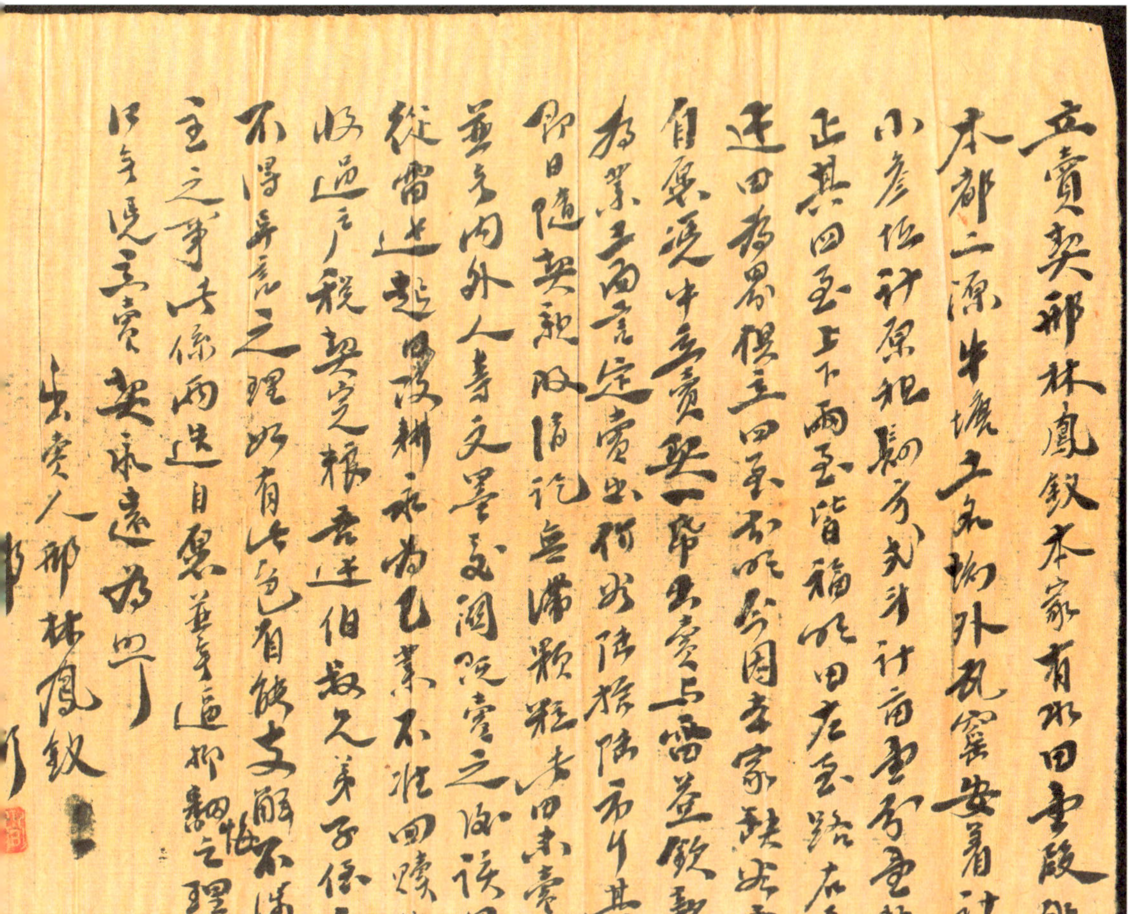
立賣契邢林鳳釵，本家有水田壹段，坐落
本都二源牛壙上外孔窑安着，計田大
小叁坵，計原租額肆斗，計畝壹分壹釐
正。其田至上下兩至皆福明田，左至路，右至程
述田為界。俱立四至分明。今因其家缺少，當
自愿憑中立賣契一帋，出賣与雷益欽，歎述
為業。三面言定，賣出價洋陸拾陸元正。其洋
即日隨契親收清訖，無滯分厘。其田未賣之先
并無內外人等文墨交關。既賣之後，該田任
從當述起佃收耕，永為己業，不准回贖推
收過户稅契完糧。吝述伯叔兄弟子侄人等
不得异言之理。如有此色，有能支解，不涉買
主之事。此係兩述自愿，并無逼抑勒之理。恐口
無憑，立賣契永遠為照。
出賣人邢林鳳釵

一九五〇年邢林鳳釵立賣契

（前頁）>>>>

立賣契邢林鳳釵，本家有水田壹段，坐落本都二源牛塘，土名坳外瓦窰安着，计田大小叁坵，计原租肆方式斗，计亩壹分壹釐正，其四至上、下兩至皆福明田，左至路，右至程邊田爲界，俱立四至分明，今因本家缺谷需用，自愿憑中立賣契一紙，出賣与雷益欽親邊爲業，三面言定，賣出价谷陆拾陆市斤，其谷即日随契親收清訖，無滯顆粒，此田未賣之先，並無内外人等文墨交關，既賣之後，该田任從雷邊起田改耕，永爲己業，不准回贖，推收過户，税契完粮，吾邊伯叔兄弟子侄人等不得异言之理，如有此色，自能支解，不涉買主之事，此係兩造自愿，並無逼抑翻悔之理，恐口無憑，立賣契永遠爲照。

出賣人邢林鳳釵（押）
邢　間（印）
見憑代邢永淼（印）
公元一九五零年　一月　日

雷壽益立賣截契

立賣截契雷壽益，本家父手承分有園地壹處，坐落
八外都二源牛塘默坑安着，其界上至益邊園，下至岩滴面，
左至山河坳，右至山河坳為界；又一處坐岩滴下安着，其界上至錢
壬園，下至錢壬園，左至小坑，右至錢壬園為界，俱立四至分
明。今因缺銀應用，憑中立賣截契一紙，出賣與房內叔雷先生
叔邊為業，三面斷作時價國幣叁拾元正。此園未賣之先，並無內
外人等文墨交關；既賣之後，任聽叔邊自行起園栽種，掃養籙永為
已業。此係業輕價足，去后永無找無借、無贖之理。此係兩如有此色，
自能支解，不涉叔邊之事。此係兩邊自心情願，並無逼抑等情。
恐口無憑，立賣截契永遠為照。

（前頁）>>>>>

立賣截契雷壽益，本家父手承分有园地□号，坐落
八外都二源牛塘駄坑安着，其界上至益遷园，下至岩濟面，
左至山河圳，右至山河圳爲界，又一号坐岩濟下安着，其界上至賣
主园，下至錢主园，左至小坑，右至錢主园爲界，俱立四至分
明，今因缺銀应用，憑衆立賣截契一紙，出賣与房内雷允生
叔邊爲業，三面断作時價國幣叁拾元正，此园未賣之先，並無内
外人等文墨交關，既賣之後，任听從叔邊自行起园掘種，栽插養籙，永爲
己業，此係業輕價足，去后永無找無借無贖之理，如有此色，
自能支解，不涉叔邊之事，此係兩造自心情願，並無逼抑等情，
恐口無憑，立賣截契永遠爲照。

咸豐五年邢碎妹立當契

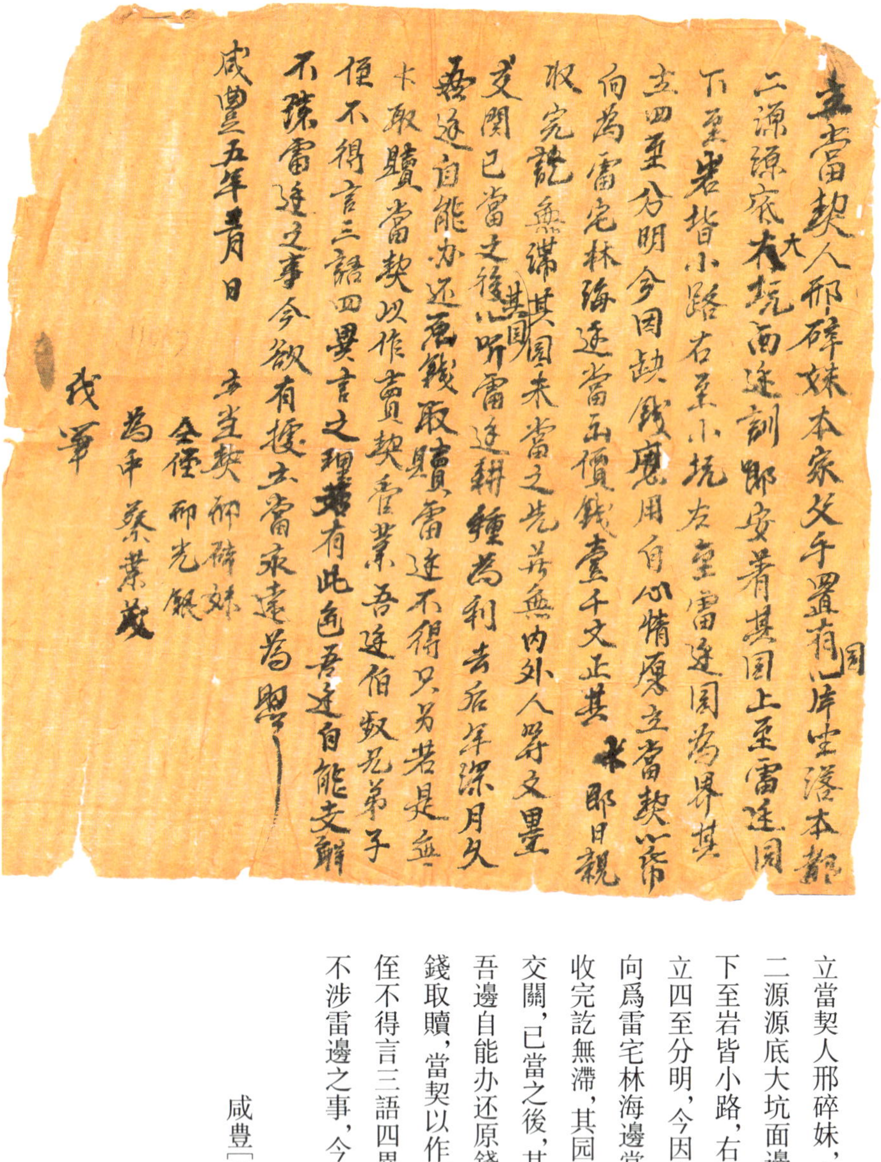

立當契人邢碎妹，本家父手置有园一片，坐落本都二源源底大坑面邊訓郎安着，其园上至雷邊园，下至岩皆小路，右至小坑，左至雷邊园爲界，其立四至分明，今因缺錢應用，自心情愿，立當契一紙，向爲雷宅林海邊當出價錢壹千文正，其錢即日親收完訖無滞，其园未當之先，並無内外人等文墨交關，已當之後，其园一听雷邊耕種爲利，去后年深月久，吾邊自能办还原錢取贖，雷邊不得只[執]另[吝]，若是無錢取贖，當契以作賣契管業，吾邊伯叔兄弟子侄不得言三語四異言之理，若有此色，吾邊自能支解，不涉雷邊之事，今欲有據，立當（契）永遠爲照。

咸豊[豐]五年三月日　立当契　邢碎妹

全侄　邢光銀

爲衆　蔡葉茂

代筆

民國三年趙廷家立賣契

五源周坋底梅樹塆土名茶園塆安着計茶壹
處塊在內其至上至業主园下至朝職山左至水坑
右至朝職山為界俱立四至分明今因缺艮應用
自心情愿立賣契一紙向與鍾柒珍親邊出價英洋
壹元水洋叁角正其艮既月青足分厘無滞此园
未賣之先既買之后其園任听鍾邊啟園耕種
瑞造開井永遠管業取后無找無贖無借之理
如有此色趙邊自能支两下情愿立賣契永遠為照

民国叁年七月日

立賣契趙廷家

凭見趙廷記

代筆趙朝岩

民國二十四年雷石養立當契

（前頁）>>>>

立賣契趙廷家，本家父手有園壹魁［塊］，坐落八都五源周氐［岙］底梅樹塆，土名茶園塆安着，計茶壹應在內，其至上至業主园，下至朝職山，左至小坑，右至朝職山爲界，俱立四至分明，今因缺銀應用，自心情愿，立賣契一紙，向與鍾步珍親邊出價英洋壹元小洋叁角正，其艮［銀］既［即］日青［清］乞［訖］，分厘無滯，此园未賣之先，既買之后，其園任听鍾邊啓園耕種，瑞造開井，永遠管業，取［去］后無找無贖無借之理，如有此色，趙邊自能支（解），兩下情愿，立賣契永遠爲照。

民国叁年七月日　立賣契趙廷家（押）

憑見趙廷記（押）

代筆趙朝岩（押）

道欲下至左至雷盖遷園右至小坑為界
具立四至分明今因缺銀應用自心情愿
出當契一紙向弟兄邊面訂當出
時價大洋六元正隨洋即日收訖不年納
利息大洋一元年深月久不許欠少每
以欠少當契己作賣契管業自心情愿
並無逼抑等情今欲有據立當契為照

19002

民國廿四年　冬　日立當契雷石養（押）
在見弟　雷相明（押）
代筆　雷益遷　書

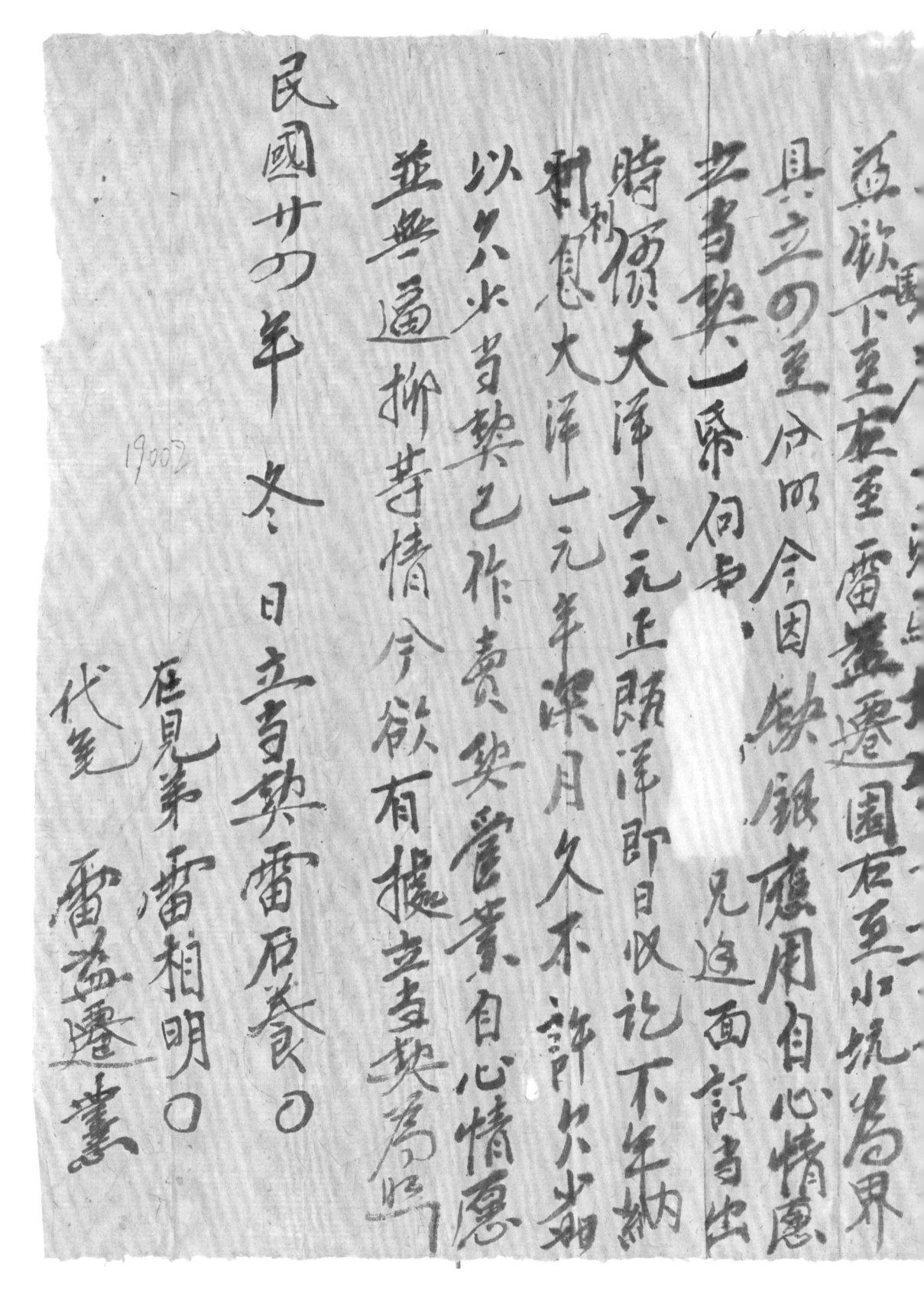

（前頁）>>>>

立当契雷石養，本家承分有園一䰟[塊]，
坐落八都二源馱坑安着，其界上至雷
益欽園，下至、左至雷益遷園，右至小坑爲界，
具立四至分明，今因缺銀應用，自心情愿，
立当契一紙，向□□□兄邊面訂当出
時價大洋六元正，既[其]洋即日收訖，下年納
利息大洋一元，年深月久，不許欠少，如
以欠少，当契已[已]作賣契管業，自心情愿，
並無逼抑等情，今欲有據，立当契爲照。

民國廿四年　冬　日立当契雷石養（押）
在見弟雷相明（押）
代笔　雷益遷（押）

立賣契吴世龍承家父手有園壠坐李邑二源土名高洋
寨安着計園大少數塊其園四至上至李廷園下
至李廷園左至少児右至李廷園俱立石至分明今因
缺銀應用自心情原托中立賣契壹紙向雷石陽為
業三面斷定時價大洋弍拾元式角文正其銀洋即日通
契親收完足無滞分文其園未賣之先並無内外人等既
賣之後其園壹雷廷耕種永遠管業吾廷伯數兄弟少啟
異言三面之理知有此色自能支当不涉受業之事此係
兩造自原各無返悔今恐無憑立契為照

民国廿七年十二月初九日立吴世龍○
見契吴守徐○
代筆吴守昕寫

（前頁）>>>>

立賣契吴世龍，本家父手有園塅，坐本邑二原［源］，土名高洋寨安着，計園大小数塊，其圓［園］四至上至李邊圓［園］，下至李邊圓［園］，左至少兒，右至李邊圓［園］，俱立四至分明，今因缺銀應用，自心情原［願］，托中立賣契壹紙，向雷石陽爲業，三面断定，時價大英洋拾元弍角文正，其銀洋即日隨契親收完足，無滯分文，其圓［園］未賣之先，並無内外人等，既賣之後，其園壹（聽）雷邊耕種，永遠管業，吾邊伯叔兄弟少改異言三語四之理，如有此色，自能支当，不涉姪孫之事，此係兩造自原［願］，各無返悔，今恐無憑，立契爲照。

民国廿七年十二月初九日吴世龍（押）

見契吴守徐（押）

伐［代］筆吴守听（押）

民國三十年鍾碎舜立賣契

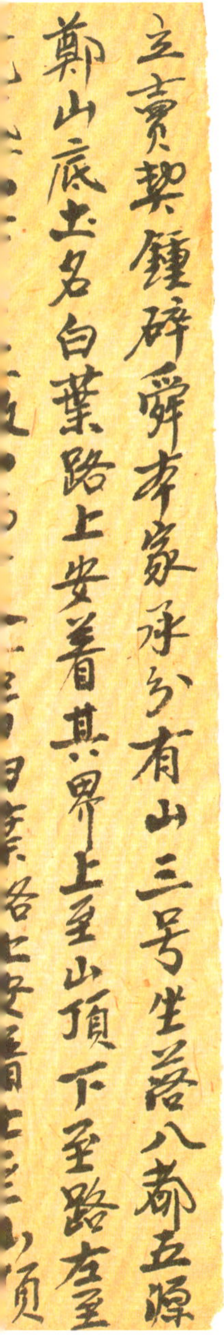

下至路右至岳啟山左至字行山又一号又面坵至岗
着上至分水下至積衡田左至積衡山右至多順山為
界俱立数至分明今因缺幣應用自心情愿憑中立
賣契乙帋賣与鍾相銘侄邊為業三面言定賣出
時價國幣陸拾元正其洋收訖分文無滞此山未賣
之先並無内外人等文墨交關既賣之後其山任听
侄邊蓧𥠇雜木一應在内吾邊伯叔兄弟子侄不得
異言無找借無取贖之理如有此色自能支解不涉
兩邊之事此係兩想情愿並無逼抑等情恐口
無憑立賣契永遠為照

中華民國三十年十二月日立賣契鍾碎舜
在見鍾竟盛
憑中鍾竟听
代筆鍾玉駒

（前頁）>>>>

立賣契鍾碎舜，本家承分有山三号，坐落八都五源鄭山底，土名白葉路上安着，其界上至山頂，下至路，左至堯盛山，右至亞啓山爲界，又一号白葉路上安着，上至山顶，下至路，右至亞啓山，左至學行山，又一号对面塆頭崗龍安着，上至分水，下至積衡田，左至積衡山，右至多順山爲界，俱立数至分明，今因缺幣應用，自心情愿，憑衆立賣契一紙，賣與鍾相銘侄邊爲業，三面言定，賣出時價國幣陸拾元正，其洋收訖，分文無滯，此山未賣之先，並無内外人等文墨交關，既賣之後，其山任听侄邊樣籙，雜木一應在内，吾邊伯叔兄弟子侄不得異言，無找借無取贖之理，如有此色，自能支解，不涉兩邊之事，此係兩想［相］情愿，並無逼抑等情，恐口無憑，立賣契永遠爲照。

中華民國三十年十二月日立賣契鍾碎舜（押）

在見鍾堯盛（押）

憑衆鍾堯听（押）

代筆鍾玉煦（押）

民國三十一年雷昌星立賣契

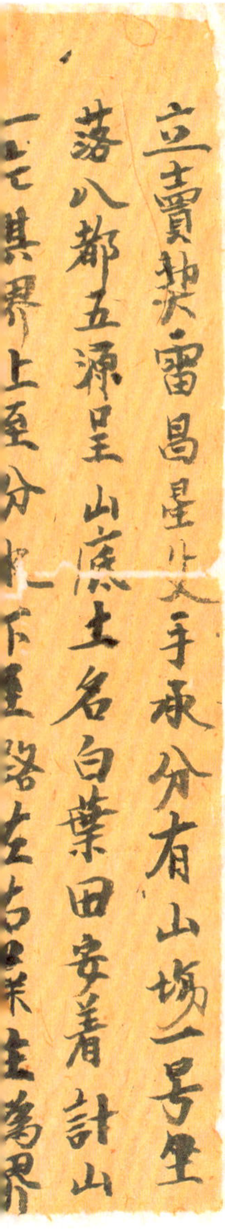

俱立四至分明今因缺銀應用自心情愿
憑中立賣契一紙向本雷石養親邊與
業三面斷定時價国幣大洋弍拾叁元
正其洋即日收訖分文無滯此山未賣之
先即買之後並無內外人等文墨交干日後
無找無借無贖之理如有此色自能支當、
不涉銀主之事吾邊伯叔兄弟子侄不得
異言兩相情愿並無逼迫抑勒悔等情恐
口無憑今欲有據立賣契永遠為、
照

中華民國叁拾壹年十二月日立賣契　雷昌[illegible]
憑中
代筆　王壽光[illegible]

（前頁）>>>>

立賣契雷昌星，父手承分有山塲一号，坐落八都五源呈山底，土名白葉田安着，計山一片，其界上至分水，下至路，左、右業主爲界，俱立四至分明，今因缺銀應用，自心情愿，憑中立賣契一紙，向與雷石養親邊興業，三面断定，時價国幣大洋弍拾叁元正，其洋即日收訖，分文無滯，此山未賣子［之］先，即［既］買之後，並無内外人等文墨交干，日後無找無借無贖之理，如有此色，自能支當，不涉銀主之事，吾邊伯叔兄弟子侄不得異言，兩相情愿，並無逼抑恢［反］悔等情，恐口無憑，今欲有據，立賣契永遠爲照。

中華民國叁拾壹年三月日立賣契　雷昌星（押）

憑中　王壽光（押）

代筆

民國三十二年雷香銘立賣契

堯盛山右至阿啟山為界又土號坐白葉路上安着其四至
上至山頂下至路左至彥行山右至阿啟山為界又土號坐对
面壙頭埄壠安着其界至上至分水下至積衛田左至積衛
山右至多順山為界俱立三段四至分明今因本家缺幣
應用自心情願憑中立賣契一紙出賣与胞兄雷石養
邊為業三面言定賣出時價法幣壹佰弍拾弍圓正
其幣即日隨契親收清訖無分文少欠此山未賣之先並
無內外人等文墨交關既賣之後其山聽從胞兄栽插
樹木或開墾耕種永遠標篠管業吾並等人不得異
言或借回贖之理如有此色自能支解不涉兄之事
此係兩造自願並無逼抑翻悔等情恐口無憑立賣
契永遠為照一

出賣契　雷香錄
在見人　雷長發○
憑中人　雷錫仁忠
代筆人　邢永淼

中華民國三十二年　十二月　日

（前頁）>>>>

立賣契雷香銘，本人置有山塲共叁片，坐落本都五源呈山底，土名白葉田路上安着，其界至上至山頂，下至路，左至鍾堯盛山，右至阿啓山爲界，又壹號坐白葉路上安着，其四至上至山頂，下至路，左至學行山，右至阿啓山爲界，又壹號坐对面塆頭垟壠安着，其界至上至分水，下至積衡田，左至積衡山，右至多順山爲界，俱立三段四至分明，今因本家缺幣應用，自心情願，憑中立賣契一紙，出賣与胞兄雷石養邊爲業，三面言定，賣出時價法幣壹佰弍拾弍圓正，其幣即日隨契親收清訖，無（滯）分文，此山未賣之先，並無内外人等文墨交關，既賣之後，其山聽從胞兄栽插樹木，或開整耕種，永遠樣籙管業，吾邊等人不得異言找借回贖之理，如有此色，自能支解，不涉兄邊之事，此係兩造自願，並無逼抑翻悔等情，恐口無憑，立賣契永遠爲照。

出賣契雷香銘（押）
在見人雷長發（押）
憑中人雷鉛仁忠
代筆人邢永淼（押）

中華民國三十二年　十二月　日

民國三十六年雷明旭立服回贖契

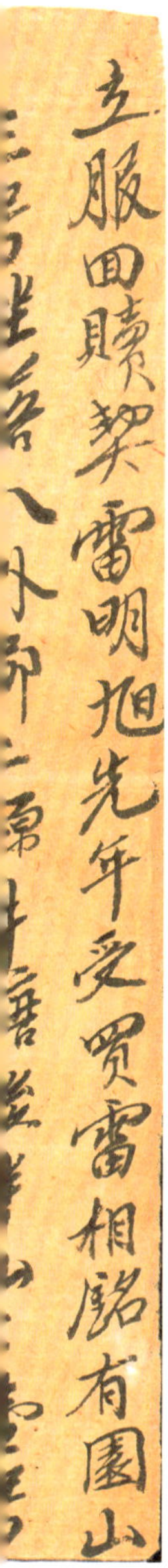

岀着上至東边山下至東边左至杰戲山右至業主
山為界又另對面垟茶園壹塊又另坐獸垟安着
上至法贊山下至弟边园左李边园右至雷壽銘
园為界俱立數至分明今因缺錢應用自心情
愿憑中服回契壹紙向弟雷石養叔邊為
業三面定法幣捌拾伍萬元正其洋收訖分
文無滞此园山業回贖之先並無内外人等文
墨交關既回贖之後听從叔边永遠管業吾边
伯叔兄弟子侄永遠不得言轉找借之理如有
此色自能支解不涉兩边之事此係兩想
情愿無逼抑悔等情今欲有據恐口無
憑立服回契永遠為照 ——

中華民國叁拾陸十一月日立服回契雷明旭（押）
憑見雷益蒙（押）
代筆鍾玉煦（押）

（前頁）>>>>

立服回贖契雷明旭，先年受買雷相銘有園山三号，坐落八外都二源牛塘後半山壹号安着，上至弟邊山，下至弟邊，左至杰銘山，右至業主山爲界，又号對面垟茶園壹塊，又号坐馱垟安着，上至法鰲山，下至弟邊园，左（至）李邊园，右至雷壽銘园爲界，俱立数至分明，今因缺幣應用，自心情愿，憑衆服回契壹紙，向與雷石養叔邊爲業，三面定法幣捌拾伍萬元正，其洋收訖，分文無滯，此园山未回贖之先，並無内外人等文墨交關，既回贖之後，听從叔邊永遠管業，吾邊伯叔兄弟子侄永遠不得言輕，無找借之理，如有此色，自能支解，不涉兩邊之事，此係兩想［相］情（願），憑［並］無逼抑恢［反］悔等情，今欲有據，恐口無憑，立服回契永遠爲照。

中華民國叁拾陸（年）十一月日立服回契雷明旭（押）

憑見雷益蒙（押）

代筆鍾玉煦（押）

民國三十七年雷保崇等立賣契

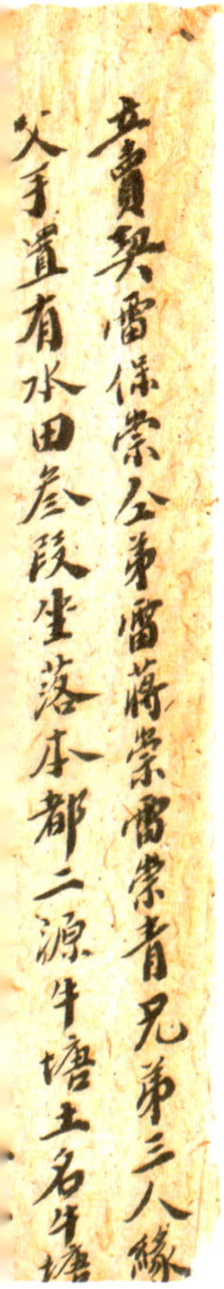

立賣契雷保崇仝弟雷蔣崇、雷崇青兄弟三人，緣

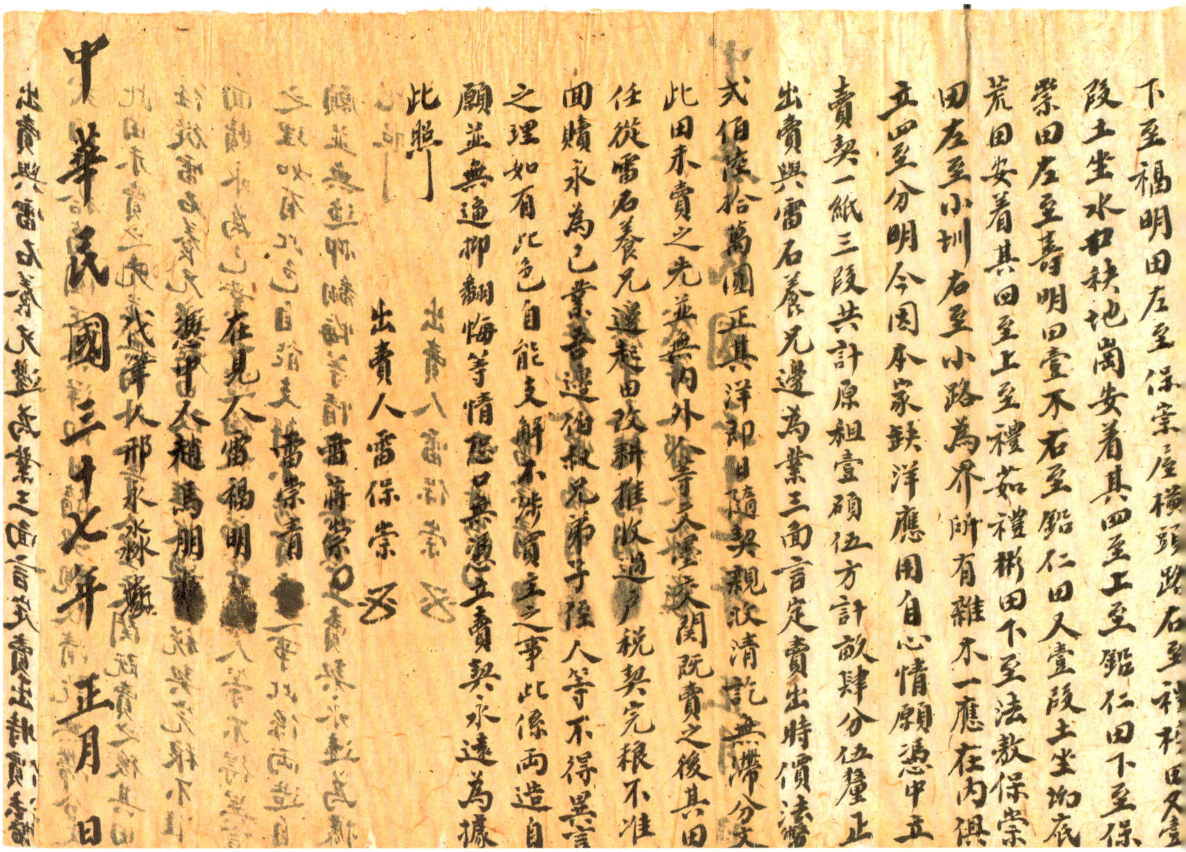

下至福明田，左至保崇屋横頭路，右至禮榜田，又壹段土（名）坐（落）水口秧地崗安着，其四至上至鉛仁田，下至保崇田，左至壽明田壹不，右至鉛仁田，又壹段土（名）坐（落）坳底荒田安着，其四至上至禮茹、禮彬田，下至法敖、保崇田，左至小圳，右至小路爲界，所有雜木一應在内，俱立四至分明，今因本家缺洋應用，自心情願，憑中立賣契一紙，三段共計原租壹碩伍方，計畝肆分五釐正，出賣與雷石養兄邊爲業，三面言定，賣出時價法幣弍佰陸拾萬圓正，其洋即日隨契親收清訖，無滯分文，此田未賣之先，並無内外人等文墨交關，既賣之後，其田任從雷石養兄邊起田改耕，推收過户，税契完粮，不准回贖，永爲己業，吾邊伯叔兄弟子侄人等不得異言之理，如有此色，自能支解，不涉買主之事，此係兩造自願，並無逼抑翻悔等情，恐口無憑，立賣契永遠爲據，此照。

出賣人雷保崇（押）
雷蔣崇（押）
雷崇青（押）
在見人雷福明（押）
憑中人趙馬朋（押）
代筆人邢永淼（押）

中華民國三十七年　正月　日

民國三十七年雷保崇等立找退契

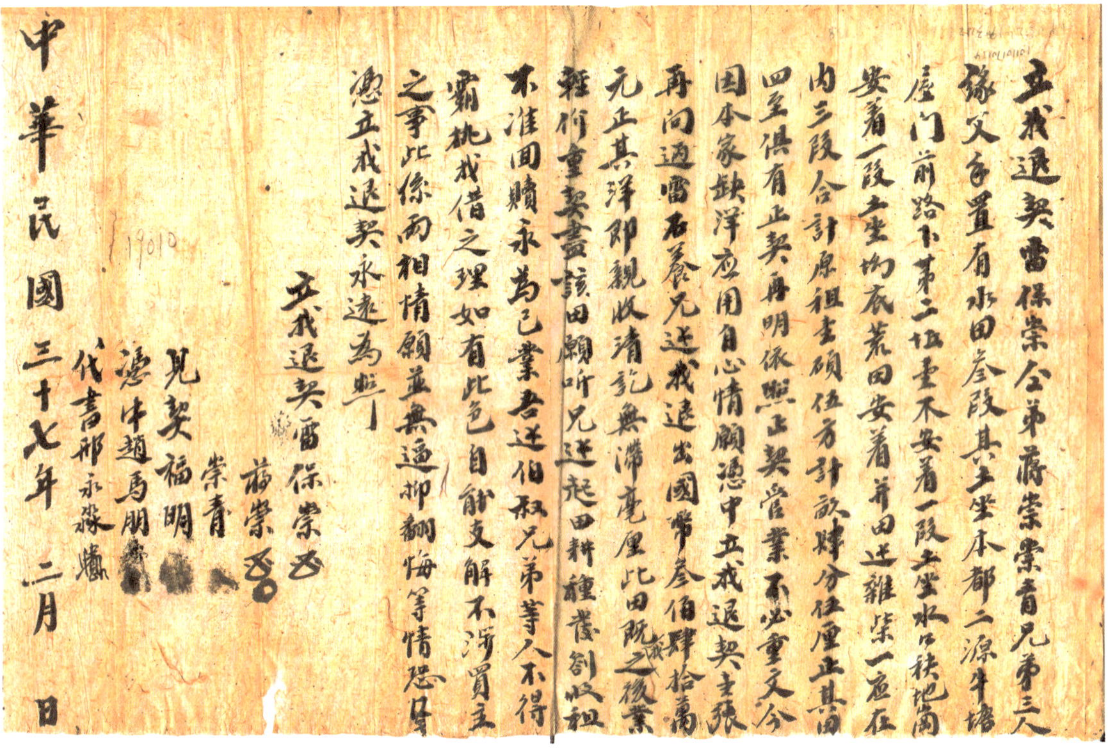

立找退契雷保崇仝弟蔣崇、崇青兄弟三人，緣父手置有水田叁段，其土（名）坐落本都二源牛塘屋门前路下第二坵壹不安着，一段土（名）坐（落）水口秧地崗安着，一段土（名）坐（落）坳底荒田安着，並田邊雜柴一应在内，三段合計，原租壹碩伍方，計畝肆分伍厘正，其田四至俱有正契再［載］明，依照正契管業，不必重文，今因本家缺洋应用，自心情願，憑中立找退契壹張，再向過雷石養兄邊找退出國幣叁佰肆拾萬元正，其洋即親收清訖，無滯毫厘，此田既找之後，業輕价重契盡，該田願听兄邊起田耕種，發劄收租，不准回贖，永爲己業，吾邊伯叔兄弟等人不得霸执找借之理，如有此色，自能支解，不涉買主之事，此係兩相情願，並無逼抑翻悔等情，恐口無憑，立找退契永遠爲照。

立找退契雷保崇（押）

蔣崇（押）

崇青（押）

見契福明（押）

憑中趙馬朋（押）

代書邢永淼（押）

中華民國三十七年　二月　日

一九四九年邢林鳳釵立賣契

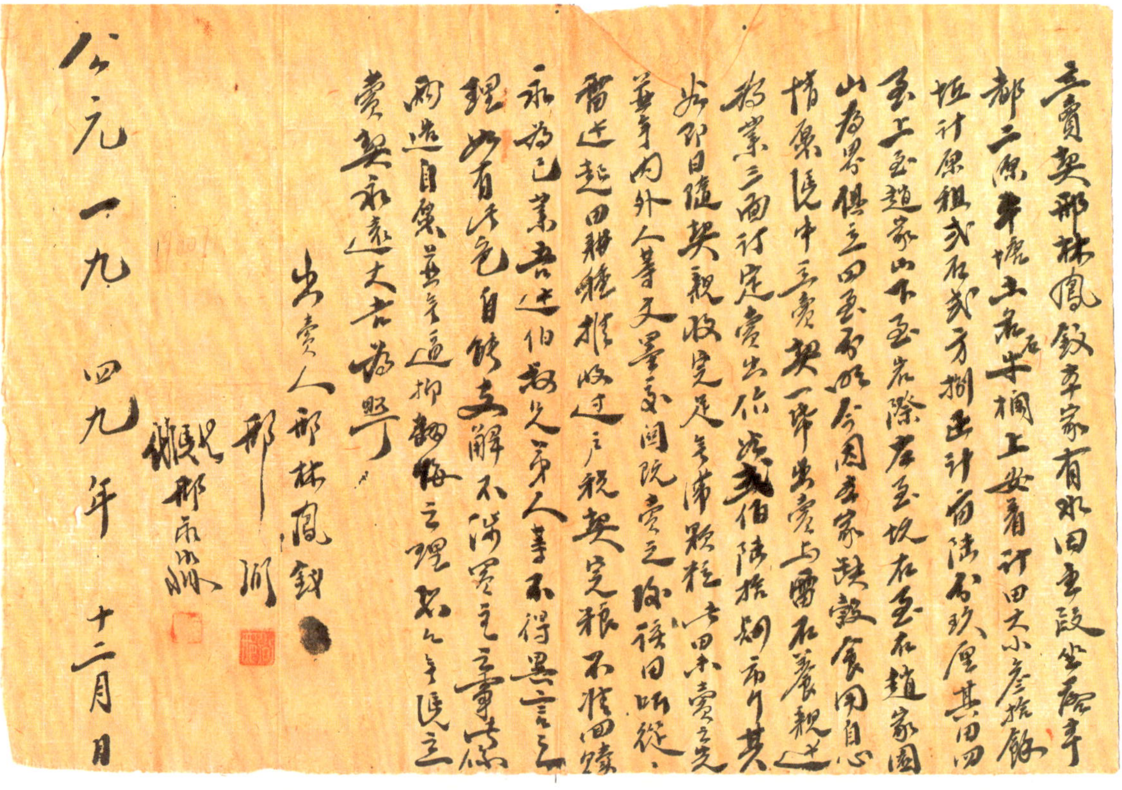

立賣契邢林鳳釵，本家有水田壹段，坐落本都二源牛塘，土名石牛欄上安着，计田大小叁拾餘坵，计原租弍石弍方捌正，计亩陸分玖厘，其田四至上至趙家山，下至岩際，左至坑，右至右趙家園山爲界，俱立四至分明，今因本家缺穀食用，自心情愿，憑中立賣契一紙，出賣與雷石養親邊爲業，三面订定，賣出价谷弍佰陸拾肆市斤，其谷即日隨契親收完足，無滯顆粒，此田未賣之先，並無内外人等文墨交關，既賣之後，该田听從雷邊起田耕種，推收过户，税契完粮，不准回贖，永爲己業，吾邊伯叔兄弟人等不得異言之理，如有此色，自能支解，不涉買主之事，此係兩造自愿，並無逼抑翻[反]悔之理，恐口無憑，立賣契永遠大吉爲照。

出賣人邢林鳳釵(押)

邢　間(印)

見憑代　邢永淼(印)

公元一九四九年　十二月　日

一九五〇年邢林鳳釵立找退契

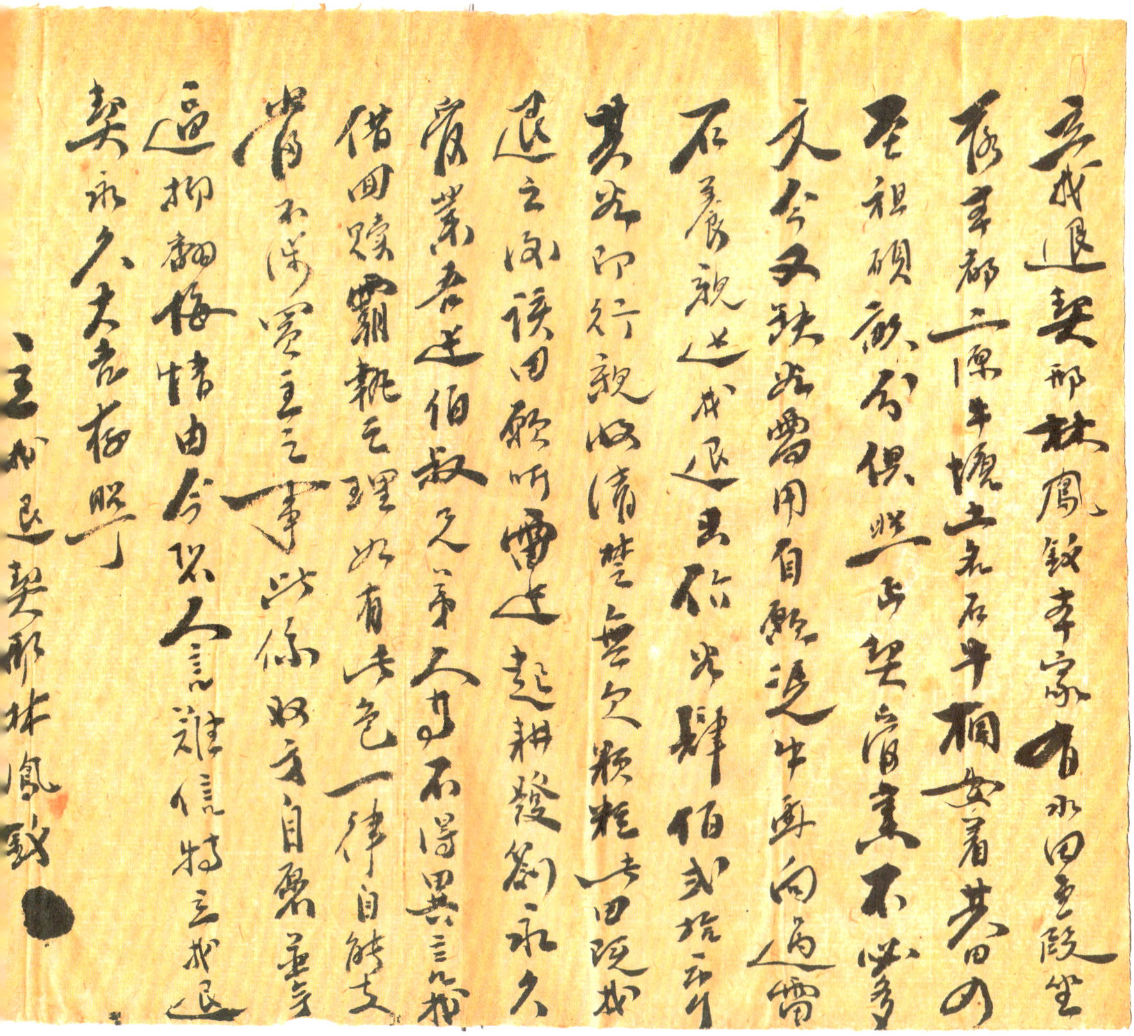

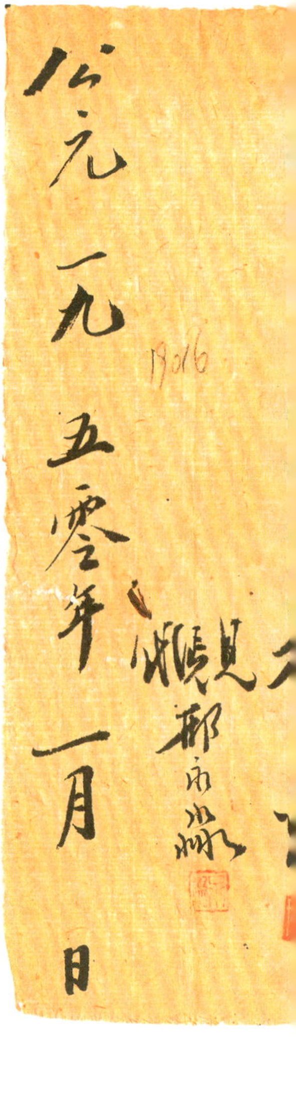

（前頁）>>>>

立找退契邢林鳳釵，本家有水田壹段，坐落本都二源牛塘，土名石牛欄安着，其田四至、租碩、畝分俱照正契管業，不必多文，今又缺谷需用，自願憑中再向過雷石養親邊找退出价谷肆佰弍拾市斤，其谷即行親收清楚，無欠顆粒，此田既找退之後，该田願听雷邊起耕發劄，永久管業，吾邊伯叔兄弟人等不得異言找借回贖霸執之理，如有此色，一律自能支當，不涉買主之事，此係双方自愿，並無逼抑翻悔情由，今恐人言難信，特立找退契永久大吉存照。

立找退契邢林鳳釵（押）
邢　間（印）
見憑代邢永淼（印）
公元一九五零年　一月　日

一九五〇年雷鉛仁等立賣契

立賣契雷鉛仁本家有山弍號坐落本都二源牛塘土名水口路後嶼安着其四至上阿覌園下地歉山底福明山外土名園又壹號土坐本處土名之園外首安着其四至上長發園下鉛鶴山底土之園外鉛鶴山首界俱立兩處四至分明該界內桿樹兜一概在內并山茶壹株其餘杉樹概歸鉛鶴經管今當表叔缺地建屋請蒲自願將該兩處之山地立契出賣與當表叔叔自由作用隨收價洋叁佰弍什元滿顆粒無花互生為[illegible]先一寺界內所有[illegible]

砍伐听其作用不准回赎永远管業吾近伯
叔兄弟等人不得異言之理如有此色自能支
解不得抵逆之事此係两造自願並無翻悔等
情恐口無憑立賣契永遠大吉存照

驗

19001

出賣人雷銀仁
銀鶴 押
在見人雷地歆 押
憑中雷法教
代筆邢永淼 押

公曆一九五零年三月吉日

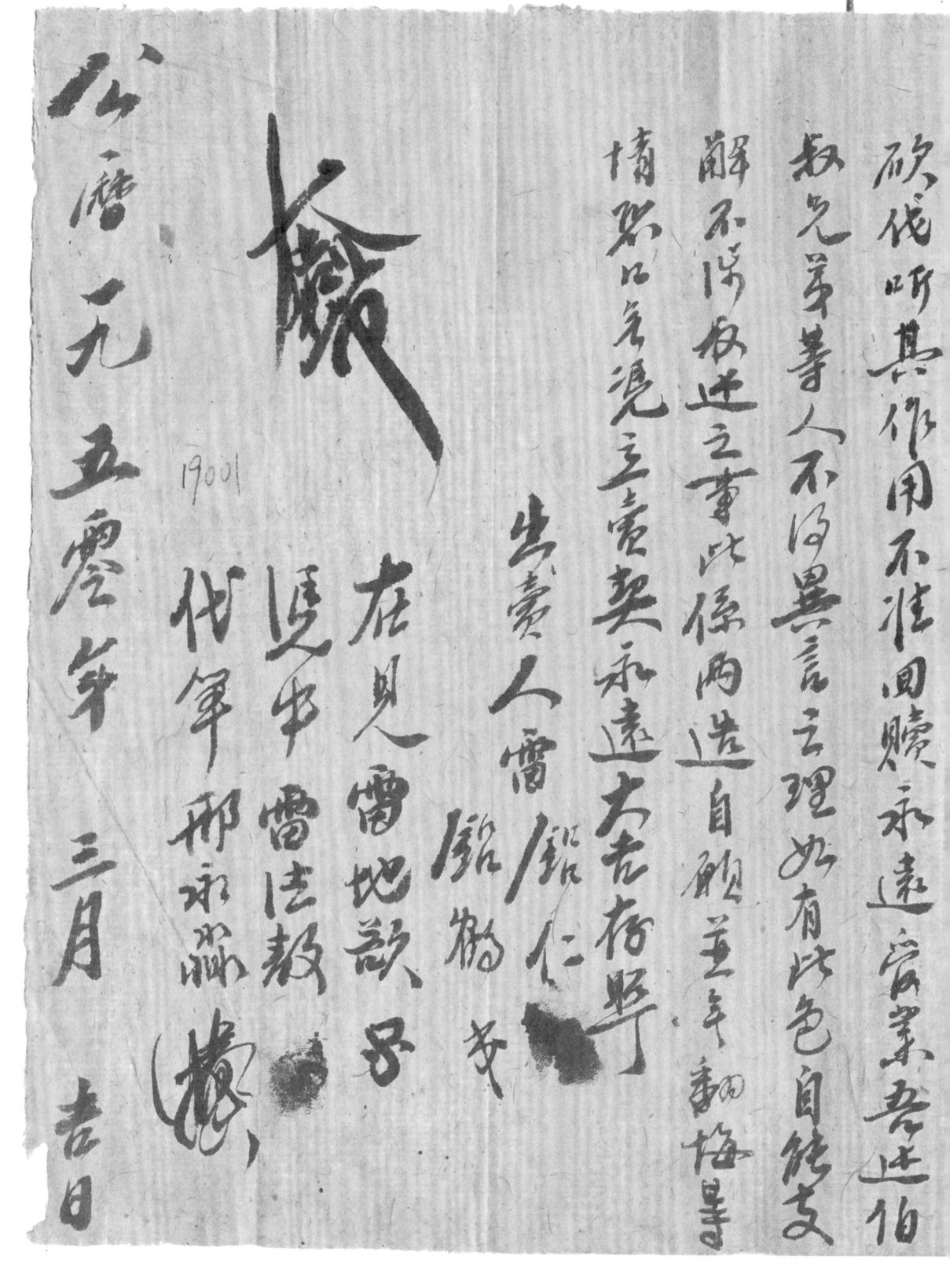

（前頁）>>>>

立賣契雷鉛仁、鉛鶴，本家有山弍號，坐落本都二源牛塘，土名水口路後坳安着，其四至上阿襯園，下地欲山，底福明山，外上元園，又壹號土（名）坐（落）本處土元園外首安着，其四至上長發園，下鉛鶴山，底土元園，外鉛鶴山爲界，俱立兩處四至分明，该界内榅樹兒一概在内，並山茶壹株，其餘松樹概歸鉛鶴經管，今雷石養叔缺地建厦凑用，自願将该兩處之山地立契出賣与雷石養叔自由作用，随收价谷叁佰市斤，無滞顆粒，並花紅在内，竪造時，界内所有松樹等柴立即砍伐，听其作用，不准回贖，永遠管業，吾邊伯叔兄弟等人不得異言之理，如有此色，自能支解，不涉叔邊之事，此係兩造自願，並無翻悔等情，恐口無憑，立賣契永遠大吉存照。

出賣人雷鉛仁（押）

鉛鶴（押）

在見雷地欲（押）

憑中雷法敖（押）

代筆邢永淼（押）

公曆一九五零年　三月　吉日

本書所見異體字、俗字與規範字對照表

（按漢語拼音順序排列）

異體字、俗字	規範字
安	安
坳、坳	坳
覇	霸
廷、邊、迮、[illegible]	邊
彩、棌	彩
稱、揷、揷、挿	插
朝	朝
槺	橾
遅	遲
岀	出
扅、廖	處
当	當
氐	底
頂	頂
阝者、卩	都
叚	段
皃、児	兒
関、闵	關
观	觀
管	管
梛	梛
過	過
囬、迴	回
済、嵴	濟
断、継	繼
叻	加
隆	降
脚	脚
觧、斛	解
淨、淨	净
栢、栢、栢	柏
攄、挠、枇	據
闬	開
坑	坑
恐、宻	恐

異體字、俗字	規範字
蘭	蘭
廾	藍
厯、歴、𢁠、歷	歷
鱗	鱗
麟	麟
霛	靈
嶺	嶺
畄	留
壟	壟
氵	滿
厶	某
亩	畝
品	品
凴、凴、凴、凴、凴	憑
婆	婆
汔	訖
㙛	磜
伐、銭、[illegible]	錢
夬	缺
杉	杉
畲、畲、畲	畲
拾	拾
叔、叔	叔
衰	衰
絲、糸	絲
肆、肆	肆
蘇	蘇
鎖	鎖
臺	臺
桃	桃
籐、滕	藤
條	條
聽、聴、聽	聽
土	土
旺	旺

續表

異體字、俗字	規範字	異體字、俗字	規範字
欵、[illegible]	欲	敄	務
峘、圓、园、壎、垸、茴	園	嗘	悉
檝	栽	斈	學
葬	葬	亜	亞
壿	增	嚴	嚴
炤、炤、昭	照	様	樣
菽、枝、肢	支	窰	窯
絳、絺	紙	乙、乚、丷、乛	一
蔕	滯	枊、卬	抑
乑、乗、眾	衆	渶	英
庄	莊	纟卩	幼
総	總	奐	魚
唑	坐	與、与、与、與、與	與